Johannes Engels

Philipp II. und Alexander der Große

Geschichte kompakt

Herausgegeben von
Kai Brodersen, Martin Kintzinger,
Uwe Puschner, Volker Reinhardt

Herausgeber für den Bereich *Antike:*
Kai Brodersen

Beratung für den Bereich *Antike:*
Ernst Baltrusch, Peter Funke,
Charlotte Schubert, Aloys Winterling

Johannes Engels

Philipp II. und Alexander der Große

2. Auflage

Die Deutsche Bibliothek verzeichnet diese Publikation
in der Deutschen Nationalbibliografie;
detaillierte bibliografische Daten sind im Internet über
http://dnb.ddb.de abrufbar.

2., durchgesehene und bibliografisch aktualisierte Auflage 2012

1. Auflage 2006
Die Herausgabe des Werkes wurde durch
die Vereinsmitglieder der WBG ermöglicht.
Gedruckt auf säurefreiem und alterungsbeständigem Papier
Einbandgestaltung: schreiberVIS, Seeheim
Satz: Lichtsatz Michael Glaese GmbH, Hemsbach
Printed in Germany

Besuchen Sie uns im Internet: www.wbg-wissenverbindet.de

ISBN 978-3-534-24590-1

Elektronisch sind folgende Ausgaben erhältlich:
eBook (PDF): 978-3-534-72334-8
eBook (epub): 978-3-534-72335-5

Inhaltsverzeichnis

Geschichte kompakt

In der Geschichte, wie auch sonst, dürfen Ursachen nicht postuliert werden, man muss sie suchen. (Marc Bloch)

Das Interesse an Geschichte wächst in der Gesellschaft unserer Zeit. Historische Themen in Literatur, Ausstellungen und Filmen finden breiten Zuspruch. Immer mehr junge Menschen entschließen sich zu einem Studium der Geschichte, und auch für Erfahrene bietet die Begegnung mit der Geschichte stets vielfältige, neue Anreize. Die Fülle dessen, was wir über die Vergangenheit wissen, wächst allerdings ebenfalls: Neue Entdeckungen kommen hinzu, veränderte Fragestellungen führen zu neuen Interpretationen bereits bekannter Sachverhalte. Geschichte wird heute nicht mehr nur als Ereignisfolge verstanden, Herrschaft und Politik stehen nicht mehr allein im Mittelpunkt, und die Konzentration auf eine Nationalgeschichte ist zugunsten offenerer, vergleichender Perspektiven überwunden.

Interessierte, Lehrende und Lernende fragen deshalb nach verlässlicher Information, die komplexe und komplizierte Inhalte konzentriert, übersichtlich konzipiert und gut lesbar darstellt. Die Bände der Reihe „Geschichte kompakt" bieten solche Information. Sie stellen Ereignisse und Zusammenhänge der historischen Epochen der Antike, des Mittelalters, der Neuzeit und der Globalgeschichte verständlich und auf dem Kenntnisstand der heutigen Forschung vor. Hauptthemen des universitären Studiums wie der schulischen Oberstufen und zentrale Themenfelder der Wissenschaft zur deutschen und europäischen Geschichte werden in Einzelbänden erschlossen. Beigefügte Erläuterungen, Register sowie Literatur- und Quellenangaben zum Weiterlesen ergänzen den Text. Die Lektüre eines Bandes erlaubt, sich mit dem behandelten Gegenstand umfassend vertraut zu machen. „Geschichte kompakt" ist daher ebenso für eine erste Begegnung mit dem Thema wie für eine Prüfungsvorbereitung geeignet, als Arbeitsgrundlage für Lehrende und Studierende ebenso wie als anregende Lektüre für historisch Interessierte.

Die Autorinnen und Autoren sind in Forschung und Lehre erfahrene Wissenschaftlerinnen und Wissenschaftler. Jeder Band ist, trotz der allen gemeinsamen Absicht, ein abgeschlossenes, eigenständiges Werk. Die Reihe „Geschichte kompakt" soll durch ihre Einzelbände insgesamt den heutigen Wissenstand zur deutschen und europäischen Geschichte repräsentieren. Sie ist in der thematischen Akzentuierung wie in der Anzahl der Bände nicht festgelegt und wird künftig um weitere Themen der aktuellen historischen Arbeit erweitert werden.

Kai Brodersen
Martin Kintzinger
Uwe Puschner
Volker Reinhardt

Vorwort

Die griechische Geschichte des 4. Jahrhunderts v. Chr. bleibt als späte Phase der klassischen Epoche in den meisten Staatswesen noch mit dem 5. Jahrhundert eng verbunden. In der Poliswelt bestehen viele grundlegende Strukturen nämlich über die Zäsur des Peloponnesischen Krieges hinweg weiterhin. Andererseits verändert sich bereits während der Regierungszeit des Makedonenkönigs Philipps II. das Mächtegleichgewicht grundlegend, und mit der Regierung Alexanders des Großen und seinem Kriegszug gegen das Achaimenidenreich beginnt die neue Epoche des Hellenismus.

Ich möchte zunächst Kai Brodersen, dem Herausgeber der Reihe, dafür danken, dass er mir die Gelegenheit geboten hat, in kompakter Form diese interessante Übergangszeit von der späten Klassik in den frühen Hellenismus in einem Band zu behandeln. So kann der spezifische Charakter dieser Zeit klarer beschrieben werden. Trotz des knappen Formates habe ich dieser Einführung auch einen Abschnitt zur Quellenkunde vorangestellt, um die Leser dieses Bandes dazu zu ermuntern, ihre Vertrautheit mit der Epoche durch möglichst umfangreiche Lektüre der antiken Quellen zu vertiefen.

Bei meiner Beschäftigung mit der griechischen Geschichte des 4. Jahrhunderts habe ich im Institut für Altertumskunde der Universität zu Köln vielfältige Anregungen im Kreis meiner Fachkollegen erfahren. Ihnen und auch den Studenten der Lehrveranstaltungen, die ich zum Thema der griechischen Geschichte im Zeitalter Philipps II. und Alexanders des Großen in Köln und an mehreren anderen Universitäten in den letzten Jahren durchführen konnte, möchte ich ebenfalls danken. Dr. Baulig von der Wissenschaftlichen Buchgesellschaft war in der Zeit der Entstehung des Buches außerordentlich großzügig und verständnisvoll.

Kreuzau, im November 2005 — Johannes Engels

Vorwort zur 2. Auflage

Die zweite Auflage dieses Buches gibt die willkommene Gelegenheit, einige wenige Druckfehler und kleine Versehen zu korrigieren. Die internationale Forschung zur Epoche Philipps II. und Alexanders des Großen hat in den vergangenen Jahren wiederum eine große Fülle an wichtigen Einzelstudien und Sammelpublikationen hervorgebracht. In der Auswahlbibliographie dieser zweiten Auflage konnten zumindest einige aus meiner Sicht besonders bedeutende jüngere Beiträge ergänzend zur ersten Auflage aufgenommen werden.

Kreuzau, im Mai 2011 — Johannes Engels

Griechenland und der östliche Mittelmeerraum

I. Einleitung

Der Charakter der Epoche

Im Rahmen der antiken griechischen Geschichte kann man das Zeitalter Philipps II. (circa 382–336) und Alexanders des Großen (356–323 v. Chr.) als eine Übergangszeit zwischen der späten klassischen Polisstaatenwelt des 4. Jahrhunderts und dem frühen Hellenismus charakterisieren. Schon hellsichtige Zeitgenossen hatten ein klares Bewusstsein davon, dass sich zwischen 359 und 323 epochale Veränderungen vollzogen, deren Auswirkungen die ganze östliche Mittelmeerwelt, Ägypten und den Vorderen Orient betrafen. Signifikant für dieses Bewusstsein ist der historiographische Perspektiv- und Paradigmenwechsel, der sich bei griechischen Historikern von Xenophons *Hellenika* zu Theopomps *Philippika* und danach zu den frühen Alexanderhistorikern vollzieht. Xenophon hatte in seinen *Hellenika* den großen Torso der Geschichte des Peloponnesischen Krieges des Thukydides von 411 v. Chr. über das Endjahr dieses Krieges 404 v. Chr. hinaus fortgeführt. Denn das Ringen der bedeutendsten Poleis der polyzentrischen Staatenwelt des 5. und 4. Jahrhunderts v. Chr., Athens, Spartas und Thebens, um die hegemoniale Stellung in Hellas war mit dem (vorläufigen) Scheitern Athens, das sich auf den Delisch-Attischen (Ersten) Seebund gestützt hatte, keineswegs beendet. Unerwartet schnell vollzog sich der machtpolitische Wiederaufstieg Athens, das sich bald durch die Neugründung des Zweiten Attischen Seebundes ein politisches und militärisches Instrument schuf, mit dessen Hilfe die Polis bis zum Ende dieser Symmachie 338 v. Chr. und zu dem Verlust der athenischen Flotte 322 v. Chr. in Hellas weiterhin eine bedeutende Rolle spielen konnte. Doch trotz der Wünsche einer Mehrheit des Demos wurde bald erkennbar, dass Athen im 4. Jahrhundert keine Hegemonie mehr über ganz Hellas würde erringen können. Sparta stützte sich in seiner Hegemonialpolitik ebenfalls auf eine hegemoniale Symmachie, den Peloponnesischen Bund. Zwischen 404 und 371 v. Chr., dem Jahr der verheerenden Niederlage von Leuktra, konnten die Spartaner trotz vielfältiger Widerstände eine Führungsstellung im griechischen Raum verteidigen. Doch stürzte auch ihre Vorherrschaft infolge des Egoismus und der Hybris der spartanischen Elite, durch die Inflexibilität und Reformfeindlichkeit des spartanischen Verfassungs-, Herrschafts- und Sozialsystems (seines Kosmos) und weil man die Widerstandskräfte der Gegner Spartas in der griechischen Welt und im Perserreich unterschätzte. Aus heutiger Analyse standen ohnehin Sparta und seiner Symmachie nur zu schwache militärische, demographische und wirtschaftliche Ressourcen für eine dauerhafte Herrschaft auch außerhalb der Peloponnes zur Verfügung. Nachdem die Spartaner die Begriffe der *autonomia* und *eleutheria*, der Selbstregierung und Freiheit der Polisstaatenwelt, mehrfach missbraucht hatten, fehlte es ihrer Vorherrschaft über Hellas zudem an einer attraktiven politischen Vision. Nach knapp zehn Jahren fand auch der thebanische Versuch der Errichtung einer Hegemonie, der sich zwischen den Schlachten von Leuktra 371 und Mantineia 362 v. Chr. in Hellas entfaltete, sein gewaltsames Ende. Die Gründe hierfür liegen primär in den mangelnden demographischen, militärischen und ökonomischen Ressourcen Thebens und seines Boiotischen Koinon. Aber auch in diesem Falle fehlte eine attraktive politische Konzeption zur Organisation der griechischen Staatenwelt, da eine bloße Ausweitung des boiotischen Föderalstaates ausschied und Theben während seiner Vorherrschaft auch das Instrument der *koine eirene*, einer allgemeinen Friedensordnung, nicht entscheidend weiter entwickeln konnte.

E

Symmachie
gr. *symmachía,* Kampfgemeinschaft. Vertraglich geregelte Verbindung zweier oder mehrerer Staaten, insbesondere eine auf eine feste Anzahl von Jahren oder unbegrenzte Dauer geschlossene Militärallianz, die auf der Unterwerfung unter eine Führungsmacht oder einem Bündnis unter gleichen Partnern beruht. Häufig lautet die zentrale Formel „dieselben Freunde und Feinde zu haben". Es gibt aber auch manchmal eine Folgepflicht der schwächeren Mitglieder gegenüber der Führungsmacht (dem Hegemon in einer hegemonialen Symmachie). Hauptbeispiele für Symmachien im 4. Jahrhundert sind der Peloponnesische Bund oder der Zweite Attische Seebund. Der Korinthische Bund ist eine Mischkonstruktion aus einer hegemonialen Symmachie und einer *koine eirene.*

E

koine eirene
gr. *koiné eiréne,* allgemeiner Frieden. Bezeichnet mehrere multilaterale griechische Friedensordnungen des 4. Jahrhunderts v. Chr. zwischen dem Königsfrieden von 386 und dem Korinthischen Bund von 337 v. Chr.; Garantiemacht dieser Friedensordnungen für die griechische Staatenwelt, die nicht mehr lediglich einen konkreten Staatenkonflikt beenden, sondern auch für die Zukunft einen Friedenszustand und Status quo garantieren sollten, waren wechselnde Hegemonialmächte (der Perserkönig und die Spartaner, die Thebaner, später schließlich Philipp II. und das makedonische Reich). Grundwerte sind die Freiheit (*eleuthería*) und die lokale Selbstbestimmung und -regierung (*autonomía*) der Teilnehmerstaaten. Nachdem frühere Versuche der Errichtung einer dauerhaften allgemeinen Friedensordnung oft schon nach wenigen Jahren scheiterten und immer wieder in neue Konfliktsituationen führten, erwies sich der Korinthische Bund zwischen 337 und 324/23 als eine insgesamt stabile Friedensordnung Griechenlands.

E

Koinon
gr. *koinón,* das Gemeinsame. Allgemeine Bezeichnung für kultische oder politisch-militärische Bünde beziehungsweise griechische Föderalstaaten. Bekannte Beispiele aus dem 4. Jahrhundert sind das Boiotische, Thessalische oder Aitolische Koinon. Bis zum 3.–2. Jahrhundert erfolgt eine immer differenziertere Entwicklung der griechischen Föderalstaaten, ihrer Organe und Magistrate. Schließlich begründet man neben dem Polisbürgerrecht auch (im Achäischen Koinon) ein Bundesbürgerrecht.

Neben Athen, Sparta und Theben existierte jedoch eine bunte Vielfalt der Verfassungsordnungen und des bürgerlichen Lebens in Hunderten kleiner Poleis im 4. Jahrhundert. In vieler Hinsicht dürfte das Leben für Bürger in diesen kleinen Poleis epochentypischer verlaufen sein als in den wenigen außergewöhnlich großen Stadtgemeinden. Doch ist es eher die Aufgabe von Spezialstudien, den Kampf der kleinen Poleis um die Bewahrung ihrer staatlichen Traditionen, von *autonomia* und *eleutheria*, exemplarisch zu untersuchen.

Mit feinem Gespür für die an positiven Perspektiven für die Zukunft in Hellas arme politische Lage hat Xenophon seine politisch-militärisch akzentuierte Zeitgeschichte der Polisstaatenwelt, die *Hellenika*, mit einer resignierenden Analyse der Situation in Hellas nach der Schlacht von Mantineia vom 12. Skirophorion (Juni/Juli) 362 v. Chr. beendet. Offenbar war nach 362 keine große Polis mehr in der Lage, der griechischen Staatenwelt eine dauerhafte, über das Gebiet einer Einzelpolis oder Kleinregion hinausreichende, multistaatliche Friedens- und Sicherheitsordnung zu geben. Die traditionellen Instrumente polisübergreifender Organisation der hegemonialen Symmachie, also einer Militärallianz unter einer bestimmten Vormacht, oder der Amphiktyonie, der kultisch-politischen Organisation von Staaten, welche um ein Heiligtum herum lagen, waren hierfür unzureichend. Ebensowenig war dies im 4. Jahrhundert v. Chr. bereits auf der Basis eines große Teile Griechenlands umfassenden *koinon* zu erwarten, eines die Grenzen einer einzelnen Region oder das Siedlungsgebiet eines Stammesverbandes sprengenden Föderalstaates. Immerhin sind aber bereits im 4. Jahrhundert blühende Beispiele dieser zukunftsweisenden föderalen Strukturen zu beobachten (unter anderem in Boiotien, Thessalien, auf der Chalkidike, in Aitolien).

Q

Die Lage nach der Schlacht von Mantineia
(Xen. Hell. 7,5,26–27, Übers. Gisela Strasburger)

„Denn da fast ganz Griechenland zusammengekommen und gegeneinander angetreten war, gab es keinen, der nicht geglaubt hätte, wenn eine Schlacht stattfinde, würden hernach die Sieger zur Herrschaft gelangen und die Besiegten ihnen untertan sein. Aber der Gott ließ es so geschehen, dass beide Parteien wie Sieger ein Siegeszeichen errichteten und keine von beiden die andere am Aufrichten desselben hinderte, die Toten gaben beide Parteien wie Sieger unter dem Schutze eines Vertrages heraus, und beide nahmen die ihrigen wie Besiegte unter dem Schutze des Vertrages in Empfang; und indem jede von beiden behauptete, gesiegt zu haben, besaß doch offenkundig keine von beiden weder an Land noch an Städten noch an Macht auch nur das Geringste mehr als vor der Schlacht; aber Unordnung und Verwirrung wurden nach der Schlacht in Hellas noch größer als sie vorher waren."

Die *koine eirene*-Ordnungen

Der berühmte Königsfrieden (Antalkidasfrieden) von 386 v. Chr. war der erste Versuch der Errichtung eines „Allgemeinen Friedens" in Hellas, einer *koine eirene*. Die Namen der Friedensordnung von 386 leiten sich vom persischen Großkönig Artaxerxes II. als Garanten der Ordnung ab, die die spartanische Hegemonie über Festlandhellas sanktionierte, beziehungsweise vom spartanischen Gesandten Antalkidas. Im Laufe des 4. Jahrhunderts wurden mehrere Versuche zu einer strukturellen Weiterentwicklung dieses konstruktiven Konzeptes unternommen. Solche kollektiven, multilateralen Friedens- und Sicherheitssysteme sollten auf der Basis von *autonomia* und *eleutheria*, kommunaler Autonomie und städtischer Bürgerfreiheit, für alle Beteiligten der Landfriedensordnung den territorialen Status quo und die äußere Sicherheit garantieren. Es stellte sich aber leider zwischen 386 und

338/7 heraus, dass auch diese konstruktive Idee einer konsensfähigen und stabilen Friedens- und Sicherheitsordnung noch in entscheidenden Punkten weiterentwickelt werden musste, bevor sie mehr Stabilität als Instabilität in Hellas hervorbrachte und auch unter äußeren und inneren Belastungen funktionierte. Daher gilt in der jüngeren Forschung der so genannte Korinthische Bund Philipps II. von 337 v. Chr. als erste wirklich effiziente *koine eirene*.

Poleis, Ethne, Koina, Monarchien

Neben autonomen Poleis, Stammstaaten (*Ethne*) und Föderalstaaten (*Koina*) fanden sich in der klassischen Staatenwelt auch Königreiche (Monarchien) und andere Formen der Herrschaft eines Einzelnen (*Tyrannis, Dynasteia*) insbesondere an den Rändern der griechischen Welt auf Zypern, Sizilien, in Illyrien, Epirus, Makedonien, Thrakien oder Kleinasien. Das spartanische Doppelkönigtum blieb eine verfassungspolitische Besonderheit. Wenn die Polisgriechen des mittleren oder südlichen Griechenland im 4. Jahrhundert an einen zeitgenössischen Monarchen dachten, assoziierten sie vor dem Aufstieg Philipps II. vermutlich am häufigsten ‚den' König, nämlich den jeweils regierenden Achaimenidenherrscher. Königlichen Machtanspruch und städtische Bürgerfreiheit im weiten Raum der Poliswelt miteinander zu versöhnen, wurde bereits in der Regierungszeit Philipps II. und Alexanders des Großen zu einem Hauptproblem der Epoche, das auch im Hellenismus immer wieder neue Lösungsmodelle erforderte.

Zu Beginn der Herrschaft Philipps II. 359 v. Chr. konnte das makedonische Königreich nicht einmal im nordägäischen Raum eine Hegemonialrolle spielen, geschweige denn die Garantie- und Hegemonialmacht einer Friedens- und Sicherheitsstruktur für ganz Hellas sein oder einen Angriffskrieg gegen das Achaimenidenreich vorbereiten. Ein Bündel drängender Probleme beschäftigte Philipp. Dynastische Krisen hatten eine Schwächephase der Argeadendynastie in der jüngeren Vergangenheit bewirkt. Die Stellung als Regent, später die Anerkennung als König in ganz Makedonien waren zunächst zu erstreiten. Die ungesicherten Landesgrenzen zogen fast jährliche kriegerische Konflikte mit thrakischen, keltischen, illyrischen und epirotischen Gegnern nach sich. Ungelöste Konflikte bestanden ferner mit dem Chalkidischen Bund um Olynth und mit der Seemacht Athen. Makedonien fehlte die Kontrolle der langen makedonischen Küste. Die Machtansprüche makedonischer Aristokraten in den bisher nur locker vom König abhängigen großen Regionen des Königreiches schränkten jeden bisherigen Herrscher ein. Das Reich war wirtschaftlich schwächer, als es aufgrund seiner Größe und Ressourcen sein konnte.

Philipp II. als Hegemon von Hellas

Bereits beim Abschluss des Philokratesfriedens von 346 und sicherlich schon vor dem Sieg von Chaironeia 338 war Makedonien jedoch unter der Regierung Philipps II. zur Hegemonialmacht in ganz Nord- und Mittelgriechenland aufgestiegen. Die Bilanz seiner Regierung ist also eindruckvoll. Mit einer charakteristischen Mischung von rücksichtslosem und meist erfolgreichem Einsatz des reformierten makedonischen Heeres und kluger Diplomatie, durch dynastische Allianzen, auch mit Bestechung, stieg der Argeade Philipp in den Worten der *Philippikai Historiai* des Theopomp (FGrHist 115 F 27) zum mächtigsten König Europas seiner Zeit auf. Mit der Begründung des Korinthischen Bundes nach dem Sieg von Chaironeia gelang die Errichtung einer von 337 bis 323 funktionierenden Friedensordnung in Hellas. Sie garantierte die makedonische Hegemonie über Griechenland und verlieh König Philipp als Hegemon und bevollmächtigtem Bundesfeldherrn (*strategos autokrator*) das formale Mandat, die gewünschte ideologische Begründung und alliierte Land- und Seestreitkräfte für einen panhellenischen Rache- und Eroberungskrieg gegen das Achaimenidenreich.

Alexander der Große und der Beginn der hellenistischen Epoche

Alexander III. (der Große) trat nach der Ermordung seines Vaters Philipp 336 die Nachfolge als König im makedonischen Königreich, als Archon der Thessaler, Hegemon und Oberbefehlshaber des Korinthischen Bundes an. Er konnte in den ersten Jahren seiner insgesamt nur kurzen Regierung (336–323) seine staunenswerten Erfolge nur auf der Grundlage des mächtigen Königreiches Makedonien und der Armee erringen, die ihm sein Vater hinterlassen hatte. Alexander blieb bis zum siegreichen Abschluss des Rachekrieges 330, dem Tod des Dareios und der Nachfolge als Achaimenidenherrscher und König von Asien in erster Linie makedonischer König und Hegemon des Korinthischen Bundes. Aus der Sicht der griechischen und makedonischen Geschichte ist es daher durchaus berechtigt, in diesem Studienbuch die Regierungsjahre Philipps II. und Alexanders III. als eine Epoche zusammenzufassen.

Seit J. G. Droysens berühmter Studie hat es sich zu Recht eingebürgert, mit der Regierung Alexanders des Großen die weltgeschichtlich neue Epoche des Hellenismus beginnen zu lassen. Solche Epochenumbrüche lassen sich bekanntlich nur grob vereinfachend an bestimmte Daten der politisch-militärischen Geschichte anbinden, zum Beispiel hier an den Regierungsantritt Alexanders 336, seinen Sieg von Gaugamela 331 oder seinen Tod 323. Unterschiedliche Anfangs- und Endjahre der hellenistischen Epoche bieten sich jeweils an, wenn man die Perspektive der politisch-militärischen, der wirtschaftlichen, sozialen oder kulturell-religiösen Geschichte wählt. Die heute in Lehrbüchern vorherrschende Epocheneinteilung mit den Eckdaten 336 und 31/30 v. Chr. orientiert sich ausschließlich an der politisch-militärischen Geschichte.

‚Hellenistische' Strukturen und Phänomene in der Spätklassik

Bekanntlich bildeten sich einige für die hellenistische Epoche typische Strukturen, Phänomene und Tendenzen jedoch bereits im Laufe des 4. Jahrhunderts in Ansätzen aus. Beispielhaft seien aus dem Bereich des Militärwesens die Professionalisierung der Armeen und eine Spezialisierung der Strategen, der steigende Anteil der Söldner in fast allen Heeren, die Krise der Milizstreitkräfte einzelner Poleis, die Kriegführung mit verbundenen Waffen und der deutlich gestiegene Anteil der Reitertruppen und leicht bewaffneten spezialisierten Fußtruppen neben den schwer bewaffneten Fußsoldaten (Hopliten) genannt. Im politischen Bereich könnte man auf den Aufstieg von Föderalstaaten oder die bedeutendere Rolle von Monarchien auch in der festlandgriechischen Geschichte verweisen. Im sozialen Leben fällt der Blick auf das Phänomen der Euergeten (Wohltäter, Stifter, Patrone) und zunehmende soziale Spannungen innerhalb der Bürgerschaften, in der Literatur und Philosophie auf die Heraushebung großer Individuen aus dem Kollektiv aller einfachen Mitbürger (Politen). Diese Phänomene und Entwicklungen lassen sich bereits alle unter Philipp II. in der griechischen Geschichte beobachten. Auch wenn man den Epochencharakter der späten

Klassik und des frühen Hellenismus diskutieren will, bietet es sich daher an, die Jahre von 359–323 zusammenfassend zu behandeln. Kontinuitäten und Diskontinuitäten, fortlebende Traditionen und Innovationen in dieser Epoche des Umbruchs lassen sich so besser verdeutlichen als in einer Periodisierung, die abrupt erst mit der Lage nach der Schlacht von Chaironeia einsetzt oder auch in einer lediglich auf die Regierungszeit Alexanders begrenzten Monographie.

Die Phasen der Errichtung der neuartigen Universalmonarchie Alexanders des Großen zwischen 336 und 323 und ihr noch recht ungefestigter Charakter bei seinem frühen und unerwarteten Tode bilden das Ende des zeitlichen Rahmens dieses Buches. Es war für die Zeitgenossen ein staunenswertes Schauspiel, den militärischen Siegeszug des jungen Königs von Makedonien nach Ägypten, durch das Achaimenidenreich und nach Nordwestindien zu verfolgen. Hatte Theopomp noch eine Zeitgeschichte Griechenlands und der Ägäiswelt unter dem prägenden Eindruck Philipps, des mächtigsten Königs der Epoche, geschrieben, beobachtet man nun einen erneuten historiographischen Paradigmenwechsel. Fortan dominieren die Alexanderhistoriker, und der Raum der griechisch-hellenistischen Geschichte erweitert sich enorm.

Unterschiedliche Bewertung der Person und der Leistungen Alexanders

Die Person und die Taten Alexanders haben bereits seine Zeitgenossen stark polarisiert in Anhänger und Kritiker. Einen ähnlichen Eindruck gewinnt man auch aus der Lektüre der zahlreichen, bis heute Jahr für Jahr neu erscheinenden Monographien über den Makedonenkönig. Manche zeigen Alexander nach einer scharfen Verurteilung seiner destruktiven, blutigen Raubkriege vor allem gegen Ende seiner Regierungszeit als einen megalomanen, aggressiven und krankhaft misstrauischen Alkoholiker. Er habe einen progressiven Verlust der realistischen Wahrnehmung seiner Umwelt erlitten und schließlich in der persönlichen Überzeugung gelebt, ein übermenschliches Wesen und der Sohn des Zeus Ammon zu sein. Andere erkennen das außerordentliche militärische Genie Alexanders an, billigen dem König auch weitsichtige politische Ziele zu und gehen dann zum Teil entschuldigend über charakterliche Schwächen hinweg. Wieder andere bleiben fast kritiklos begeistert von den militärisch-politischen Erfolgen des Königs und preisen ihn als Visionär einer neuen Epoche des Altertums.

Bis zu seinem Tode 323 gelang es Alexander nur unvollständig, die heterogenen Bevölkerungsgruppen, Herrschaftsstrukturen und Traditionen seines Weltreiches miteinander zu etwas Neuem zu verbinden. Nur unter hohen Kosten konnte er gefährliche Spannungen und Konflikte bis in die Spitze seines Heeres und Hofes ausgleichen. Tragfähige Konzepte einer dauerhaften, von den unterschiedlichen Untertanen akzeptierten, konstruktiven Herrschaftsordnung für den gewaltigen, schnell eroberten Raum entwickelten sich erst im Ansatz. Vor allem als griechisch-makedonische und achaimenidische Eliten, Strukturen und Traditionen aufeinander trafen, entstanden in seinem Heer, am Hof und in der militärisch-politischen Reichselite scharfe Konflikte, die nur mühsam durch Alexander zu seinen Lebzeiten noch kontrolliert werden konnten, aber unmittelbar nach seinem Tode erneut gewaltsam aufbrachen. In der jüngeren Alexanderforschung deutet sich ein fruchtbarer Wechsel der Perspektive an. Mehrere Beiträge weichen bewusst vom Blickwinkel der griechisch-römischen Quellen ab und wählen eine ‚achaimenidische Perspektive'. Sie bewerten die vergleichsweise kurze Regierungszeit des Makedonenkönigs primär als ein blutiges Intermezzo innerhalb einer langen Kontinuitätslinie indigener kultureller, religiöser und politisch-sozialer Strukturen Asiens und Ägyptens. Der Berichtszeitraum des Buches wird mit einem Ausblick auf die Situation im Jahre 323 v. Chr. nach der Reichsordnung von Babylon und dem Hellenischen oder Lamischen Kriege enden. Die Formierung der frühen Diadochenstaaten, die sich in jahrzehntelangen blutigen Kriegen vollzog, bleibt einem weiteren Band der Reihe vorbehalten.

II. Quellenkunde zur makedonisch-griechischen Geschichte in der Zeit Philipps II. und Alexanders des Großen

Zeitgenössische Geschichtswerke nur fragmentarisch überliefert

Die griechische Geschichte in der Zeit Philipps II. und Alexanders des Großen ist durch eine Vielzahl verschiedener Quellengattungen dokumentiert. In günstigen Ausnahmefällen, zum Beispiel für die Geschichte Athens, können wir wichtige Strukturen und Ereignisse mit einer für die antike griechische Geschichte erstaunlich hohen Genauigkeit und Zuverlässigkeit rekonstruieren. Doch prägen andererseits einige Grundprobleme die Quellenlage für diese Epoche der griechischen Geschichte, die gravierende Konsequenzen für jede kurz gefasste Darstellung haben. Sämtliche zeitgenössischen *Hellenika-*, *Makedonika-* oder *Philippika*-Werke, die den Zeitraum nach dem Ende der *Hellenika* Xenophons 362 behandelten und bis zum Tode Alexanders des Großen 323 und zum Lamischen oder Hellenischen Krieg 323–322 v. Chr. reichten, sind nur mehr in Fragmenten erhalten oder gar nur als bloße Titel bezeugt. Mehrere dieser Werke wurden jedoch wichtige Vorlagen für deutlich spätere, erhaltene Geschichtswerke und Biographien. Gründliche Quellenforschungen und Werkanalysen dieser Schriften lassen immerhin zumindest noch Strukturen und Tendenzen der Werke des 4. Jahrhunderts erkennen.

1. Literarische Quellen für die Zeit Philipps II.

Anaximenes

Der Historiker und Rhetor Anaximenes aus Lampsakos (circa 380–320 v. Chr., FGrHist 72), angeblich auch einer der Lehrer Alexanders des Großen, verfasste neben vielen anderen Werken *Philippika* in mindestens acht Büchern, aus denen ein Brief Philipps in der Überlieferungsgeschichte in das *Corpus Demosthenicum* gelangt ist. Von Anaximenes ist ferner auch eine Alexandergeschichte bezeugt, vermutlich eher ein *Enkomion* (Lobschrift) als ein auf politisch-militärische Ereignisse (die *praxeis* Alexanders) konzentriertes Geschichtswerk. In einem Pamphlet mit dem Titel *Trikaranos*, das Anaximenes pikanterweise unter dem Namen seines publizistischen Rivalen Theopomp aus Chios erscheinen ließ, beschuldigte Anaximenes die drei traditionsreichen Poleis Athen, Theben und Sparta durch ihre Politik den Niedergang der griechischen Poliswelt verschuldet zu haben.

Theopomp

Theopomp aus Chios, ebenfalls ein Rhetor und Historiker, verfasste die *Philippika* oder *Philippikai Historiai* (Theopompos FGrHist 115) in 58 Büchern. Sie waren wohl das ausführlichste zeitgenössische Werk über die griechische Zeitgeschichte im Zeitalter Philipps II. Seine Tendenz ist oligarchisch-aristokratisch und stark moralisierend. Es fand sich barsche Kritik an Demagogen griechischer Poleis, aber auch am Hofleben Philipps, den

Theopomp andererseits wegen seiner militärisch-politischen Leistungen als den größten König in Europa in seiner Zeit schätzte. Dies wird auch im Titel des historischen Hauptwerkes *Philippika* deutlich, in dem sich ein Paradigmenwechsel in der Historiographie von der Poliswelt als leitendem Handlungsträger zur Fokussierung auf die Leistungen der makedonischen Könige Philipp II. und später Alexander III. abzeichnet. Philipp ist für Theopomp die Zentralgestalt der Jahre von 362–336 v. Chr. Wichtige Exkurse betreffen aber auch das Perserreich, die Westgriechen oder Athen (zum Beispiel in den Büchern 10 und 25).

Ephoros

Wie Theopomp war auch Ephoros aus Kyme ein Schüler des athenischen Rhetoriklehrers und Publizisten Isokrates. Die universalhistorische Darstellung der *Historiai* des Ephoros (FGrHist 70) reichte in 30 Büchern von der Rückkehr der Herakliden bis zur Belagerung der Polis Perinth durch Philipp II. 340 v. Chr. Die Darstellung des Dritten Heiligen Krieges (356–346) nahm in den *Historiai* breiten Raum ein. Die Darstellung des Ephoros folgte nicht durchgehend einem annalistischen Schema (sie erzählte also die Ereignisse nicht immer streng Jahr für Jahr), sondern fasste größere thematische Blöcke zusammen, wobei sie Jahresgrenzen überschritt. Ab Buch 26 begann die Zeitgeschichte, in der Philipp II. als dominierende Gestalt hervorragte. Ephoros stellte geringe quellenkritische Ansprüche an seine Vorlagen. Er verwendete im zeitgeschichtlichen Teil seiner Universalhistorie auch soeben erst erschienene zeitgenössische Werke als Vorlagen, zum Beispiel die zehn Bücher der *Hellenika* oder Griechische Geschichte über die Jahre 386–356 des Kallisthenes aus Olynth oder dessen Darstellung des Dritten Heiligen Krieges (FGrHist 124). Die lehrhafte Tendenz und die geringe Komplexität und historische Urteilskraft des Ephoros behinderten den großen Erfolg des Werkes nicht. Es wurde später vor allem von Diodor und Strabon als Vorlage benutzt.

Diodor

Angesichts des fragmentarischen Überlieferungszustandes der zeitgenössischen Geschichtsschreibung sind wir für eine annähernd durchgehende Darstellung des Zeitraumes also auf sekundäre, deutlich spätere historiographische Berichte verwiesen: Die wichtigste sekundäre Darstellung liegt im Buch 16 der 40 Bücher der *Historischen Bibliothek* des Diodor aus dem sizilischen Agyrion vor, die circa 60–30 v. Chr. kompiliert wurde. Er bietet trotz zahlreicher chronologischer Mängel und historiographischer Schwächen die bedeutendste fortlaufende Erzählung der Ereignisse von 359–336. Diodor stützt sich in seinem Versuch einer synchronisierenden Darstellung der Geschichte der Griechen und Römer für die Regierungszeit Philipps II. als Hauptquellen auf Ephoros, Theopomp, Kallisthenes sowie auf frühhellenistische Zwischenquellen wie Diyllos, der die Jahre 357–297 behandelt hatte, und Duris, dessen Geschichtswerk von 370/369 vermutlich bis 281 v. Chr. reichte. Die kompilatorische Arbeitsweise Diodors bringt es mit sich, dass der Quellenwert seiner einzelnen Bücher erheblich schwankt und von den jeweils gewählten Hauptquellen abhängt. In Buch 16 ist jede Einzelstelle quellen- und sachkritisch zu evaluieren.

Justin

In lateinischer Sprache gibt es einen sehr knappen Abriss (*Epitoma Historiarum Philippicarum*) des M. Iunianus Iustinus oder Justin (3. Jahrhundert n. Chr.) aus den Büchern 7–9 der *Historiae Philippicae* des Pompeius Trogus, der ersten lateinischen Universalgeschichte aus augusteischer Zeit. Noch stärker als bei Diodor wird die teils teleskopartige Verkürzung der Darstellung Justins durch krasse Missverständnisse, sachliche Ungenauigkeiten, störendes rhetorisches Beiwerk und Anekdotisches belastet. Diese methodisch-historiographischen Schwächen haben aber der enormen Popularität Justins als eines Schulautors in der Spätantike und im Mittelalter nicht geschadet.

Lokalhistorien und Politien

Die Werke zahlreicher Lokalhistoriker griechischer Städte und Landschaften fanden in ihrer Zeit viele Leser und spielten bei der Ausbildung von lokalen oder regionalen Identitäten eine wichtige Rolle. Diese lokalhistorischen (horographischen) Werke sind meist nur noch mit ihren Titeln oder durch wenige Fragmente bekannt (vgl. FGrHist Teil IIIC). Zahlreiche Informationen haben wir allerdings über Athen. Denn wichtige Fragmente sind aus attischen Lokalhistorien erhalten, den *Atthiden*. Die *Atthis* des Androtion reichte nur bis circa 344/43 (FGrHist 324), die *Atthis* des Philochoros (FGrHist 328) behandelte auch das lykurgische Athen von 338–322 v. Chr. Der Traktat des Philosophen Aristoteles über die Geschichte und Struktur der athenischen Verfassung, die *Athenaion Politeia*, enthält auffälligerweise kaum Informationen über aktuelle verfassungsgeschichtliche Entwicklungen in Athen in der Ära des Eubulos und Lykurg von 355–322. Auch in den Überresten der anderen, ursprünglich 158 im Peripatos gesammelten Verfassungsordnungen der griechischen Staatenwelt, den *Politien*, werden aktuelle Verfassungsentwicklungen des 4. Jahrhunderts nur selten erwähnt.

Reden des 4. Jahrhunderts

Rhetorische und publizistische Texte (vor allem athenischer Autoren) gehören zu den zeitgenössischen Schlüsselquellen dieser Epoche. Ihre Gattungseigenarten erfordern aber eine besonders vorsichtige Interpretation. Ihre Vielzahl und ihr Detailreichtum haben in älteren Darstellungen der griechischen Geschichte des 4. Jahrhunderts eine übertrieben starke athenozentrische Perspektive befördert und zu einer zuweilen zu kritischen Einschätzung der Politik Philipps und Alexanders als Gegner Athens und der griechischen Freistaatenwelt beigetragen. Wichtige Reden und politische Pamphlete der attischen Redner dieser Epoche, des Demosthenes, Aischines, Isokrates, Hypereides, Lykurg und Demades, liegen vollständig oder zumindest in inhaltsreichen Fragmenten vor. Ihre Werke rücken die innerathenischen Verhältnisse, die Interessen der Polis Athen und das Verhältnis zu Makedonien unter Philipp II. und Alexander dem Großen in den Vordergrund. Von herausragender Bedeutung sind zum Beispiel die Reden 1–19 und 60 des demosthenischen Corpus und die Reden 2 und 3 des Aischines. Ausnahmsweise liegen die Reden und Gegenreden dieser beiden großen Redner aus dem „Gesandtschaftsprozess“ (343) und dem „Kranzprozess“ (330) noch vor. Zeitgenössische Reden aus anderen griechischen Poleis aus den Jahren 360–323 fehlen aufgrund der Mechanismen der antiken Kanonbildung und durch die Ungunst der Überlieferungsgeschichte leider als Korrektiv zu den attischen Rednern. Zur Quellengruppe der publizistischen Broschüren gehören auch ein Schreiben Philipps II. an Athen (Pseudo-Demosthenes Rede 12), das Sendschreiben des athenischen Platonikers Speusippos an Philipp II. von 342 v. Chr. sowie mehrere Broschüren des Isokrates. Aus ihnen erschließen sich zentrale und aktuelle Themen des damaligen politischen Diskurses in Hellas. Die *Friedensrede* des Isokrates (or. 8) reagiert auf die Lage Athens am Ende des Bundesgenossenkrieges 355/54. Sie plädiert für eine Abkehr von der imperialen Seereichspolitik und eine Rückkehr zu den Grundsätzen des Königsfriedens von 386. In der Denkschrift *Philippos* (or. 5) von 346 richtete Isokrates einen Appell an den Makedonenkönig, die durch bürgerkriegsähnliche Auseinandersetzungen (*staseis*), soziale Krisen und äußere Kriege zerrissene Welt der griechischen Polisstaaten hinter sich als Hegemon zu einen und gemeinsam einen Krieg gegen das Achaimenidenreich zu führen. Der *Panathenaikos* (or. 12) ist die letzte öffentliche Äußerung des hochbetagten Redelehrers, Publizisten und politischen Beraters Isokrates kurz vor seinem Tod 338 gewesen. Er konnte mit diesem patriotischen Werk keinen entscheidenden Einfluss mehr ausüben.

Zeitgenössische Reden und Broschüren bleiben für Schlüsselfragen der griechischen Geschichte im Zeitalter Philipps II. und Alexanders unverzichtbare Quellen. Sieht man vom Problem ihrer Überarbeitung zwischen dem mündlichen Vortrag der Originalrede und der ‚Publikation' ab, werfen sie aber gattungsbedingt erhebliche Probleme in der angemessenen Interpretation auf. Als rhetorische Texte sollten sie selbstverständlich in erster Linie in einer bestimmten Redesituation konkrete politische und juristische Zwecke erfüllen. Doch wenn man die rhetorische Absicht, die zeitspezifische Topik, die stereotype Polemik gegen Gegner und andere rhetorische Kunstmittel bei der Interpretation gebührend in Rechnung stellt, bleiben Reden und Broschüren des 4. Jahrhunderts herausragende Quellen. Sie lassen mit reichen Details die damalige Lage und die führenden Personen lebendig werden.

Die Parallelbiographien Plutarchs

Wichtige Einzelinformationen, bekannte Aussprüche und Episoden erfährt man aus den allerdings erst im späten 1. und frühen 2. Jahrhundert n. Chr. niedergeschriebenen Parallelbiographien des Plutarch aus Chaironeia (je ein berühmter Grieche und ein Römer werden einander gegenübergestellt), vor allem über Demosthenes, Alexander, Phokion, Dion und Timoleon. Bei der Würdigung des Quellenwertes der *Bioi* Plutarchs ist der Unterschied zwischen seinen Charakter- und Lebensbildern und einer heutigen politisch-historischen Biographie immer zu bedenken. Plutarch will (siehe sein Vorwort zur Alexanderbiographie) ausdrücklich keine Geschichtswerke schreiben, sondern an signifikanten und exemplarischen Handlungen oder Aussprüchen seiner Helden nachahmenswerte oder zu vermeidende Charakterzüge aufzeigen. Andererseits konnte Plutarch bei seinen Viten noch auf wertvolle zeitgenössische Quellen über das 4. Jahrhundert v. Chr. zurückgreifen, die uns heute nicht mehr zugänglich sind. Im Einzelfall sind moderne quellenkritische Vorwürfe durchaus berechtigt. Doch ohne Plutarchs Viten wäre unsere Kenntnis von den persönlichen Eigenarten eines Demosthenes und Phokion, Philipp und Alexander und von Schlüsselszenen der Jahre von 360 bis 323 viel weniger plastisch.

2. Literarische Quellen für die Alexanderzeit

Die Quellenlage für die griechische Geschichte in der Ära Alexanders, den Zug Alexanders und das Alexanderreich ist ähnlich problematisch wie die für die Regierungszeit Philipps. Denn die zahlreichen damals verfassten zeitgenössischen Geschichtswerke, Enkomien und Biographien sind ausnahmslos nur mehr in Fragmenten beziehungsweise als Vorlagen deutlich späterer erhaltener griechischer und lateinischer Werke mit Hilfe der Quellenforschung greifbar. In diesen Werken aber überwölbt und verändert der im Hellenismus und der römischen Kaiserzeit wirkungskräftige Mythos Alexanders die ursprünglichen Berichte oft so stark, dass man kaum mehr hoffen kann, durch subtile Interpretationen an den Kern der historischen Tatsachen zu gelangen. Jeder Historiker bildet sich sein eigenes, spezifisches und immer auch zeitgebundenes Alexanderbild.

Heroisierende und kritische Alexanderbilder

Die Persönlichkeit und die militärisch-politischen Leistungen Alexanders polarisierten schon seine Zeitgenossen. Einige bewunderten Alexander III. „den Großen", als übermenschlich erfolgreichen, jugendlich sieghaften König. Andere hassten ihn als größenwahnsinnigen, charakterschwachen Gewaltherrscher, dessen kurzer Eroberungszug unzähligen Betroffenen unermessliches Leid bescherte. Dies hat einerseits bereits unter Teilnehmern des Alexanderzuges und annähernden Zeitgenossen zur Ausbildung eines panegyrischen, heroisierenden Alexanderbildes geführt. Dieses Bild erfuhr dann in der so genannten Vulgat-Tradition (Kleitarch) und schließlich in antiken bis frühneuzeitlichen Prosa- und Versversionen des Alexanderromans (von Pseudo-Kallisthenes im 3. Jahrhundert v. Chr. bis zur *Dihegesis tou Alexandrou* beziehungsweise in den *Phyllada tou Megalexandrou* seit dem späten 17. Jahrhundert) seine märchen- und sagenhaften Übersteigerungen. Andererseits bildete sich aber auch bereits zu Lebzeiten Alexanders eine kritische Tradition heraus, die unter anderem von philosophisch (peripatetisch oder stoisch) beeinflussten Autoren vertreten wurde. Sie unterstrichen die dunklen Seiten und die zwischen 330 und 323 immer deutlicher werdenden Charakterschwächen des Königs: Gewaltexzesse, Trunksucht, Unberechenbarkeit, Jähzorn, Zugänglichkeit für höfische Schmeicheleien und fortschreitende Megalomanie. Der König entwickelte sich auf der Höhe seines Ruhmes und seiner äußeren Macht immer mehr zu einem unbeherrschten Tyrann statt zu einem vorbildlichen Philosophenkönig. Antike Autoren dieser alexanderkritischen Richtung spielen gerne das unverdiente und übergroße Glück Alexanders gegen seine Tüchtigkeit aus. Den vielleicht deutlichsten Reflex dieser Diskussion findet man in Plutarchs Traktat *Über Alexanders Glück*.

Die Ephemeriden

Betrachten wir in aller gebotenen Kürze zunächst einige wichtige Werke der Alexanderzeit selbst: Ein zeitgenössisches, halboffizielles Werk sind die *Ephemeriden* (FGrHist 117), die königlichen Verwaltungs- und Kriegstagebücher, die regelmäßig im Stabe von Alexanders Hauptquartier unter Aufsicht seines Kanzleichefs Eumenes von Kardia geführt wurden. Man darf annehmen, dass die vollständigen Originale der Ephemeriden ‚offizielles'

Material aus der königlichen Kanzlei enthielten, wie Urkunden, Briefwechsel oder Protokolle, das für die frühen Alexanderhistoriker, zum Beispiel Ptolemaios, wertvolle Quellen bot. Der typische Inhalt der wenigen heute noch erhaltenen Fragmente könnte über den gesamten Charakter der Ephemeriden täuschen. Denn er betrifft Opfer, Empfänge oder die wechselnde Befindlichkeit des Königs nach schweren Gelagen.

Wie die Ephemeriden hatten auch die während des Alexanderzuges zwischen 334 und 323 systematisch geführten Aufzeichnungen der *Bematistai* (Schrittvermesser, Geodäten), von denen wir die Namen des Baiton, Diognetos und Philonides kennen (FGrHist 119–121), einen halboffiziellen Charakter. Sie notierten Distanzen zwischen Fixpunkten, Marschzeiten sowie landeskundliche Informationen über die Länder, durch die der Alexanderzug ging.

Kallisthenes

Kallisthenes aus Olynth, ein Verwandter des Aristoteles und selbst ebenfalls Peripatetiker, wurde bereits als Verfasser eines *Hellenika*-Werkes erwähnt. Kallisthenes verfasste als offiziell von Alexander selbst beauftragter Propagandist und Historiker während der ersten Jahre des Kriegszuges seine für ein panhellenisches Publikum gedachten *Alexandrou praxeis* oder *Taten Alexanders* (FGrHist 124). Ihr Bericht reichte von 334 und dem Übergang über den Hellespont wohl bis zur Schlacht von Gaugamela. Kallisthenes fiel dann aber im Zusammenhang mit der von ihm abgelehnten Einführung des persischen Hofzeremoniells durch Alexander und in der Pagenverschwörung in Ungnade. Er starb in der Haft. Seine *Taten Alexanders* waren die früheste, zusammenhängende zeithistorische Behandlung der ersten Jahre des Alexanderzuges. Der panegyrische propagandistische Ton und der Einsatz des vollen Instrumentariums rhetorischer Mittel werden auch heute noch aus vielen Fragmenten deutlich. Ebenfalls fällt das typisch peripatetische Interesse an Informationen aus verschiedenen Wissensgebieten jenseits von Politik und Kriegführung auf. Der Tod des Kallisthenes schadete dem Ansehen Alexanders unter philosophisch beeinflussten Autoren der folgenden Jahrhunderte sehr.

Ephippos, Marsyas, Onesikritos, Chares

Innerhalb von nur einer Generation nach Alexanders Tod entstanden dann mehrere Werke über den Alexanderzug, die für das Alexanderbild der uns heute noch erhaltenen antiken Autoren maßgeblich wurden. Diese frühen Alexanderhistoriker waren überwiegend hochrangige Teilnehmer des Alexanderzuges. Ephippos aus Olynth verfasste *Über den Tod und die Bestattung Alexanders und Hephaistions* (FGrHist 126). Wenn man von einem durch die Interessen des Exzerptors Athenaios möglicherweise beeinflussten und daher nicht unbedingt repräsentativen Fragment schließen darf, äußerte Ephippos scharfe Kritik an den Alkoholexzessen am Hofe Alexanders. Marsyas aus Pella, den Autor (FGrHist 135) einer Makedonischen Geschichte *(Makedonika)*, die mindestens bis 331 v. Chr. reichte, kann man als einen makedonischen Insider bezeichnen. Denn der Bruder des Antigonos Monophthalmos war in seiner Jugend zusammen mit Alexander erzogen worden. Wir kennen leider heute nur noch wenige Fragmente aus den Makedonika. Als Dolmetscher und später als Obersteuermann des königlichen Schiffes schrieb Onesikritos aus Astypaleia (FGrHist 134) – vielleicht unter kynischem Einfluss und mit dem Vorbild der xenophontischen *Kyropädie* –

einen idealisierenden Traktat *Pos Alexandros Echthe* oder *Wie Alexander erzogen wurde*. Chares aus Mytilene trug den Titel eines Zeremonienmeisters am Hof Alexanders (FGrHist 125) und konzentrierte sich in seinen ausführlichen zehn Büchern Geschichte Alexanders seinem Amt entsprechend unter anderem auf das Hofleben, erwähnte aber offenbar auch gerne Wundergeschichten und romanhafte Details.

Ptolemaios und Aristobulos

Flavius Arrianus oder Arrian aus Nikomedeia gelangte auf der Basis der umfangreichen, ihm im 2. Jahrhundert n. Chr. noch zugänglichen Literatur über Alexander zu der Auffassung, dass unter den Werken über Alexander aus der Feder der Kriegszugsteilnehmer und Augenzeugen die Darstellungen von Ptolemaios und Aristobulos die bedeutendsten gewesen seien. Ptolemaios, Sohn des Lagos, ein Somatophylax (Leibwächter, hochrangiger General) Alexanders und der Begründer der hellenistischen Ptolemäerdynastie (Ptolemaios I.), verfasste im höheren Alter eine auf die militärisch-politischen Leistungen Alexanders konzentrierte Geschichte des Alexanderzuges (*Praxeis Alexandrou*?), die für Arrians Alexandergeschichte zur wichtigsten Quelle wurde (FGrHist 138). Sie ist in ihren Hauptzügen aus Arrians Werk noch mit ihrer Tendenz rekonstruierbar, die den König als militärisches Genie verherrlichte, Ptolemaios selbst ent- und seine Rivalen belastete. Obwohl der hohe Quellenwert der auf Ptolemaios gestützten arrianischen Tradition unbestritten ist, müssen doch in jedem Einzelfall auch abweichende Berichte anderer antiker Gewährsmänner sorgfältig quellen- und sachkritisch geprüft werden. Die moderne Alexanderforschung folgt nicht mehr unkritisch jeder Nachricht des Ptolemaios. Neben Ptolemaios verwendete Arrian zur Ergänzung und Kontrolle seiner Angaben auch das Alexanderwerk des Aristobulos von Kassandreia, dessen genauen Titel wir nicht kennen. Falls Aristobulos tatsächlich erst in hohem Alter im 3. Jahrhundert sein Werk (FGrHist 139) verfasste, konnte er außer auf seine eigenen Erinnerungen auch bereits auf erste veröffentlichte andere Werke über Alexander zurückgreifen. Als Mitglied des Techniker- und Ingenieurkorps Alexanders interessierte sich Aristobulos auch für technische Probleme und landes- oder naturkundliche Fragen der Fauna und Flora oder des Klimas. Hierdurch wurde er auch für den späteren Historiker und Geographen Strabon eine interessante Quelle.

Kleitarch

Kleitarch (FGrHist 137) verfasste im frühen 3. Jahrhundert eine zwölfbändige Alexandergeschichte von der Thronbesteigung 336 bis zum Tode des Königs 323. Einige erhaltene Fragmente zeigen eine stark proptolemäische Tendenz. Vor allem aber verschwimmen in dieser Alexandergeschichte bereits die Grenzen zwischen einer seriösen politisch-militärischen Geschichtsdarstellung und einer romanhaft-märchenhaften Erzählung. Das in der Antike viel gelesene Werk des Kleitarch wurde zur wichtigsten Wurzel der Vulgat-Tradition und zu einer Hauptquelle für die uns noch erhaltenen Geschichtswerke des Diodor (in Buch 17), des Curtius Rufus und des Justin.

Polybios

In älteren quellenkundlichen Beiträgen zur Geschichte Alexanders des Großen sind die Bedeutung und der Quellenwert der Notizen unterschätzt worden, die sich in der Universalhistorie des Polybios aus Megalopolis (2. Jahrhundert v. Chr.) über Alexander, den Alexanderzug und wichtige Männer im Umkreis des Königs finden. Denn diese Notizen gehen wahrscheinlich auf zwei annähernde Zeitgenossen Alexanders zurück, Hieronymos von Kardia und Demetrios von Phaleron. Zudem stammen sie von einem der anspruchsvollsten und sorgfältigsten hellenistischen Historiker des 2. Jahrhunderts v. Chr. Jüngeren Untersuchungen zufolge interessieren den Historiker aus Megalopolis vor allem die Zerstörung Thebens 335, ein Vergleich der zeitgenössischen Könige Makedoniens im 2. Jahrhundert, Philipps V. und des Perseus, mit Alexander, dessen Charakter und seine Qualifikation als General.

Diodor

Kommen wir nun in diesem quellenkundlichen Überblick zu den sekundären, erhaltenen historiographischen Darstellungen des Alexanderzuges: Einen chronologisch zuweilen problematischen, aber durchgehenden erzählerischen Rahmen bieten Diodors Buch 17 bis zum Tode Alexanders und der Beginn von Buch 18 zur Lage 323/22 v. Chr. Dabei ist zwischen den Büchern 17 und 18 ein wichtiger Quellenwechsel von Kleitarch und anderen Vorlagen zu Hieronymos von Kardia als neuer verlässlicherer Hauptquelle Diodors zu beachten. Insgesamt sind die für den Zeitraum der griechischen Geschichte von 359–323 relevanten Bücher Diodors (16–17) weniger zuverlässig als der Beginn seiner Diadochengeschichte in den Büchern 18–20. Der historiographisch-gedankliche Eigenanteil des Historikers Diodor an der Verarbeitung seiner Vorlagen ist umstritten und wohl mit Ausnahme der ausgearbeiteten Bucheinleitungen (*Prooimien*) eher gering. Eine gewisse Aufwertung des Historikers Diodor in der jüngeren Forschung erfolgte als eine gesunde Gegenreaktion gegen ältere, zu pauschale Verdammungsurteile.

Curtius Rufus

Der frühkaiserzeitliche Rhetor und Historiker Q. Curtius Rufus verfasste *Historiae Alexandri Magni Macedonis* in zehn Büchern, von denen mit wenigen Lücken die Bücher 3–10 noch erhalten sind. Sie stellen die einzige lateinische aus der Antike auf uns gekommene umfangreiche Alexandergeschichte dar. Curtius Rufus wollte kein methodologisch und quellenkritisch anspruchsvolles Geschichtswerk vorlegen. Seine Leser sollten vor allem unter Einsatz vielfältiger rhetorischer und sprachlicher Kunstmittel mit seiner Erzählung unterhalten werden. Curtius hat eine Reihe älterer Vorlagen verarbeitet und zitiert etwa Kleitarch, Ptolemaios und den augusteischen Universalhistoriker Timagenes. Sein Alexanderbild ist weder eindeutig panegyrisch und alexanderfreundlich noch durchgehend kritisch und anklagend gegenüber dem ‚Tyrannen' Alexander. Die *Historiae* des Curtius Rufus wurden in der Spätantike und im Mittelalter häufig gelesen und haben daher die Vorstellung von Alexander und seiner Zeit wesentlich mitbestimmt.

Justin

Nur durch einen Auszug, eine *Epitoma*, die er aus den *Historiae Philippicae* des Pompeius Trogus anfertigte, ist Justin als Autor wohl des 3. Jahrhunderts n. Chr. greifbar. Die Alexanderzeit behandelt Justin in den Büchern 10–12. Justins knapper Abriss verdrängte die anspruchsvollere lateinische Universalhistorie des Pompeius Trogus fast völlig und war in der späten Antike und im Mittelalter ein sehr beliebtes Werk.

Arrians Werke

L. Flavius Arrianus oder Arrian gilt vielen Alexanderforschern als der bedeutendste Alexanderhistoriker. Er stammte aus Nikomedeia und lebte circa 85 bis nach 145 n. Chr. Er durchlief zunächst eine ritterliche Militärkarriere, wurde dann Prokonsul der spanischen Provinz Baetica, Suffektkonsul 129 oder 130 und Provinzstatthalter in Kappadokien. Arrian gehörte also zur Elite des Kaiserreiches mit reicher eigener militärischer und politisch-administrativer Erfahrung. Er trat aber auch hervor als Autor philosophischer, historisch-biographischer oder geographischer Schriften. In unserem Kontext interessieren vor allem seine *Anabasis* über den Feldzug Alexanders nach Asien und die nach Nearchos' Fahrtbericht und Megasthenes als Hauptquellen zusammengestellten *Indika* mit reichen geographischen und ethnographischen Details. Für die Ereignisse unmittelbar nach Alexanders Tod und die provisorische Reichsordnung von den Absprachen in Babylon bis zur Neuordnung von Triparadeisos ist auch noch auf Fragmente aus der ursprünglich sehr ausführlichen Diadochengeschichte Arrians (zehn Bücher für etwa drei Jahre Berichtszeitraum) zu verweisen. Die Alexandergeschichte in sieben Büchern könnte sein erstes bedeutendes historisches Werk gewesen sein. Arrian verehrt seinen Helden Alexander, bemüht sich aber auch um eine wahrheitsgetreue Darstellung, die krassen Auswüchsen der märchen- oder romanhaften Alexanderliteratur entgegenwirken sollte. Arrian stützt sich auf die seinem Urteil nach besten Quellen über die politisch-militärischen Ereignisse des Alexanderzuges. Dies seien die Werke des Ptolemaios und des Aristobulos, der engen Weggefährten des Makedonenkönigs. Für die im Zentrum seines Werkes stehende militärische und politische Ereignisgeschichte ist Arrians Quellenwert unbestritten. Angebliche Motive wichtiger Personen für bestimmte Handlungen, Berichte über für Alexanders Nachruhm belastende Ereignisse oder das gesamte, zu positive Alexanderbild aber sollte man nicht unkritisch von Arrian übernehmen. Über die Biographien des Plutarch aus Chaironeia als unverzichtbare, aber aus gattungsspezifischen Gründen immer kritisch zu benutzende Quellen zur Alexanderzeit ist bereits das Nötige gesagt worden. Außer in der Alexanderbiographie selbst findet sich wertvolles Material zur griechischen Geschichte der Jahre 336–323 in den Charakterbildern des Demosthenes und Phokion.

3. Nichtliterarische Quellen für die Zeit Philipps und Alexanders

Der hohe Quellenwert nichtliterarischer Quellen

Als erstrangige Zeugnisse zur Geschichte des 4. Jahrhunderts v. Chr. können wir außer literarischen Quellen erfreulicherweise viele Inschriften, Papyri, Münzen und archäologische Quellenbefunde auswerten. Sie dienen zur substantiellen Ergänzung, oft auch zu einer inhaltlichen und die Tendenz betreffenden Kontrolle der literarischen Quellen. Die publizierte Menge solcher Primärquellen von historischer Relevanz für die Epoche 359–323 nimmt von Jahr zu Jahr zu, während der künftige Erkenntnisfortschritt in der Auswertung bereits lange bekannter literarischer Quellen eher darin liegen dürfte, dass man neuartige Fragen an sie stellt, verfehlte ältere Interpretationen berichtigt oder diese literarischen Quellen systematisch mit dokumentarischen Quellen konfrontiert. Aus der Interpretation von Neufunden an Inschriften, Münzen und Papyri könnten auch in Zukunft wichtige Modifikationen unseres Bildes über die Geschichte jener Jahrzehnte zu erwarten sein. Modifikationen des vorherrschenden Bildes vom Ablauf des Alexanderzuges und von der Struktur des Alexanderreiches dürften schließlich ebenfalls durch die angemessene Einbeziehung von zeitgenössischen Quellen aus Ägypten und dem Achaimenidenreich (unter anderem aus Babylon) zu erhoffen sein. Erst in wenigen Werken ist bisher systematisch der Versuch unternommen worden, aus der Sicht der nichtmakedonischen und nichtgriechischen Untertanen eine Bilanz des Eroberungszuges, der kurzen Herrschaft und der Folgen des vorzeitigen Todes Alexanders aufzustellen.

Inschriften

Viele historisch aussagekräftige Inschriften informieren über Ereignisse der Alexanderzeit. Sie beleuchten vor allem das Verhältnis Alexanders zu der Welt der griechischen Poleis im hellenischen Mutterland (nicht zuletzt zu Athen), in der Ägäis und an der kleinasiatischen Küste. Der königliche Machtanspruch wurde im Laufe der Regierungszeit und analog zu den staunenswerten Triumphen des Alexanderzuges immer manifester. Er traf auf die Entschlossenheit der traditionsbewussten Poleis, ihre bürgerliche Freiheit und Autonomie sowie ihren in der Ordnung des Korinthischen Bundes festgeschriebenen Machtbereich auch innerhalb der neuartigen Universalmonarchie Alexanders zu bewahren. Interessante inschriftliche Neufunde der letzten Jahrzehnte betreffen auch die Stellung des makedonischen Königs zu seinen makedonischen Untertanen und die innere Organisation des makedonischen Königreiches und seiner Städte.

Münzen

Die Münzprägungen Philipps II. in Gold und Silber konnten in ihrem Umfang und ihrer Qualität mit der bisher im 4. Jahrhundert in Griechenland führenden athenischen Drachmenprägung mühelos konkurrieren. Die anfängliche Kontinuität der Bildinhalte zum Prägeprogramm Philipps II. wird im Laufe der Regierung Alexanders des Großen durch alexanderspezifische Bildprogramme der Reichsprägungen ersetzt. Diese erfolgen nach Eroberung der persischen Reichsschätze in einer unerhört hohen Anzahl. Sie werden über das Heer Alexanders und die Veteranen im ganzen Reich verteilt und verdrängen immer stärker als führende Gold- und Silberwährung die Prägungen der wirtschaftlich einflussreichsten Poleis. Polisprägungen behalten allerdings im lokalen und regionalen Bereich weiterhin ihre Bedeutung.

Auch Ausgrabungspublikationen und Studien zu einzelnen Fundobjekten haben unser Bild von der Epoche Philipps II. und Alexanders in den letzten 50 Jahren sehr bereichert. Besonders wertvolle Erkenntnisse haben aus dem griechisch-makedonischen Raum die Ausgrabungen und Interpretationen der Funde aus Olynth, Pella, Aigai/Vergina, Amphipolis, Olympia und Athen und Attika erbracht.

Papyrologische Quellen haben in der jüngeren Vergangenheit ebenfalls eine Erweiterung unserer Kenntnisse über die Regierungszeit Alexanders ermöglicht. Nur knapp sei auf neue, in ihrer Interpretation allerdings schwierige Einzelheiten über den Balkanfeldzug Alexanders unmittelbar nach seiner Regierungsübernahme 336–335 verwiesen. Wir erfahren diese aus einem Papyrus, der vermutlich ein Fragment eines Kommentars zu den *Ephemeriden* Alexanders enthält.

Babylonisch-persische Quellen

Ein Grundproblem unserer Quellenlage über das Universalreich Alexanders liegt in der durch die griechisch-römische Perspektive der Hauptquellen vorgezeichneten Einseitigkeit. Auf thrakischer, ägyptischer oder achaimenidischer Seite hat die Feldzüge offenbar kein Historiker vom Range eines Arrian beschrieben; jedenfalls ist uns kein solcher Bericht überliefert. Um diese erdrückende Einseitigkeit des aussagekräftigsten Quellenmaterials ein wenig auszugleichen, sollten sämtliche verfügbaren ägyptischen oder babylonisch-persischen Quellen über die Zeit Alexanders noch stärker berücksichtigt werden, als es bisher geschieht. Zu solchen wertvollen Quellenkomplexen gehören zum Beispiel die *Astronomischen Tagebücher*, die *Dynastische Prophezeiung* und Notizen in babylonischen Chroniken. Der Umfang und die Bedeutung des hellenischen und makedonischen Einflusses auf die grundlegenden administrativen, ökonomisch-sozialen wie auch die kulturellen Strukturen des Achaimenidenreiches und die Identität seiner Bevölkerungsmehrheit wird oft stark überschätzt. Gründe hierfür sind vermutlich die Faszination, die die Person Alexanders ausübt, und das Vorurteil von der Überlegenheit der griechischen Kultur gegenüber der ‚barbarischen' persischen. Hohe persische Funktionäre bis hin zum letzten Großkönig Dareios III. sind oft zu ungünstig und manchmal unbewusst unter dem Einfluss von Topoi über asiatische Dekadenz beurteilt worden. Alexander und die ersten Seleukidenherrscher Seleukos I. und Antiochos I. stellten sich recht häufig in indigene Traditionen. Mit dieser Beobachtung soll keineswegs verfehlten älteren Thesen über eine von Alexander initiierte Verschmelzungs- und Verbrüderungspolitik erneut das Wort geredet werden. Fundobjekte und Ausgrabungsbefunde aus Ägypten und den Kernländern des Achaimenidenreiches aus der Alexander- und frühen Diadochenzeit deuten aber auf die Lebenskraft indigener ägyptischer und asiatisch-achaimenidischer Traditionen. Sie bereichern die Diskussion um die Intensität und Geschwindigkeit von Hellenisierungs- oder Akkulturationsprozessen im Raum des Alexanderreiches und der frühen Diadochenstaaten.

Jüngere achaimenidische Forschungen legen Nachdruck auf die strukturelle Schwäche der Reichszentrale in ihren Versuchen, über die riesige Peripherie der zahlreichen Provinzen (Satrapien) ihre Kontrolle zu erhalten. Die langjährigen Sezessionsbewegungen ganzer Reichsteile (vor allem Ägyptens) oder Satrapenaufstände in Kleinasien hatten diese Probleme im 4. Jahrhundert bereits lange vor Alexanders Angriff gezeigt.

Achaimenidisch-babylonische Quellen betonen deutlicher als griechische Quellen, dass Dareios III. seinen Thron 335 in einer schweren inneren Krise des Weltreiches durch die blutigen Wirren von 338–336 nach der Ermordung Artaxerxes III. Ochos übernahm. Die so genannte *Dynastische Prophezeiung* stellt diese verwickelten und blutigen Ereignisse etwas anders dar als Diodor im 17. Buch. Als die Makedonen das Perserreich angriffen, befand sich dieses noch in einer schweren inneren Krise oder es erholte sich mühsam gerade erst von dieser. Diese Lage des Gegners begünstigte die schnellen Erfolge der Makedonen 334–333 erheblich. Bereits nach dem eindrucksvollen Sieg Alexanders bei Issos 333 brach offenbar bei nicht wenigen Reichsangehörigen Furcht und Schrecken aus. Das Datum der Schlacht von Issos 333 lässt sich durch eine Kombination der Informationen über eine Sonnenfinsternis in den *Astronomischen Tagebüchern* (Diaries 332 rev. 10) mit den damals vorherrschenden Mondphasen und unseren griechisch-römischen Quellen präzis auf 4.–7. November 333 v. Chr. bestimmen. Die *Astronomischen Tagebücher* überliefern keilschriftliche Beobachtungen zur Astronomie und zu politischen Ereignissen in Babylonien. Sie berichten von einer Mondfinsternis elf Nächte vor der Schlacht von Gaugamela. Schlechte Omina wiesen nach diesen Tagebüchern auf den kommenden Tod eines König hin. Großes Unheil für Babylonien und das ganze Perserreich war aus Sicht der einflussreichen Astrologen und Astronomen und von Teilen der Armeen also bereits vor der Entscheidungsschlacht absehbar (Diaries AD 330 obv. 14–18). Alexander führte vor seinem Einmarsch nach Babylon diesen Tagebüchern zufolge mit Hilfe griechischer Gesandter diplomatische Verhandlungen mit lokalen Machthabern und Würdenträgern. Er sicherte dabei zu, den Tempel des Marduk wieder aufzubauen und die Häuser der Babylonier nicht plündern zu lassen. Jüngere archäologische Untersuchungen im Palastgebiet von Persepolis haben die Berichte antiker Quellen über eine systematische und planvolle Zerstörung der Palastanlage bestätigt.

Weiterhin bleiben die Lokalisierung bestimmter Orte und manche Einzelheiten der Ereignisse der griechischen Geschichte im Zeitalter Philipps II. und Alexanders des Großen offen. Surveys und lokal- beziehungsweise regionalgeschichtliche Studien haben aber ebenfalls bereits zu großen Erkenntnisfortschritten geführt, die sich inzwischen auch in hilfreichen und illustrativen Kartenwerken niedergeschlagen haben.

III. Makedonien und die griechische Polisstaatenwelt in der Regierungszeit Philipps II. (359–336 v. Chr.)

359–336	Regierungszeit Philipps II. von Makedonien
357	Amphipolis in der Hand Philipps
356	Geburt des Nachfolgers Alexanders III. (des Großen)
356	Zugriff Philipps auf Krenides/Philippoi und das nahe gelegene Minengebiet, Eroberung Pydnas und des Gebietes zwischen Strymon und Nestos
355	Methone unter Philipps Kontrolle
354	Abdera und Mantineia unter Philipps Kontrolle
353–352	Intervention im Dritten Heiligen Krieg, Niederlage, dann großer Sieg über phokische Söldner
349–348	Krieg Philipps gegen Olynth und den Chalkidischen Bund
356–346	Dritter Heiliger Krieg
346	Philokratesfrieden, Sieg über die Phoker und deren Bestrafung, Reorganisation der Delphischen Amphiktyonie
344	Reorganisation des Thessalischen Koinon unter Philipps Vorsitz als Archon
340–338	Krieg Philipps gegen Athen und den Hellenenbund des Demosthenes
August 338	Sieg Philipps bei Chaironeia
338/7	Bilaterale Friedensverträge und danach Begründung der *koine eirene* des Korinthischen Bundes, Kriegsbeschluss gegen Achaimenidenreich
337	Heirat Philipps II. mit der Makedonin Kleopatra, zeitweiliges Zerwürfnis mit Olympias und Alexander
336	Ermordung Philipps auf der Hochzeit seiner Tochter Kleopatra, Thronfolge Alexanders

Strukturelle Probleme der makedonischen Könige

Mit zunehmender Bewunderung oder wachsender Besorgnis beobachteten Zeitgenossen den schnellen Aufstieg Makedoniens während der Regierungszeit Philipps II. von einem krisengeschüttelten, schwachen Königreich am Rande der griechischen Staatenwelt zur Hegemonialmacht in Hellas und über Teile des Balkangebietes. König Philipp löste mehrere strukturelle Probleme, die auch alle früheren makedonischen Herrscher herausgefordert und bislang den Aufstieg des Königreiches zu einer Großmacht verhindert hatten. Bereits die geographische Struktur des Königreiches Makedonien begünstigte zentrifugale Tendenzen und regionale Machtbildungen. Zwischen makedonischen Gebieten in den Ebenen und im Bergland fallen große physikalisch-geographische Unterschiede auf. Obermakedonien zerfiel in mehrere voneinander durch Gebirgszüge und schwer passierbare Flüsse getrennte Landschaften. Obermakedonien gliederte sich traditionell in drei ursprünglich selbständige Königreiche, die vor Philipp II. der Autorität der Zentralgewalt des Königs nur zeitweise und unvollständig gehorchten.

Die Hauptregionen Makedoniens

Waren diese Gebiete doch auch erst deutlich später als Niedermakedonien nach Ende der Perserkriege des 5. Jahrhunderts unter die Obergewalt der makedonischen Könige gekommen. Im Süden lag die Elimeia, im Westen die Orestis und im Nordwesten die Lynkestis. Regionale Aristokraten behaupteten bei einer nur nominellen Oberhoheit des argeadischen Königs in Aigai und Pella in ihren angestammten Gebieten faktisch die Macht, und einheimische Traditionen blieben mit großer Zähigkeit lebendig. Niedermakedonien dagegen war durch die Ebenen am Thermäischen Golf und südlich davon mit den Flussebenen des Axios (Vardar) und des Haliakmon (Vistritza) geprägt. Der Thermäische Golf ragte allerdings sehr viel weiter nach Westen ins Landesinnere hinein als in heutiger Zeit, sodass Pella zeitweise ein Ausfuhrhafen für Makedonien war. Hier lag historisch und geographisch gesehen das Zentrum Makedoniens. Im Osten bildete der Fluss Strymon (Struma) traditionell die Grenze Makedoniens. In Niedermakedonien lagen auch die alte Hauptstadt Aigai (Vergina) und Pella, seit König Archelaos I. die neue administrative Hauptstadt des makedonischen Königreiches. Nur wenige, meist schlechte Verbindungswege zwischen Ober- und Niedermakedonien sowie innerhalb der wichtigsten Binnenregionen des Königreiches behinderten das Zusammenwachsen aller Landesteile und die Ausbildung eines starken zentralen Königtums. Einer präzisen Beschreibung seiner instabilen Außengrenzen entzieht sich das makedonische Königreich während der meisten Jahrzehnte des 5. und 4. Jahrhunderts. Daher kann man vielleicht Makedonien in dieser Zeit treffender als einen primär politischen Begriff, denn als ein fest umgrenztes Gebiet auffassen, nämlich als den Machtbereich des jeweils regierenden makedonischen Königs.

Das Potential Makedoniens

Im Vergleich selbst zu den größten Einzelpoleis der griechischen Staatenwelt, zu Athen oder Syrakus, verfügte das Königreich Makedonien über ein erheblich größeres demographisches, militärisches und ökonomisches Potential. Dieses ließ sich auch in politisches und militärisches Gewicht umsetzen, wenn es gelang, strukturelle Schwächen zu beseitigen und diese Potentiale zu aktivieren. In wirtschaftlicher Sicht boten weite für Ackerbau und Viehzucht geeignete, auch genügend regenreiche Gebiete Makedoniens gute Entwicklungsperspektiven. Der Holzreichtum und seit Philipps Eroberungen die Gold- und Silberminen des thrakischen Gebietes waren wertvolle strategische Ressourcen.

Ungesicherte Außengrenzen

Vielleicht das drängendste Problem des Reiches bei Regierungsantritt Philipps lag in den ungesicherten Außengrenzen des Landes und im unzureichenden Schutz vor den häufigen Angriffen der Nachbarn im Nordwesten und Nordosten, also der Illyrer, Epiroten, Thraker und Kelten. Weil die meisten literarischen und epigraphischen Quellen das Verhältnis des makedonischen Königreiches zur süd- und mittelgriechischen Staatenwelt (insbesondere zu Athen) in den Mittelpunkt stellen, wird auch in jüngeren Darstellungen der griechischen Geschichte im Zeitalter Philipps II. und Alexanders manchmal nicht genügend betont, dass die Beziehungen des Reiches zu seinen Nachbarn im Nordwesten und Nordosten und zu Thessalien für alle makedonischen Könige des 4. Jahrhunderts Priorität hatten vor denjenigen zur Poliswelt des südlichen Griechenland. Diese strategische Grundregel dürfte auch in der Regierungszeit Philipps II. und Alexanders des Großen gegolten haben.

1. König Philipps Jugend, erste Regierungsjahre und grundlegende Reformen

Philipp wurde circa 382 als Sohn des Königs Amyntas III. und der Eurydike geboren. Bereits sein Aufenthalt als Geisel im Theben der 360er Jahre hatte Philipp wertvolle militärische und politische Lehren vermittelt. Er beobachtete dort das enge Zusammenwirken von Reiterei und Infanterie, die Bedeutung ausgezeichneter Logistik sowie die Resultate regelmäßigen Exerzierens der thebanischen Elitetruppen. Politisch konnte er wertvolle Lektionen über die Mechanismen der Beziehungen eines nordgriechischen Königreiches mit der Poliswelt des 4. Jahrhunderts und die Diplomatie zwischen Polis- und Föderalstaaten lernen. Unter König Perdikkas III. war Philipp allerdings dann trotz seiner vornehmen Abkunft von der direkten Thronfolge in Makedonien ausgeschlossen.

Die Lage Makedoniens beim Tode von König Perdikkas

Unter Perdikkas drohte die westliche Grenzregion der Lynkestis Ende der 360er Jahre immer mehr der makedonischen Kontrolle zu entgleiten. Demütigende hohe Tribute waren an die Illyrer zu zahlen. Um dieser Situation ein Ende zu bereiten, setzte Perdikkas Philipp zum Vormund seines noch unmündigen Sohnes ein und brach zu einem großen Feldzug gegen die Illyrer auf, der jedoch in einer Katastrophe endete. Denn der König und Tausende seiner Soldaten fanden den Tod. Die Lage Makedoniens war nun äußerst ernst. Ein weiterer Vorstoß der Illyrer drohte 359. Ferner nutzten andere benachbarte Mächte die Niederlage des Perdikkas unmittelbar aus: Die Paionier griffen durch das Axiostal an, die Odrysen drohten aus dem Nordosten mit Einfällen, und die Athener hofften darauf, endlich wieder auf Dauer die Kontrolle über Amphipolis zu erlangen.

Philipp übernimmt die Regierung

In dieser Lage konsolidierte Philipp zunächst schnell und rücksichtslos seine Stellung als Regent gegen andere Prätendenten auf die Herrscherstellung in Makedonien, von denen Pausanias aus Thrakien und Argaios aus Athen Unterstützung erhielten. Einige Gegner verloren ihr Leben, andere wurden außer Landes getrieben. Es lässt sich nicht mehr mit Sicherheit bestimmen, wie lange Philipp nach 359 rein formal lediglich Regent für Amyntas, den unmündigen Sohn des Perdikkas, gewesen ist. Spätestens seit Philipp mit Alexander im Sommer 356 ein eigener Sohn (und Thronfolger) geboren wurde, dürfte er im eigenen Namen als König geherrscht haben. Möglicherweise erfolgte auch ein offizieller Thronverzicht des Amyntas.

Der Sieg über die Illyrer

Bei der Sicherung der bedrohten Außengrenzen Makedoniens zeigt sich bereits die für Philipps Regierung typische Mischung von militärischen und politisch-diplomatischen Mitteln. Ein diplomatisches Abkommen mit Athen sicherte ihm Ruhe an der makedonisch-thrakischen Küste während der ersten Feldzüge. Philipp zog zunächst erfolgreich gegen die Paionen, die er zur Anerkennung der makedonischen Oberhoheit zwang. Dann erst suchte er in der Gegend des Ochridsees die Entscheidungsschlacht an der Westgrenze gegen die Illyrer. Der eindrucksvolle Sieg Philipps sicherte diese traditionell gefährdete Grenze und begründete das Prestige des neuen Regenten als

Feldherr. Er rundete den Sieg ab mit einer ersten dynastischen Heirat mit Audata, der Tochter des Illyrerkönigs.

Militärische Reformen Philipps

Als König verwirklichte Philipp im Laufe seiner Regierungszeit ein ganzes Bündel von militärischen, administrativ-politischen und wirtschaftlichen Reformen, deren Wirkungen sich gegenseitig verstärkten. Sie bildeten die Grundlage für seine expansive Außen- und Militärpolitik. Die wichtigsten Reformen betreffen wohl das makedonische Heerwesen. Aus den leidvollen Erfahrungen der letzten Jahrzehnte war klar, dass Makedonien dringend eine schlagkräftige Armee brauchte, die unter der alleinigen Kommandogewalt des Königs stand, um zuerst die Außengrenzen des Reiches zu sichern und später eine expansive Politik zu beginnen. Auf den Kriegszügen, die nun fast jedes Jahr stattfanden, setzte König Philipp seine selbstverständliche Kommandogewalt über die Truppenkontingente aller makedonischen Regionen durch, die weiter unter ihren jeweiligen Anführern kämpften. Die Kriege endeten meist siegreich und verbanden die aristokratischen Anführer und das gesamte Heer immer enger mit ihrem obersten Feldherren und siegreichen König. Auch die Ausrüstung und Organisation der Phalanxtruppen (Nahkampfformationen von schwerbewaffneten Fußsoldaten) und der Reiterei wurden gründlich reformiert. Die Phalanxtruppen im makedonischen Heer erhielten über fünf Meter lange Lanzen (die Sarissa), die ihnen in der Reichweite und Stoßkraft gegenüber der damals üblichen Hoplitenausrüstung griechischer Heere oder auch der Bewaffnung achaimenidischer Infanterie einen entscheidenden Vorteil verschafften, wenn geschlossene Fußtruppenformationen in rangierten Feldschlachten im Nahkampf aufeinanderprallten. Sofern strikte Disziplin aller Kämpfer den Zusammenhalt der Phalanx bewahrte, konnte gleichzeitig der Verteidigungsschild der Soldaten verkleinert und damit die Beweglichkeit der Phalanx erhöht werden. Makedonische Phalanxtruppen wurden ferner zukünftig regelmäßig durch leichte Fußtruppen aus waffentechnischen Spezialeinheiten begleitet, zum Beispiel Speerwerfer, Schleuderer oder Bogenschützen. Hiermit zog Philipp eine wichtige Lehre aus militärgeschichtlichen Entwicklungen des 4. Jahrhunderts. Alle makedonischen Truppeneinheiten, insbesondere die Phalanx, exerzierten intensiver als typische Bürgermilizen griechischer Poleis. Vor allem aber formten fast jährliche Kriegszüge aus der makedonischen Bauern- und Hirtenarmee zwischen 359 und 336 bereits vor Beginn des Alexanderzuges eine fast professionelle Truppe. Auch das effektive Zusammenwirken von Fußtruppen und Reiterei in der Schlacht wurde bereits unter Philipp entscheidend verbessert und dann unter Alexander perfektioniert. Viele eindrucksvolle Siege Philipps und Alexanders beruhten auf der Durchschlagskraft der makedonischen Hetairenreiterei, der adeligen ‚Gefährten' des Königs, und der Reiterei der verbündeten Thessaler. Auch ein Tross an spezialisierten Belagerungsmaschinen entstand bereits unter Philipp, den er unter anderem bei den Belagerungen von Perinth und Byzanz einsetzte. Der Aufbau einer makedonischen Seemacht, die die traditionellen Seemächte der Ägäiswelt (vor allem Athen) herausfordern konnte, gelang selbst dem energischen Philipp noch nicht. Makedonien besaß auch am Ende der Regierungszeit Philipps nur eine schwache Kriegsflotte, obwohl das Königreich nun an der langgezogenen makedonisch-thrakischen Küste über wertvolle

Häfen verfügte und in der nördlichen Ägäiswelt strategische Interessen verfolgte. Die flüssigen Geldmittel, über die der makedonische König aus den thrakischen Minen verfügte, erlaubten Makedonien leichter und schneller als gegnerischen Polisstaaten die Anwerbung großer Söldnerkontingente, deren Bedeutung in der damaligen Militärgeschichte durch einen Trend zur Professionalisierung des Kriegswesens ständig stieg.

E

Phalanx
gr. *phálanx,* geordnete Nahkampfformation von schwerbewaffneten Fußsoldaten (Hopliten), deren Hauptwaffe die Stoßlanze bildet. Die Makedonen entwickeln seit Philipp II. die Sarissenphalanx mit deutlich verlängerter Lanze und tieferer Staffelung der Formation. Disziplin und Zusammenhalt der Phalanxkämpfer spielen für ihre Schlagkraft eine Schlüsselrolle.

E

Hopliten
gr. *hoplítai*; schwer bewaffnete Fußkämpfer der griechischen Phalanx, sie werden in den Polisstaaten in der Regel von den vollberechtigten und meist sozial der Mittelschicht angehörenden Bürgern gestellt. Die typische Bewaffnung eines Hopliten besteht aus einer kurzen Stoßlanze, Schwert, Schild, Helm, Panzer und Beinschienen. Falls die Anzahl der Bürger nicht hinreichte, wurden zuweilen auch andere Einwohner als Hopliten mobilisiert. In der makedonisch-hellenistischen Armee entsprechen den Hopliten die Pezhetairen (Gefährten zu Fuß).

E

Hetairen
gr. *hetaíroi,* Gefährten. In Makedonien Adlige, die ihren König als Berater und Helfer umgeben, im militärischen Sinne seit Philipp II. die makedonischen Reiterkrieger, die Inhaber königlicher ‚Lehensgüter' sind. Die makedonische Hetairenreiterei hatte entscheidenden Anteil an vielen Siegen Philipps und Alexanders.

Die politische Einigung von Ober- und Niedermakedonien und die nachdrückliche Stärkung der im König und seinem Hof verkörperten Zentralgewalt waren eine Vorbedingung des Aufstieges Makedoniens zur Hegemonialmacht in Hellas. An der Verwirklichung dieser Ziele arbeitete Philipp während seiner gesamten Regierungszeit. Zwischen 334 und 323 hat dann die langjährige Abwesenheit Alexanders von Makedonien und Hellas manches bis 336 bereits Erreichte wieder bedroht. Die mächtigen Adelsfamilien der makedonischen Regionen bildeten nämlich eine dauernde Konkurrenz zum König in Pella. Bei der Durchsetzung seiner Machtansprüche auf Oberhoheit gegenüber den makedonischen Aristokraten zeigte Philipp eine für seinen Regierungsstil typische pragmatische und flexible Mischung von Methoden, die man auch bei seinem Sohn Alexander dem Großen beobachten kann. Sie reichten von brutaler Gewalt über Bestechung und materielle Belohnungen (zum Beispiel Landschenkungen auf der Chalkidike, um Amphipolis oder in Thrakien), die ehrenvolle Einbindung von Adeligen in hohe Kommando- und Verwaltungsstellen der Armee und des Reiches bis zu familiären Verbindungen mit dem Königshaus.

Administrative Reformen und Förderung des Städtewesens

Einige administrative Maßnahmen förderten die Stellung des Königs als Zentrum aller Macht in Makedonien und als Garant der Sicherheit und Blüte des Reiches. Darunter fallen die Verstärkung der Leibwache des Königs und der Ausbau des Hofes, der Aufbau eines königlichen Archivs und die Bindung der nachfolgenden Generationen der Aristokratie an den

König durch die neu eingeführte Pagenausbildung am Königshof, nicht zuletzt auch die langjährige Heranbildung des Sohnes Alexander zum Nachfolger.

König Philipp förderte systematisch das Städtewesen in seinem Machtbereich, weil er aus blühenden Poliszentren Nutzen ziehen konnte. In Makedonien und den eroberten thrakischen Gebieten erstrebte er eine begrenzte Annäherung der städtischen Siedlungszentren an die typische hellenische Gemeindeverfassung, während das Verhältnis zu den traditionellen hellenischen Poleis an der Küste aufgrund der historischen Erfahrungen der Makedonen ambivalent blieb. Die vom König begünstigten Poleis bildeten in Zukunft ein Gegengewicht gegen die lokalen Machtbasen der Aristokratie. Städtegründungen und Förderung bereits bestehender Poleis erhöhten das Ansehen des Herrschers. Nach kurzer Zeit hoben prosperierende Poleis auch die Wirtschaftskraft des Reiches und förderten seine partielle Hellenisierung. Erheblich klarer als seine Vorgänger erkannte jedenfalls König Philipp II. die positiven Möglichkeiten, die in einer Förderung städtischer Zentren des griechischen Polistyps lagen, solange diese weiterhin militärisch und allgemein politisch unter königlicher Kontrolle standen. In den neueroberten Gebieten wurden meist zunächst Marktzentren mit Garnisonen beziehungsweise Burgen mit umliegendem Markt als städtische Zentren geschaffen.

Die Behandlung von Amphipolis wurde modellhaft für die aus makedonischer Sicht nicht unproblematische Eingliederung traditioneller hellenischer Poleis in das Königreich Makedonien. Die griechischen Küstenpoleis hatten sich vor der Regierung Philipps der Kontrolle des makedonischen Königs entzogen. Von dort aus hatten sich die Athener, aber auch etwa die Spartaner mehrfach militärisch oder diplomatisch in die Angelegenheiten Makedoniens eingemischt. Das politische Selbstbewusstsein der autonomen Polisgemeinden wirkte in der Gesamtstruktur der makedonischen Monarchie als ein störender Fremdkörper. Ohne den typischen Geist der Bürgerfreiheit und Autonomie konnte man aber die rein formale Polisverfassung auch in Makedonien gut integrieren. Nachdem Philipp Amphipolis kontrollierte, beließ er daher äußerlich die typischen Polisinstitutionen und die übliche Gemeindeverfassung mit einer Volksversammlung, dem Stadtrat und den typischen Ämtern. Aber Amphipolis und andere Poleis erhielten fortan makedonische militärische „Aufpasser" (Strategen, *Epistatai*).

Das makedonische Königshaus und die hellenische Kultur

Das Königshaus selbst war stolz auf sein Hellenentum und seine temenidisch-argivische Herkunft von dem Heros Herakles. Spätestens nach seinem spektakulären Olympiasieg von 356 im Wagenrennen hoffte König Philipp, auch von seinen Gegnern persönlich als Hellene anerkannt zu werden. Das Hofleben in Pella zeigte neben einigen rohen makedonischen Sitten auch ein großes Interesse des Königshauses an hellenischer Kultur. Mit seinem militärischen und politischen Einsatz für das Heiligtum von Delphi und die angesehene Delphische Amphiktyonie begann Philipp bereits ab 356 propagandistisch die panhellenische Karte auszuspielen. Trotz dieser Bemühungen blieb auf der Seite traditionsstolzer hellenischer Polisbürger eine Überheblichkeit gegenüber den angeblich halbbarbarischen Makedonen einschließlich ihres Königshauses bestehen. Sie half vielen Griechen, ihre

Verbitterung über das Bewusstsein der zunehmenden militärisch-machtpolitischen Unterlegenheit zu lindern.

Polygamie und Heiratsdiplomatie Philipps

Von Beginn seiner Regierung 359 an bis zu seinem letzten Lebensjahr 337/6 verband König Philipp den Einsatz militärischer Machtmittel mit der Heiratsdiplomatie. Die polygamen Traditionen am makedonischen Königshof erleichterten ihm dies. Die systematische Polygamie Philipps eröffnete dem Reich die Aussicht auf mehrere, bis zum erwachsenen Alter überlebende männliche Thronfolger. Sie schürte aber auch gefährliche Konflikte zwischen den verschiedenen Königinnen, ihren Kindern, Verwandten und Anhängern. Die pragmatische Einstellung König Philipps zu dynastischen Heiraten unterscheidet sich deutlich von der Zurückhaltung Alexanders gegenüber Eheschließungen. Bis auf Phila und seine letzte Frau Kleopatra waren alle Königinnen Philipps keine Makedoninnen. Die erste Frau Philipps, die Illyrerin Audata, starb schon früh und hinterließ nur eine Tochter, Kynane. Es folgte die Heirat mit Phila, einer Aristokratin aus der makedonischen Region Elimeia. Offenbar machte Philipp damit den Versuch, seine innermakedonische Machtbasis zu erweitern und die Elimeia an seine Person als Herrscher zu binden. Auch Phila starb jedoch bald kinderlos. Dann schloss der König schon im Herbst 357 die dritte und wohl wichtigste Ehe mit der Epirotin Olympias, die ihm 356 den Thronfolger Alexander gebar. In drei Ehen des Königs in nur zwei Jahren nach Antritt der Regentenstellung werden die dynastischen Absichten Philipps klar erkennbar.

2. Die Verschiebung des Gleichgewichts der Mächte bis zum Philokratesfrieden 346

In den 350er und frühen 340er Jahren verschob sich das Gleichgewicht der Mächte in der griechischen Polisstaatenwelt und im südlichen Balkanraum gravierend. Während die Macht Philipps II. von Jahr zu Jahr wuchs, verstrickten sich die traditionell führenden Polisstaaten Mittel- und Südgriechenlands in Krisen und Kriege, die zu ihrer Schwächung und Uneinigkeit in diesen kritischen Jahren führten. Dies erleichterte den Aufstieg Makedoniens zur Hegemonialmacht von Hellas sehr. König Philipp errang unterdessen militärisch, politisch und wirtschaftlich staunenswerte Erfolge. Schon 356 gelang ihm der Zugriff auf die reichen Gold- und Silberbergwerke des Pangaiongebirges östlich des Strymon. Danach bezog er allein aus diesen Bergwerken jährliche Einkünfte von 1000 Talenten. Eine umfangreiche Münzprägung Philipps begann nun mit Goldstateren (*Philippeios*) und Silbermünzen (*Siglos*). Hohe flüssige Geldsummen lagen Jahr für Jahr bereit für Kriegszüge, Subsidien an befreundete Staaten und Bestechungssummen für griechische Politiker. Makedonische Bestechungssummen konkurrierten jetzt in ihrer Höhe und Häufigkeit mit persischen Geldern als Mittel der Diplomatie in Hellas. Zur Sicherung dieser ökonomischen Ressourcen befestigte der König Krenides als Schlüsselfestung für Südthrakien. Dort siedelte er neue makedonische Kolonisten an und be-

Die Polis Philippoi

nannte den Ort demonstrativ in Philippoi um. Dies war die erste Stadt, die Philipp nach sich benannte. Philippoi bietet auch das erste bekannte Beispiel für die Benennung einer neuen Stadt in Europa nach einem regierenden Herrscher. Auch hier wurden die typischen Organe und Ämter der griechischen Polisverfassung eingerichtet, und das kommunale Leben verlangte von den neuen Bürgern großes Engagement. Die Bürger entwickelten aber vorerst offenbar noch kein politisches Selbstbewusstsein, wie es alte hellenische Poleis auszeichnete und das die Kontrolle des Makedonenkönigs über seine Stadt hätte beeinträchtigen können. Später wurden noch weitere wichtige Städte von Philipp neu gegründet beziehungsweise wesentlich ausgebaut. Auch in diesem Punkte setzte Alexander die Politik seines Vaters fort und übertraf ihn als Städtegründer weit. Neugründungen oder der Ausbau bestehender Städte, Umsiedlungen von Bevölkerungsgruppen und die Benennung von Poleis nach einem regierendem Monarchen (oder einem Mitglied der Dynastie) wurden in der hellenistischen Epoche wichtige Instrumente königlicher Machtsicherung und der Statuskonkurrenz zu anderen Machthabern.

Philippoi wurde auch zum Experimentierfeld für die Politik der freiwilligen, oft aber auch zwangsweisen Umsiedlung von Bevölkerungsteilen in andere Regionen des Königreiches Makedonien und in neugegründete Poleis in Paionien, in Thrakien oder auf der Chalkidike. Diese Strategie des planvollen Bevölkerungsaustausches sollte traditionelle regionale Blöcke von Anhängern der Rivalen des Königs zerschlagen. Dagegen gewann der König ihm selbst loyale Bevölkerungsgruppen in neuen Regionen. Denn die neuen Polisbürger waren in ihrer Existenz künftig von ihm abhängig. Durch die Kontrolle über die Minen und die Förderung des Städtewesens, ferner durch eine effiziente neue Organisation der Steuer- und Zolleinnahmen aus Thrakien und Makedonien, zu dem bald auch die an Philipp gefallenen Küsten- und Hafenstädte rechneten, schließlich durch Kriegsbeute wuchs der Reichtum des Königreiches in der Zeit Philipps deutlich.

Während der Makedonenkönig Erfolg auf Erfolg häufte, wurde Athens Seemacht von 357 bis 355 im „Bundesgenossenkrieg" gebunden, dessen Ausgang den Zweiten Attischen Seebund deutlich schwächte. Nach dem Frieden von 355 v. Chr. erfolgte eine strategische Neuausrichtung der athenischen Außen- und Finanzpolitik unter der Leitung des Eubulos von Probalinthos und seiner Anhänger. Diese Gruppe von Rhetoren und Strategen bestimmte die Politik Athens in den folgenden Jahren. Den Krieg gegen Makedonien in Nordgriechenland führten die Athener nur mehr halbherzig weiter. Wenn der Machtaufstieg Makedoniens überhaupt mit politischen und militärischen Mitteln noch aufzuhalten war, dann wäre dies wohl vor dem Philokratesfrieden und dem Ende des Dritten Heiligen Krieges 346 leichter möglich gewesen als zwischen 343 und 338 v. Chr. Die Staatenwelt Mittel- und Südgriechenlands wurde jedoch zehn Jahre lang von 356 bis 346 durch den Dritten Heiligen Krieg machtpolitisch paralysiert. In diesem Krieg stand Phokis gegen Theben und Thessalien als Hauptgegner mit ihren jeweiligen Verbündeten. Eine frühzeitige Allianz der Athener und Thebaner gegen die makedonische Expansion wurde schon durch die unterschiedliche Frontstellung beider Staaten in diesem Konflikt in Mittelgriechenland verhindert. In diesem Zeitfenster 356–346 legte Philipp den Grundstein für Makedoniens Aufstieg zur Hegemonialmacht von Hellas.

Konflikte mit Athen und dem Chalkidischen Bunde

Der langjährige Konflikt der Landmacht Makedonien mit der Seemacht Athen zwischen 357 und 346 entbrannte um Einflussgebiete in der Nordägäis und von Athen reklamierte Poleis an der makedonisch-thrakischen Küste. Ein weiterer regionaler Konflikt zeichnete sich auf der Chalkidike Ende der 350er Jahre ab zwischen Makedonien und dem Föderalstaat (*Koinon*) des Chalkidischen Bundes um Olynth. Als rücksichtsloser Realpolitiker verfolgte Philipp zunächst eine geschickte Schaukelpolitik zwischen Athen und dem Chalkidischen Bund. Ein Bündnis mit Athen gab er bald auf zugunsten einer Annäherung an Olynth und den Chalkidischen Bund. Mit dessen Unterstützung begann Philipp systematisch, Athen von der makedonischen Ägäisküste zu vertreiben. Denn die Kontrolle über die Küste war eine unverzichtbare Voraussetzung jeder weiteren machtpolitischen Expansion. Bis 354 gelangten die strategisch bedeutenden Orte Amphipolis, Pydna, Philippoi, Apollonia, Galepsos, Oisyme/Emathia, Methone, Abdera, Maroneia und Neapolis unter seine Macht. Damit beherrschte Philipp die makedonische Küste von der Grenze Thessaliens bis zum Hebros. Als der König 357 Amphipolis besetzte, rechneten die Athener damit, dass Philipp ihnen diese alte Schlüsselpolis des athenischen Seereiches kampflos übergeben werde, wurden aber in dieser Erwartung bitter getäuscht. 356 gelangen die Eroberung Pydnas und die Arrondierung des Südens Makedoniens. 355 wurde mit Methones Einnahme die letzte athenische Enklave auf makedonischem Gebiet beseitigt. Von nun an stand Philipp auch der Zugang nach Thessalien offen. Ein weiterer Feldzug brachte ihn in den Besitz von Abdera und Maroneia, vorher athenische Verbündete. Mit jedem dieser Erfolge Philipps verlängerte sich die Reihe der Konflikte mit Athen. Besondere Verbitterung in Athen schuf der Streit um Amphipolis. Athen fühlte sich im nordgriechischen Küstenbereich als eine Großmacht. Als andererseits der athenische Stratege Chares 353/52 Sestos für Athen zurückeroberte, brachte dieses gewaltsame Vorgehen den Athenern auf der thrakischen Chersones wenig Freunde.

Die strategischen Ziele Philipps im ersten Jahrzehnt seiner Regierung hatten darin bestanden, die Außengrenzen Makedoniens im Westen, Norden und Osten dauerhaft zu sichern und einen Ring von Klientelreichen zu errichten. Diese erkannten meist die militärische Oberhoheit Philipps prinzipiell an. Wenn nicht, erfolgten Demonstrationen militärischer Stärke in kurzen Feldzügen. Illyrien und Epirus wurden durch dynastische Heiraten enger an Makedonien gebunden, blieben aber formal selbständig. Sie sollten den Kern des makedonischen Reichsgebietes zukünftig gegen Angriffe von barbarischen Stammesgruppen schützen. Das westliche und später auch das südöstliche Thrakien dagegen wurden Zug um Zug erobert und militärisch, administrativ und wirtschaftlich mit dem makedonischen Kernland enger verbunden.

Epirus

In Epirus waren damals die Molosser der führende Stamm. Daher entschloss sich Philipp 357 zu einer dynastischen Heirat mit der Molosserprinzessin Olympias. 342 brachte Philipp den Bruder der Olympias namens Alexander als Klientelkönig auf den epirotischen Thron, und 336 rückte der westliche Nachbar erneut in den Blickpunkt durch die Heirat einer Tochter Philipps namens Kleopatra mit König Alexander dem Molosser.

Thrakien

Thrakien zerfiel nach dem Tod des mächtigen Odrysenkönigs Kotys 359 in mehrere miteinander rivalisierende Stammesfürstentümer und kleine Königreiche. Außer den Stämmen der Triballer, Edonen und Moesier sind die drei Teilreiche der Söhne des 360 ermordeten Kotys zu nennen. Von diesen entwickelte sich Kersebleptes zum hartnäckigsten Gegner einer makedonischen Expansion nach Thrakien. Die Athener unterstützten vor allem Kersebleptes mehrere Jahre gegen Philipp. Doch wurde der athenische Einfluss in dieser Region bald auf wenige Küstenpoleis zurückgedrängt. Bereits 356 eroberte Philipp das westliche Teilreich Thrakiens zwischen Strymon und Nestos. Zunächst blieben die thrakischen Teilreiche des Amadokos und des Kersebleptes formal noch unabhängig, waren faktisch aber bereits Klientelreiche Makedoniens. Noch vor dem Sieg von Chaironeia 338 fielen auch diese thrakischen Gebiete an Makedonien. Als folgenreich bis zum Ende der makedonischen Monarchie unter König Perseus 168 erwies sich die Einsetzung eines makedonischen Strategen für Thrakien, der im Auftrag des Königs Philipp die Abgaben an Makedonien überwachen und die Region kontrollieren sollte sowie auf Anforderung Hilfstruppen zu stellen hatte. Thrakien wurde administrativ enger mit Makedonien verbunden als andere umliegende, nur indirekt durch militärische Machtdemonstrationen und Diplomatie kontrollierte Regionen. Aus der Zeit Alexanders zwischen 336 und 323 sind drei Strategen Thrakiens mit Namen bezeugt.

Illyrien

Bei den Illyrern bildeten die Dardaner, die Taulantier und die Grabaier die bedeutendsten Stämme. Insbesondere in Zeiten dynastischer Schwäche Makedoniens durch einen Thronwechsel oder Wirren in der Königsfamilie fielen verschiedene Illyrerstämme mehrfach nach Obermakedonien ein. Auch unter Philipp und Alexander blieben die Beziehungen zu Illyrien trotz mehrerer Siege der Makedonenkönige angespannt.

Thessalien

Thessalien, ein geographisches Schlüsselland im Süden Makedoniens, eröffnete Philipp und seinen Nachfolgern den Zugang nach Mittel- und Südgriechenland. Solange der makedonische König Thessalien kontrollierte, war das Kernland Makedonien gegen Angriffe von Süden zu Lande gesichert. Daher strebte Philipp eine sehr enge Bindung Thessaliens an die Person des makedonischen Königs an. Während seiner Regierungszeit verband er als Herrscher die Gebiete von Makedonien und Thessalien in einer Art von ‚Personalunion'. Philipp wurde zuerst zum Tagos, später zum Archon (Präsident und Oberbefehlshaber) des Thessalischen Koinon gewählt. Der Makedonenkönig unterstützte mehrfach die Aleuaden von Larissa gegen die Dynasten von Pherai und stärkte im allgemeinen die Stellung der Aristokratie und der vier Regionen Thessaliens (Tetraden). Vor allem aber stand er als Schiedsrichter über den innerthessalischen Streitigkeiten. Nach der Reorganisationen des Koinon nach 344 blieb Thessalien wirtschaftlich (Getreidereichtum), politisch (Stimmen in der Delphischen Amphiktyonie) und militärisch (Reiterei) eine entscheidende Stütze der Herrschaft Philipps und Alexanders. Thessalien bildete ein verlässliches Sicherheitsglacis vor Angriffen auf Makedonien durch eine Koalition von feindlichen Griechenstaaten aus dem Süden in den Jahren vor Chaironeia, in der langen Zeit der Abwesenheit Alexanders von 334–323 und während des Hellenischen Krieges 323–322 v. Chr.

Die Eroberung und Zerstörung Olynths

Um 350 wurde Philipps makedonisch-thrakischer Machtbereich an der Küste nur noch von Olynth und dem Chalkidischen Bund unterbrochen. Nicht unerwartet griff Philipp 349 daher den Chalkidischen Bund an. Während eine makedonenfreundliche Gruppierung in Olynth noch Möglichkeiten zu einer diplomatischen Lösung sondierte, eröffnete König Philipp im Spätsommer 349 mit der Eroberung und der Zerstörung der Polis Stageira, des Heimatortes des Philosophen und späteren Erziehers Alexanders Aristoteles, den Krieg. Die meisten chalkidischen Poleis ergaben sich daraufhin außer Olynth, das dringend an Athen um Hilfe appellierte. Demosthenes hielt in dieser Krise seine berühmten *Olynthischen Reden*. Er rückte damit endgültig in die erste Reihe der athenischen Redner in der Volksversammlung vor. In den *Olynthischen Reden* und später in den *Philippischen Reden* entfaltete der berühmte Redner seine ganze Kunst, um seine Mitbürger von der Gefährlichkeit und den finsteren Absichten Philipps gegenüber Athen und ganz Griechenland zu überzeugen. Während der makedonisch-athenische Konflikt in Nordgriechenland noch ungelöst war, band Philipp weitere athenische Ressourcen erfolgreich an einer neuen Front, indem er die Gegner Athens auf Euboia unterstützte. Die Anhänger Athens auf dieser Insel wurden durch athenische Expeditionstruppen verstärkt, die der erfahrene Stratege Phokion anführte. Im Frühjahr 348 eroberte Philipp unterdessen Olynth unter Mithilfe einheimischer promakedonischer Kräfte. Athenische Hilfstruppen waren zwar in aller Eile noch auf die Chalkidike gesandt worden, aber in zu geringer Zahl und zu spät, um den Fall der Stadt zu verhindern. Olynth wurde auf Philipps Befehl planmäßig und vollständig zerstört. Heute noch sieht man die eindrucksvollen archäologischen Zeugnisse dieser grausamen Ereignisse. Sie sind erstrangige Quellen für die Stadt- und Siedlungsgeschichte Nordgriechenlands im 4. Jahrhundert

Die Zerstörung der beiden Poleis Stageira und Olynth bietet zwei frühe Beispiele dafür, dass Philipp in seiner Kriegführung trotz allen öffentlich propagierten Hellenentums auch gegen griechische Poleis genauso brutal vorgehen konnte, wie er es in seinen Kriegen gegen ‚barbarische' Illyrer oder Thraker regelmäßig tat. Die Vernichtung Olynths lag noch jahrelang als ein dunkler Schatten auf dem Ansehen Philipps in der griechischen Poliswelt. Die Erinnerung an Olynths Schicksal gab seinen politischen Gegnern, zum Beispiel Demosthenes in Athen, immer wieder eine willkommene Gelegenheit, den Makedonenkönig als brutalen Barbaren und lebensgefährliche Bedrohung für die bürgerliche Freiheit und Selbstregierung, ja für die physische Existenz der Poleis Griechenlands anzugreifen. Das Territorium Olynths wurde von Philipp eingezogen und an ihm treue makedonische aristokratische Gefolgsleute verteilt. Der Gewinn der Chalkidike 348 stellt eine wichtige außenpolitische Zäsur der griechischen Geschichte innerhalb der Regierung Philipps dar. Er kontrollierte nun die gesamte makedonisch-thrakische Küste von Thessalien bis dicht vor den Hellespont und die dortigen Häfen. Die Wirtschaftskraft des Königreiches erhielt durch den Gewinn der chalkidischen Poleis weiteren Auftrieb.

Philipps Sieg im Dritten Heiligen Krieg und der Philokratesfrieden

Der Dritte Heilige Krieg zog sich währenddessen seit 356 in Mittelgriechenland in die Länge. 353–352 machte eine erste makedonische Intervention in diesem Krieg bereits deutlich, dass Philipp zukünftig auch in Mittelgriechenland eine entscheidende Rolle spielen wollte. Eine erste Niederlage 353 gegen die phokischen Söldner des Onomarchos wurde 352 durch einen deutlichen Sieg auf dem Krokusfeld bei Pagasai völlig ausgeglichen. Doch erst 346 veränderte sich die politische Landkarte Griechenlands erneut massiv durch das Ende dieses Krieges und den Philokratesfrieden zwischen Athen und Philipp. Der Krieg Athens gegen Makedonien, der sich seit der Besetzung von Amphipolis 357 und der Eroberung Pydnas 356 ohne entscheidende Schlachten hinzog, führte in der Mehrheit des Demos zur Erschöpfung und Kriegsmüdigkeit. Nun erfuhr man auf diplomatischem Wege von der Friedensbereitschaft Philipps. Dies führte nach Verhandlungen, bei denen der König militärisch und diplomatisch in der stärkeren Position war, zum Philokratesfrieden 346, der nach einem der athenischen Gesandten benannt ist. In Philipps Kriegführung und seinen Verhandlungen mit Athen erwies sich mehrmals, dass der Monarch schneller und radikaler entscheiden konnte als eine demokratisch verfasste Polis mit ihren Gesandtschaften und unverzichtbaren Rats- und Volksbeschlüssen. Diese konstitutionelle Schwäche der Polisstaaten im Konflikt mit einem dynamisch expansiven Monarchen wurde auch bereits von Demosthenes erkannt.

Der Philokratesfrieden von März/April 346 (SV II, Nr. 329) bedeutet eine wichtige Zäsur in der griechischen Geschichte des 4. Jahrhunderts. Durch die beiden Reden der Prozessgegner im Gesandtschaftsprozess von 343 Demosthenes und Aischines (sowie weitere Quellen) ist dieser Frieden besser dokumentiert als viele andere Abkommen der klassischen griechischen Geschichte, wenngleich leider keine inschriftliche Fassung des Vertragsinstrumentes überliefert ist. Es war ein Status-quo-Frieden, der Philipps Gewinne seit 357 fast alle anerkannte. Das Vertragswerk enthielt auch eine Klausel über künftige gegenseitige Hilfeleistung zwischen Athen und König Philipp im Falle eines Angriffes (Symmachieklausel). Athen konnte im Frieden von 346 weder Amphipolis zurückgewinnen, das Prestigeobjekt athenischer Reichspolitik im Norden der Ägäis, noch akzeptierte Philipp, dass Athen in diesem Frieden auch für alle seine Verbündeten sprechen könne, die nicht dem Zweiten Attischen Seebund angehörten. Schließlich wurden aus dem endgültigen Friedensvertragswerk die Phoker, Halos in Thessalien, Achaia in der Phthiotis und der Thraker Kersebleptes ausgeschlossen. Genau gegen diese isolierten Gegner schlug König Philipp dann erneut militärisch los. Kersebleptes wurde schnell besiegt, und Makedoniens Gewicht reichte nun durch die Kontrolle über das östlichste Teilreich des alten Odrysenreiches bis an die thrakische Schwarzmeerküste. Das thessalische Halos wurde nach der Eroberung zerstört, nach Stageira und Olynth bereits eine dritte Griechenpolis als Opfer Philipps.

3. Vom Philokratesfrieden und dem Ende des Dritten Heiligen Krieges bis zur Schlacht von Chaironeia

Die Bestrafung der Phoker und die Reform der Delphischen Amphiktyonie

Mit der Kapitulation der Phoker 346 gegenüber Philipp endete formal der Dritte Heilige Krieg. Die langjährigen, unübersichtlichen Kriegshandlungen auf mehreren Kriegsschauplätzen hatten Phokis, Lokris, Boiotien und Südthessalien erheblich geschwächt (siehe auch Kapitel 7). Die alte Delphische Amphiktyonie wurde nun nach Philipps Vorstellungen neu organisiert und zu einem Instrument makedonischer Diplomatie umgestaltet. Doch mit einer völkerrechtlich nur locker gefügten traditionellen Amphiktyonie konnte keine dauerhafte Friedens- und Sicherheitsarchitektur für ganz Griechenland unter makedonischer Hegemonie begründet werden. Dies lehrte die bisherige Geschichte dieses sakralen Bundes im 4. Jahrhundert. Aber auch die bisherigen hegemonialen Symmachien und Koine-Eirene-Ordnungen hatten sich als unzureichend erwiesen. Man musste über wichtige Reformen dieser polisübergreifenden Strukturen nachdenken.

Phokische Söldnerführer hatten im Dritten Heiligen Krieg jahrelang delphische Tempelschätze für die Kriegführung und die Bezahlung ihrer Söldnerarmeen verwendet. Nach der phokischen Kapitulation 346 wurde dieses Verhalten als fortgesetzter Tempelraub scharf bestraft. Die Phoker wurden aus der Amphiktyonie ausgeschlossen. Ihre beiden Stimmen erhielt nun Philipp, der zusätzlich auch noch die thessalischen Stimmen kontrollierte und damit das bestimmende Mitglied der Amphiktyonie wurde. Indem der Makedonenkönig in diesem kultisch-politischen Verband von Umwohnern um das delphische Heiligtum bei der feierlichen Herbstversammlung 346/45 den Vorsitz einnahm, wurde der antimakedonischen Propaganda, Philipp sei nur ein Barbar und die Makedonen seien gar keine Hellenen, für kurze Zeit der Boden entzogen. Manche griechische Intellektuelle der späten 340er Jahre sahen nun in König Philipp einen Hoffnungsträger und rieten ihm öffentlich in Flugschriften, sich energisch an die Spitze einer panhellenischen Politik zu setzen. Die wichtigsten Dokumente dieser ‚promakedonischen' Richtung sind der *Philippos* des Isokrates von 346 und der Brief des Speusippos an Philipp von 342.

Q

Isokrates rät König Philipp zu einem panhellenischen Angriffskrieg gegen Persien (Isokrates, Phil. 14–16, Übers. J. Engels)

„Dies hatte ich im Sinn, als ich mich dafür entschied, was ich zu sagen habe, an dich zu richten, nicht dass ich dich ausgewählt hätte, um dir zu schmeicheln .... sondern eher weil ich sah, dass alle anderen hochangesehenen Männer unter der Herrschaft und Kontrolle der politischen Ordnungen und Gesetze stehen, ohne die Macht, etwas zu bewirken, außer was ihnen vorgeschrieben wird, und dass sie ferner bedauerlicherweise ungeeignet für die Unternehmung sind, die ich vorschlagen will. Während du alleine vom günstigen Schicksal freie Hand dazu erhalten hast, Gesandte zu senden, zu wem du willst, und solche ebenfalls zu empfangen, von wem du willst, und vorzutragen, was immer dir nützlich erscheint.

Zudem verfügst du über größeren Reichtum und größere Macht als alle Hellenen, die einzigen Dinge in der Welt, die gleichzeitig dazu geeignet sind, zu etwas zu überreden oder etwas zu erzwingen. Und die Angelegenheit, die ich dir vorschlagen will, erfordert eben diese beiden Qualitäten: Ich gebe dir nämlich den Rat, dich an die Spitze der Einheit der Hellenen zu stellen und einen Feldzug gegen den Barbaren anzuführen. So sehr nun Überredung und Überzeugung hilfreich im Umgang mit Hellenen sind, so sehr wird Zwang nützlich sein, wenn man es mit Barbaren zu tun hat."

Reformen in Thessalien

Nach inneren Unruhen in Thessalien reorganisierte Philipp ab 344 das Thessalische Koinon und seine alte Tetradenordnung. Tetraden hießen die vier Bezirke für die militärische und administrative Ordnung des Föderalstaates der Thessaler. An die Spitze der vier Tetraden traten nun Philipp loyale Aristokraten. Er selbst wurde auf Lebenszeit zum Archon des Koinon gewählt, seinem Präsidenten und Oberbefehlshaber im Kriegsfall. Alexander übernahm später ab 336/5 diese Stellung.

Inzwischen wurden in Makedonien selbst die inneren Reformen des Reiches, die schon seit dem Regierungsantritt Philipps begonnen hatten, nachdrücklich vorangetrieben. Hierzu gehörte die Pagenausbildung der aristokratischen Jugend am Königshof. Ihnen sollte Loyalität zum König anerzogen werden. Zugleich waren sie auch Geiseln für das Wohlverhalten ihrer Familien. König Philipp ergänzte die Reihen der Adligen, seiner „Gefährten" (*Hetairoi*), ständig durch seine persönlichen Anhänger. Weitere Bevölkerungsumsiedlungen erfolgten unter anderem zur Sicherung der Westgrenze gegen die Illyrer und in Thrakien, und zudem wurden weiterhin Festungen angelegt.

Die neue makedonische Armee für den Angriffskrieg gegen das Achaimenidenreich

Die makedonische Armee wurde das große Instrument, durch das und in dem sich ein historisch neuartiges gesamtmakedonisches Bewusstsein zwischen 359 und 336 ausbildete. Der Stolz auf das Königreich und die Loyalität des Adels wie der Masse der freien Bauern und Hirten zu Philipp II. wuchsen mit jedem gemeinsam geführten Krieg und jedem errungenen Sieg. Präzise und verlässliche Zahlen über die makedonische Truppenstärke zwischen 359 und 336 sind kaum anzugeben, aber insgesamt darf man wohl etwa eine Verdreifachung der Truppenstärke der Fußtruppen und der Reiterei zwischen dem Anfang und dem Ende der Regierungszeit Philipps annehmen. Die Armee, die er seinem Sohn Alexander hinterließ, zählte schließlich circa 30000 Fußsoldaten und 4000 Reiter, eine für damalige griechische Verhältnisse erstaunliche Stärke und das Ergebnis einer für das Königreich Makedonien beispiellosen Aufrüstung. Diese Aufrüstung und die hochgradige Professionalisierung des makedonischen Heeres konnten indessen nur auf ihrem Niveau gehalten werden, wenn dem Heer ständig neue militärische Ziele gesteckt wurden. Weitere Grenzkriege gegen Illyrer und Thraker reichten für diese Aufgabe auf Dauer nicht aus. Strategische Alternativen eröffneten sich seit dem Ende der 340er Jahre für den Makedonenkönig in einem großen Krieg in Hellas zur Unterwerfung der bisher noch Widerstand leistenden griechischen Polisstaaten oder in einem Angriffskrieg gegen das Perserreich in Kleinasien. Die vermeintliche Schwäche des Perserreiches ließ einen solchen Krieg durchaus Erfolg versprechend erscheinen. Am Hof von Pella hatte man aus dem ‚Zug der Zehntausend' unter Kyros, den Angriffen Spartas unter Agesilaos auf Kleinasien im frühen 4. Jahrhundert, den Satrapenaufständen und Sezessionsbewegungen Lehren gezogen. Die zeitgenössischen Pamphlete eines Isokrates riefen nun offen zu einem panhellenischen Krieg gegen das Perserreich auf. Demgegenüber boten weder eine systematisch herbeigeführte Eskalation des Verhältnisses zu den südgriechischen Staaten (besonders zu Athen und Theben) und die gewaltsame Eroberung ganz Griechenlands noch die dauerhafte Eroberung umfangreicher Gebiete im Balkanraum südlich der Donau im Nordwesten oder Nordosten Makedoniens attraktive Alternativen. Hohen militärischen und politischen Risiken standen im balkanischen Barbarengebiet geringere Beutechancen gegenüber als im reichen Kleinasien. Auch Griechenland war im Vergleich zu Kleinasien ärmer, schwerer zu erobern und politisch-militärisch nur unter kaum vertretbarem Einsatz gegen den Willen der Elite seiner Poleis zu beherrschen. Dagegen verlockte die vermeintliche Schwäche des Perserreiches, auch wenn der Großkönig 342 die lang dauernde Sezession Ägyptens beendet hatte.

„Antimakedonen" und „Promakedonen" in Athen und anderen griechischen Poleis

Nach 346 wurde in Athen inzwischen die Machtposition der Gegner Philipps immer stärker. Zwischen 343 und 338 bestimmte eine Rhetorengruppe um Demosthenes die Außenpolitik der Polis. Man hat diese Gruppierung häufig ‚Antimakedonen' genannt. Dieser Begriff gilt allerdings ähnlich wie sein Gegenstück der ‚Promakedonen' in der Forschung wegen der plakativen Verkürzung inzwischen zu Recht als problematisch. Vor allem sind anachronistische Assoziationen mit neuzeitlichen Parteien irreführend. Die Anhänger des Demosthenes wollten eine weitere Ausdehnung des Einflusses Philipps in Regionen, in denen Athen strategische Interessen hatte, mit allen diplomatischen und notfalls auch mit militärischen Mitteln aufhalten. Ihre Anführer waren fest von Philipps aggressiven Plänen gegenüber Athen überzeugt und setzten auf eine Politik der ‚Eindämmung' Makedoniens. Sie fürchteten, bei längerem passiven Zuwarten werde angesichts der ungebremst fortschreitenden makedonischen Machtexpansion die traditionsreiche Polis Athen am Ende zum Opfer eines Einkreisungs- oder Strangulationsprozesses werden. Um eine radikal antimakedonische Ausrichtung der athenischen Außen- und Militärpolitik zu verhindern, bot Philipp im Herbst 343 den Athenern diplomatisch durch den Byzantiner Python als Gesandten eine Nachbesserung des Philokratesfriedens und seine Ausweitung zu einer neuen *koine eirene* an. Wie aber bereits im Frühjahr 343 die Verurteilung des Philokrates nach einer Anklage des Hypereides und die Konfrontation zwischen Aischines und Demosthenes im Gesandtschaftsprozess deutlich zeigten, war die Mehrheit der Athener zu einer nachhaltigen Verbesserung ihrer Beziehungen zu Philipp nur mehr unter solchen Bedingungen bereit, die der König keinesfalls akzeptieren wollte. Athen forderte unter anderem die Rückgabe von Amphipolis, Potideia und anderen Orten. Nachdem die Erneuerung des inzwischen unbeliebten Philokratesfriedens scheiterte, arbeiteten die führenden Rhetoren und Strategen Athens um Demosthenes energisch an der Vorbereitung einer militärischen Auseinandersetzung. Bei ihren Plänen für einen Kampf gegen Philipp stützten sie sich militärisch primär auf die immer noch starke und vor 338 durch neue Kriegsschiffe und die Verbesserung der maritimen Infrastruktur aufgerüstete athenische Kriegsflotte. Politisch und diplomatisch vertrauten die Anhänger des Demosthenes auf die Reste des Zweiten Attischen Seebundes sowie auf eine neuartige Allianz, den Hellenenbund des Demosthenes, der parallel zum Zweiten Attischen Seebund und in Anlehnung an Koine-Eirene-Ordnungen in aller Eile errichtet wurde. Zu Lande strebte man insbesondere ein Bündnis mit dem alten Rivalen Theben an, mit dem Athen während des Dritten Heiligen Krieges und über die boiotisch-attische Grenzregion von Oropos scharfe Auseinandersetzungen gehabt hatte.

Nach dem Abbruch der Verhandlungen mit Athen intervenierte Philipp erneut in Konflikte auf der Insel Euboia und 343/42 auch erstmals auf der Peloponnes in Elis. In Megara, also in unmittelbarer Nachbarschaft Athens, unterstützte er athenfeindliche Gruppierungen. Athenische Militärhilfe konnte vorerst noch verhindern, dass sich makedonische Kräfte auch im westgriechischen Akarnanien festsetzten. Aber die Machtgewichte verschoben sich immer deutlicher zugunsten Philipps.

Die Eskalation der athenisch-makedonischen Beziehungen bis zur Eröffnung des Krieges

In den Jahren 342–341 bereitete Philipp währenddessen durch Geheimverträge mit Hermias von Atarneus, einem kleinasiatischen Dynasten, der sich aus der Oberhoheit des Perserreiches lösen wollte, bereits die Errichtung von Brückenköpfen und die Sicherung von Landeplätzen für einen Angriffskrieg gegen das Perserreich vor. Zur gleichen Zeit bemühten sich Demosthenes und andere Gegner Philipps vergeblich um eine antimakedonische Koalition in der Nordostägäis um Athen, einige Thrakerfürsten und das Perserreich. So konnte Philipp erneut in Thrakien vorgehen. Neue makedonische Festungen wurden an strategischen Positionen angelegt. Die wenigen noch verbliebenen freien Griechenpoleis an der thrakischen Südküste und im Hellespontbereich fühlten sich durch die makedonische Expansion seit den 350er Jahren massiv bedroht. Perinth und Byzanz suchten jetzt wieder das Bündnis mit Athen und den Schutz der auf der kleinasiatischen Gegenküste residierenden persischen Satrapen. Als Philipp tatsächlich 340 begann, Perinth zu belagern, konnte die Stadt mit Hilfe des Satrapen des hellespontischen Phrygien und durch athenische Unterstützung zur See die Belagerung abwehren. Es war ein ärgerlicher militärischer Rückschlag für Philipp. Darauf griff er Byzanz an, weil diese Polis durch ihre Lage für die Getreidekonvois aus dem Schwarzmeergebiet nach Athen, durch Zolleinnahmen und mit Blick auf den geplanten Krieg gegen Persien von großer strategischer Bedeutung war. Aber auch Byzanz konnte Philipp nicht erobern. Danach ließ der König die jährliche Getreideflotte auf ihrem Weg vom Schwarzen Meer nach Athen im Herbst 340 nahe bei Byzanz kapern, um den Athenern die Daumenschrauben anzusetzen. Die spektakuläre Kaperaktion sollte vermutlich einen offenen Krieg provozieren. Tatsächlich erklärten die Athener den Philokratesfrieden von 346 für gebrochen und schickten zunächst eine Flotte unter Chares in das Hellespontgebiet.

Das angeschlagene Image des Makedonenkönigs als Heerführer und die nach den Blamagen vor Perinth und Byzanz verschlechterte Stimmung im Heer der Makedonen wurden 339 durch siegreiche Feldzüge gegen einige Stämme an der unteren Donau wieder aufgebessert. Im gleichen Jahr zeigten sich dann mit kriegsentscheidender Wirkung die strategischen Vorteile der dominierenden Stellung, die Philipp seit 346 in der Delphischen Amphiktyonie innehatte. Es gelang ihm, sich als Hegemon der Amphiktyonie eine militärische Strafexpedition gegen Amphissa im Gebiet der ozolischen Lokrer übertragen zu lassen. Unerwartet schnell konnte er mit seinen Truppen nach Mittelgriechenland vorrücken und strategisch bedeutende Positionen bei Elateia einnehmen.

Das Bündnis zwischen Theben und Athen

In dieser Krisensitutation, die Demosthenes rückblickend in einer dramatischen Passage seiner *Kranzrede* (or. 18) beschrieben hat, kam dann doch noch in aller Eile ein Militärbündnis Thebens und Athens gegen Makedonien zustande. Erst jetzt verfügte der antimakedonische Hellenenbund des Demosthenes über genügend starke Landtruppen, um in einer Landschlacht gegen Philipps Heer antreten zu können, während der Seekrieg fast völlig durch die Flotte Athens bestritten werden sollte. Zu einem wirkungsvollen Einsatz der großen athenischen Flotte kam es dann jedoch gar nicht. Der Hellenenbund konnte das überlegene Gewicht seiner Seestreitkräfte nicht durch eine rangierte Seeschlacht oder Landungsoperationen in Thessalien oder Makedonien ausnutzen. Philipp umging günstige Verteidigungsstellungen seiner Gegner und rückte weiter vor. Am 2. August 338 traf Philipp mit seinen Verbündeten dann beim boiotischen Chaironeia auf die Truppen der Koalition seiner Gegner in einer offenen Feldschlacht. Der Ausgang dieser Schlacht war keineswegs eindeutig vorauszusagen. Doch am Ende des blutigen Tages setzten sich die überlegene Disziplin und Kampferfahrung der makedonischen Phalanx und der riskante Einsatz der Reiterei gegen die weitgehend aus Bürgermilizen gebildeten Truppen des Hellenenbundes durch.

4. Philipp als Hegemon von Hellas

Der Sieg Philipps bei Chaironeia

Der Sieg bei Chaironeia machte Philipp zum Hegemon über ganz Griechenland. Diese Schlacht ist daher oft als eine Epochengrenze und als das Enddatum der Epoche der klassischen griechischen Freistaatenwelt bezeichnet worden, deren Staatenordnung auf *eleutheria* und *autonomia* von Hunderten einzelner Poleis gründete. In der Tat mussten nach 338/337 die festlandgriechischen Poleis im Rahmen der neuen kollektiven Friedens- und Sicherheitsordnung des Korinthischen Bundes auf eine autonome Außen- und Militärpolitik verzichten. Aber der außenpolitische Spielraum mancher kleinen Polis und der meisten Mitglieder der von Sparta, Theben oder Athen geführten großen hegemonialen Symmachien des 5. und 4. Jahrhunderts war auch zuvor nur gering gewesen. Freiheit und Autonomie im ungeschmälerten Umfange hatte es in der klassischen Poliswelt nur für wenige bedeutende Poleis gegeben. Die Veränderung der politischen Rahmenlage traf daher die bisherigen ‚big players' der klassischen griechischen Staatenwelt, Athen, Theben und Sparta, deutlich härter als die kleinen Poleis. Daher wird verständlich, dass vor allem einflussreiche Kräfte in solchen größeren und traditionsstolzen Poleis sich nur schwer mit der neuen machtpolitischen Lage in Hellas abfinden, geschweige denn anfreunden wollten. Noch acht Jahre nach Chaironeia im Jahre 330 konnte sich Demosthenes im Kranzprozess in Athen erfolgreich mit dem Argument verteidigen, dass es zu seiner Politik vor Chaironeia mit Blick auf die politischen Traditionen Athens, seine Würde und die Selbstachtung seiner Bürger keine Alternative gegeben habe und der antimakedonische Konfrontationskurs trotz der militärischen Niederlage sogar rückblickend noch ehrenvoll und völlig richtig gewesen sei.

Blickt man auf die Ebene der Verfassungsordnungen und das kommunale politisch-soziale Leben der meisten griechischen Poleis, erweisen sich nur in wenigen Fällen das Jahr 338 und die Friedensordnung nach Chaironeia als ein Epochendatum. In einzelnen Fällen auf der Peloponnes kam es zu radikalen, durch Makedonien erzwungenen Veränderungen. Es überwogen in den meisten Poleis vorerst aber noch die Aspekte der Kontinuität des kommunalen Lebens, wie es sich im Laufe des 4. Jahrhunderts ausgebildet hatte. Für wichtige Poleis bieten sich andere Daten an, mit denen man treffender das Ende ihrer spätklassischen Geschichtsepoche bezeichnen könnte. Zum Beispiel könnte man für Athen das Ende des Lamischen oder Hellenischen Krieges 322 anführen, für Sparta bereits das Jahr 371 mit der Schlacht von Leuktra oder erst die Niederschlagung des Agisaufstandes 331, für Theben die Zerstörung der Polis 335 nach dem gescheiterten Aufstand gegen Alexander.

Die Friedensregelungen nach Chaironeia

Bei den bilateralen Friedensabkommen des Jahres 338/7, die Philipp mit den griechischen Staaten schloss, und in der Struktur der neuen multilateralen Friedens- und Sicherheitsordnung des griechischen Raumes unter makedonischer Hegemonie, dem Korinthischen Bund von 337, konnte Philipp seine Vorstellungen durchsetzen. Die miteinander verbundenen Maßnahmen der Friedens- und Bündnisverträge beweisen eindrucksvoll seine Staatskunst. Die ganze Ordnung diente primär dazu, die neue makedonische Hegemonie über Hellas stabiler abzusichern, als dies mit den überkommenen Instrumenten zwischenstaatlicher Politik wie einer hegemonialen Symmachie oder einer Amphiktyonie möglich gewesen wäre. Aus den nun geschaffenen Strukturen ist klar erkennbar, dass sie auch für den Fall einer längeren Abwesenheit des Hegemons Philipps von Europa Vorsorge treffen sollten. Die Ordnung des Korinthischen Bundes enthielt im Vergleich mit älteren Koine-Eirene-Ordnungen wichtige innovative Elemente. Einige solche Verbesserungen waren zwar bereits zuvor einmal ausprobiert worden; erst ab 337 konnte der neue makedonische Hegemon sie jedoch zusammenführen und auch eine Einhaltung dieser Friedensordnung in Griechenland erzwingen.

Bei den bilateralen Friedensregelungen von 338–337 fällt besonders die ungleiche Behandlung der beiden wichtigsten Gegner Philipps vor Chaironeia auf, der Thebaner und der Athener. Thebens Hegemonie über Boiotien wurde durch die Wiedererrichtung alter rivalisierender boiotischer Poleis beendet. Theben selbst wurde mit einem Straffrieden belegt, erhielt eine demütigende Besatzung und konnte damit auch im Inneren keine volle Autonomie mehr genießen. Traditionelle boiotische Gegner Thebens wurden demonstrativ gefördert, vor allem die Plataier. Dagegen wurde Athen, das Herz der Widerstandskoalition gegen Philipp vor 338, demonstrativ milde behandelt. Dies begann mit der großzügigen Rückgabe der athenischen Gefangenen und setzte sich fort über die Garantie der demokratischen Verfassungsordnung sowie den weiteren Besitz der Klerucheninseln Lemnos, Imbros und Skyros und der Kleruchie auf Samos. Die letzten Besitzungen Athens auf der thrakischen Chersonnes (Sestos) gingen allerdings nun verloren. Der Hellenenbund des Demosthenes von 340 wurde aufgelöst und der bereits nach 355 stark geschwächte Zweite Attische Seebund liquidiert. Mit dieser krassen Ungleichbehandlung wollte Philipp einen Keil zwischen Theben und Athen treiben. Er benötigte Athens maritimes Potential für den geplanten Krieg gegen Persien dringender als Thebens Hopliten. Schließlich hätte eine allzu scharfe Behandlung Athens der panhellenischen Propaganda Philipps zu einem ungünstigen Zeitpunkt widersprochen. Thebens Bestrafung ließ sich (wie später die Zerstörung der Polis 335) zudem mit dem verräterischen Paktieren der Thebaner mit dem Perserreich in der Vergangenheit öffentlich legitimieren.

Es fällt schließlich auf, dass der Makedonenkönig 338/7 an mehreren Orten auf der Peloponnes seine Anhänger an die Regierung brachte. Damit hatte er auch auf dieser Halbinsel zukünftig eine ihm persönlich ergebene Anhängerschaft. Die Tatsache, dass Sparta der neuen Ordnung des Korinthischen Bundes in stolzer und realitätsfremder Isolation fernblieb, konnte Philipp leicht ertragen. Sparta vorerst seinen Willen zu lassen und seinen Beitritt zur Friedensordnung nicht zu erzwingen, zeigte doch die Freiwilligkeit der Mitgliedschaft der übrigen Staaten des Korinthischen Bundes augenfällig.

Der Korinthische Bund

Der Korinthische Bund griff Kernelemente der bisherigen Landfriedensordnungen auf. Dazu gehören die ideologischen Grundwerte der Freiheit und lokalen Selbstregierung in einer selbstgewählten Verfassungsordnung, eine gegenseitige allgemeine Friedens- und Sicherheitsgarantie und die Unverletzlichkeit des Territoriums der Mitglieder in den Grenzen, die zum Vertragsschluss galten. Alle Mitglieder verpflichteten sich zudem, sich im Falle eines Angriffes von außen oder der Vertragsverletzung durch ein Mitglied zusammen mit dem Hegemon auf einen Bundesratsbeschluss hin an der Wiederherstellung der Ordnung zu beteiligen. Neuartig war, dass der makedonische König Hegemon des Bundes wurde (nicht das Königreich Makedonien) und dass erstmals seit Jahrzehnten dem Hegemon einer *koine eirene* auch die machtpolitischen Mittel zur Verfügung standen, die Einhaltung der Friedensordnung zu erzwingen. Ferner wurde auch erstmals der verfassungsmäßige und soziale Status quo, das heißt die zum Zeitpunkt des Vertragsschlusses bestehende innere Ordnung der Mitgliedstaaten, in der Friedensordnung geschützt. Damit war ein Mittel gefunden, das verbreitete Übel der Bürgerkriege und der sozialen Instabilität in vielen Poleis zu entschärfen. Je nach der militärischen Kampfkraft stellten die Mitglieder unterschiedlich viele Mitglieder des Bundesrates, des Synhedrion. Die Bundesräte, *Synhedroi,* tagten zukünftig regelmäßig in Korinth. Daher erhielt das Friedenssystem auch in der heutigen Forschung seinen (nachantiken) Namen Korinthischer Bund.

Philipp als Bundesfeldherr und der Kriegsbeschluss gegen das Achaimenidenreich

Bereits auf der konstituierenden Sitzung erklärte das Bündnis dem Achaimenidenreich den Krieg. Das Synhedrion ernannte den Hegemon Philipp zum *strategos autokrator*, zum allein bevollmächtigten Bundesfeldherren. Auf der Basis der Bundesmatrikel konnte er Truppen des Korinthischen Bundes für den Krieg heranziehen, der bereits im nächsten Jahr 336 beginnen sollte. Viel wichtiger als die Stellung des Bundesfeldherren blieb natürlich Philipps Stellung als makedonischer König und Archon der Thessaler mit dem Kommando über die makedonischen Truppen einschließlich ihrer illyrischen, paionischen, thrakischen und thessalischen Hilfstruppen. Die relativ wenigen Hopliten und die Schiffsbesatzungen aus den Kontingenten des Korinthischen Bundes demonstrierten schon bei den Planungen des Kriegszuges durch Philipp und später in seiner Durchführung durch Alexander vor allem den panhellenischen Charakters des Krieges. Ferner dienten sie auch als Geiseln für das politische Wohlverhalten ihrer Heimatstaaten während der Dauer des Feldzuges in Asien. Die athenischen Flotteneinheiten hatten darüber hinaus jedenfalls zu Beginn des Krieges durchaus auch einen militärischen Wert im Seekrieg gegen die Reichsflotte des Achaimenidenreiches unter ihrem Admiral Memnon von Rhodos.

Die Krise am makedonischen Königshof

Mit hohem militärischem und politischen Einsatz hatte Philipp jahrelang die günstige Ausgangssituation des Frühjahrs 337 für den bevorstehenden Angriffskrieg gegen das Achaimenidenreich vorbereitet. Umso schwerer fällt es, seine Gründe dafür nachzuvollziehen, in dieser spannungsgeladenen Situation gefährliche Konflikte im engsten Kreis der makedonischen Königsfamilie und am Hof in Pella auszulösen. Doch nach seiner Rückkehr nach Makedonien heiratete Philipp 337 ein letztes Mal. Die junge Gattin Kleopatra war eine makedonische Aristokratin und die Nichte des Attalos, eines seiner wichtigen Generäle. Bisher hatte unter den Frauen Philipps die Molosserin Olympias als Mutter des inzwischen auch großjährig gewordenen Thronfolgers Alexander eine hervorragende Stellung gehabt. Die neue Heirat Philipps mit Kleopatra bedrohte nun aber diese Stellung der Olympias am Hof und auf mittlere Sicht auch die Thronfolge Alexanders, falls Kleopatra Philipp bald einen ‚rein makedonischen' Thronerben gebären und der König Philipp selbst noch so lange regieren sollte, bis dieser neue Thronfolger erwachsen sein würde. Nach einem Streit in aller Öffentlichkeit am Hofe zwischen Alexander und Philipp verließen Olympias und Alexander Pella. Doch im folgenden Jahre 336 siegte die politische Klugheit wieder, sodass sich Philipp demonstrativ zumindest mit Alexander (vielleicht weniger auch mit Olympias) versöhnte und ihn öffentlich erneut als Thronfolger bestätigte.

Nachdem bereits militärische Vorauskommandos unter Parmenion, einem der erfahrensten und loyalsten Generäle Philipps, nach Kleinasien übergesetzt waren und Brückenköpfe für die Landung des Hauptheeres gesichert hatten, stand nun 336 die Eröffnung des panhellenischen Krieges gegen das Achaimenidenreich mit den propagierten Zielen der Rache für den Angriff der Perser vor circa 150 Jahren auf Griechenland und für die Zerstörungen von Heiligtümern in den Perserkriegen sowie zur Befreiung der kleinasiatischen Griechenpoleis unmittelbar bevor.

E

Panhellenismus
neuzeitlicher Ausdruck für eine antike politische Leitidee, welche die Gemeinsamkeiten, die alle Griechen untereinander verbanden, für wichtiger hielt als ihre Differenzen untereinander. Allgemeingriechisches Selbstbewusstsein und hellenische Identität wurden im 5. Jahrhundert durch die Abwehr der persischen Angriffe gestärkt, die klassische Antithese Hellenen versus Barbaren eigentlich erst damals ausgeprägt. Im 4. Jahrhundert wird dann der Panhellenismus primär zu einem politischen Schlagwort und einer publizistischen Formel, unter der die zerstrittenen Griechen aufgerufen werden sollen, unter makedonischer Führung einen Krieg gegen Persien zu führen. Philipp II. und Alexander der Große machten sich die (insbesondere von athenischen Autoren wie Isokrates entwickelte) Idee des Panhellenismus propagandistisch geschickt zu Nutze.

Die Ermordung Philipps

Vor seiner Abreise in den Krieg wollte Philipp 336 noch einmal im Rahmen der Hochzeit seiner Tochter Kleopatra mit Alexander, dem König von Epirus, auf dem Gipfel seiner bisher erreichten Machtstellung Hof halten. Während dieser als panhellenisches Ereignis zelebrierten Hochzeitsfeier wurde Philipp aber im Theater erstochen. Der Attentäter Pausanias war ein Mitglied der Leibwache. Er wurde nach kurzer Flucht nahe dem Tatort getötet. Die wahren Motiv der Tat, die angeblich aus Rache für eine persönliche Kränkung des Pausanias erfolgt war, dürften eher im politischen Bereich gelegen haben. Vermutlich war Pausanias auch kein Einzeltäter. Fragte man nach dem ‚cui bono' der Tat, so gerieten schon damals Alexander und seine Mutter Olympias mit ihren Anhängern in einen bösen Verdacht. Ein plausibles Motiv für das Attentat hätten aber auch aristokratische Rivalen Philipps aus Makedonien gehabt, ebenso über die neue Hegemonialordnung des Korinthischen Bundes verbitterte Feinde des Königs in Griechenland und nicht zuletzt der durch den bevorstehenden Krieg bedrohte Perserkönig.

Bilanz der Regierung Philipps

Eine knappe Bilanz der Regierungszeit Philipps II. zeigt eindrucksvolle militärische und politische Erfolge und Leistungen, denen allerdings auch wenig angenehme persönliche Charaktereigenschaften gegenüberstehen. Während seiner Regierungszeit hatte Philipp Makedoniens Grenzen strategisch gesichert, das Gebiet des makedonischen Königreiches durch erhebliche Annexionen, insbesondere in Thrakien, vergrößert und einen Sicherheitsring von Klientelstaaten und Allianzen um das Königreich gelegt. Innere Reformen hatten die traditionellen Spannungen zwischen einzelnen Regionen des Reiches und die Eigenmächtigkeiten der lokalen Aristokraten verringert. Die Wirtschaftskraft des Reiches und die Anzahl und Bedeutung seiner Städte waren gestiegen. Die makedonische Armee war unter Philipp zur schlagkräftigsten Armee des Balkanraumes aufgebaut und in zahlreichen Kriegszügen trainiert worden. Als Archon auf Lebenszeit verfügte Philipp über die Ressourcen des Thessalischen Koinon. Als Präsident der Delphischen Amphiktyonie kontrollierte er die Politik Mittelgriechenlands. Durch die Stellung als Hegemon und Bundesfeldherr des Korinthischen Bundes war seine 338 bei Chaironeia errungene militärische Hegemonie in ganz Griechenland auch institutionell solide verankert. Im Krieg gegen Persien waren nach aller Wahrscheinlichkeit weitere Erfolge und große Beute aus Kleinasien zu erwarten.

Q

Theopomp lobt König Philipp
Theopomp (FGrHist 115 F 27 = Polyb. 8,11,1, Übers. J. Engels)

„Theopomp erklärt gleich am Anfang seiner Geschichte Philipps (Philippika), der Anlass für ihn, dieses Werk in Angriff zu nehmen, sei gewesen, dass Europa noch nie einen solchen Mann hervorgebracht habe wie Philipp, den Sohn des Amyntas."

Aus der Sicht einiger Zeitgenossen hingen aber alle diese staunenswerten Erfolge von der Unversehrtheit der Person Philipps und seiner Tatkraft ab. Langjährige Gegner wie Demosthenes in Athen hofften, mit dem Tod des Königs werde das makedonische Königreich erneut in eine tiefe Krise fallen. Dann werde sich eine günstige Gelegenheit ergeben, auch die unbeliebte Ordnung des Korinthischen Bundes zu revidieren. Die Gegner Philipps und Makedoniens in Griechenland sollten sich in diesem Kalkül, das aus ihrer bisherigen politischen Erfahrung plausibel war, allerdings irren. Die Nachfolge Alexanders III. des Großen, erfolgte wider Erwarten schnell und ohne eine Schwächung der makedonischen Hegemonialmacht. Seine berühmtesten militärischen und politischen Leistungen vollbrachte dieser neue König allerdings zwischen 334 und 323 im weiten Raum des von ihm eroberten neuartigen Universalreiches. Makedonien und Griechenland wurden in diesen Jahren zu Randgebieten des Alexanderreiches.

IV. Alexander III. der Große, Makedonien, Griechenland und der Verlauf des Alexanderzuges (336–323 v. Chr.)

356–323	Alexander der III. der Große, 336–323 makedonischer König
338	Teilnahme an der Schlacht von Chaironeia
336	Ermordung Philipps II., Nachfolge Alexanders
335	Balkanfeldzug, Niederwerfung des thebanischen Aufstandes
334–323	Rache- und Eroberungskrieg in Asien; während der Abwesenheit Alexanders von Hellas und Makedonien ist Antipater Stratege Europas
334	Sieg am Granikos, Vormarsch in Kleinasien
333	Sieg bei Issos im November
332–331	Ägyptenzug, Besuch im Zeus-Ammon-Orakel, Gründung Alexandreias, Alexander als Nachfolger der Pharaonen
331	Sieg bei Gaugamela (Arbela), Alexander König von Asien und Nachfolger Dareios' III.
330	Eroberung von Susa, Persepolis, Babylon und Ekbatana, offizielles Ende des panhellenischen Rachekrieges
330–323	Kriegszüge Alexanders im Osten des Achaimenidenreiches und in Indien, Begründung des neuartigen Universalreiches
327	Heirat mit Roxane (Sohn Alexander IV. wird erst 323 nach Alexanders III. Tod geboren)
327–325	Indienfeldzug
324–323	Alexanders letzte beiden Regierungsjahre: Söldner- und Verbanntenerlass, Diskussion um göttliche Ehren, Reorganisation des Reichsheeres und Neubesetzung wichtiger Posten in der Reichsverwaltung, Vorbereitung des Arabienfeldzuges, Heirat mit Stateira und Parysatis
323	Im Juni unerwartet früher Tod Alexanders, instabile Lage des Reiches, provisorische Reichsordnung von Babylon
323–322	Aufstände in Baktrien und in Hellas

Alexander der Große (Alexander III.) regierte als makedonischer König von 336–323 v. Chr. Verglichen mit der langen Regierungszeit seines Vaters Philipp II. (359–336) waren dies nur relativ wenige Jahre. Zwischen dem Beginn des Asienfeldzuges 334 und seinem Tode 323 hat er sein heimatliches Königreich Makedonien und Hellas nie mehr betreten. König Alexander hat sich also überwiegend im weiten Raum des Achaimenidenreiches, Ägyptens und Indiens aufgehalten. Daher muss er mit gleichem Recht als Nachfolger der Achaimeniden und ‚König von Asien' betrachtet werden, der weit über die Stellung eines Hegemon des Korinthischen Bundes und makedonischen Königs hinausgewachsen war. Doch haben die welthistorischen Ereignisse während seiner Regierungszeit natürlich auch für Makedonien und Griechenland gravierende Folgen gehabt. Durch den Alexanderzug erweiterte sich der Raum der griechischen Geschichte in der neuen

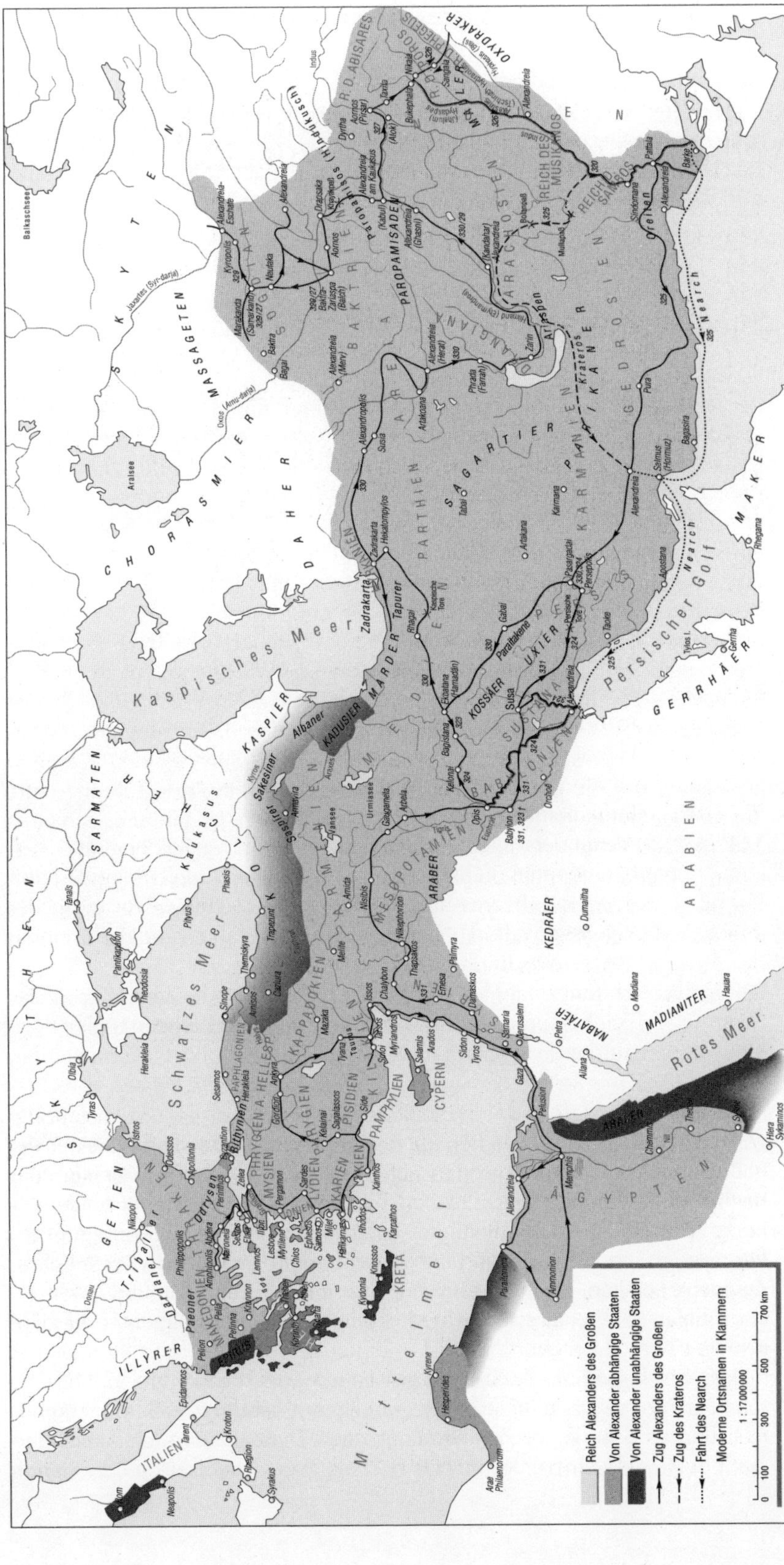

Der Zug Alexanders

hellenistischen Epoche erheblich bis nach Ägypten, Zentralasien und Nordwestindien. Mit Alexander dem Großen endete die Epoche der klassischen griechischen Geschichte und begann die neue hellenistische Epoche. Daher muss auch im vorliegenden Studienbuch eine knappe Skizze des Verlaufes und der Hauptergebnisse dieses Alexanderzuges vorgelegt werden.

1. Die Jugendjahre Alexanders bis zur Thronfolge 336 v. Chr.

Jugend und Erziehung Alexanders

Alexander wurde als der älteste legitime Sohn Philipps 356 v. Chr. geboren und bis zu seiner Großjährigkeit systematisch zum Thronfolger erzogen. Makedonische Tradition sah für die Aristokratie Politik, Jagd und Kriegführung als vornehmste Tätigkeiten an. Darauf bereitete eine harte körperliche und militärische Ausbildung vor. Schon früh erhielt der junge Alexander einen hervoragenden Anschauungsunterricht auf den Gebieten der Politik und Kriegführung durch das Beispiel seines Vaters Philipp. Zeit seines Lebens strebte Alexander danach, ihn in seinem militärischen Ruhm noch zu übertreffen. Das Verhältnis zu seiner Mutter Olympias blieb trotz der langen Trennung während des Alexanderzuges eng und war offenbar nicht unproblematisch. Psychoanalytische Spekulationen heutiger Historiker (oder Filmemacher) über dieses Mutter-Sohn-Verhältnis und seine angeblich weitreichenden Konsequenzen entbehren allerdings einer soliden Quellengrundlage. Auf die große Politik Alexanders und seine Kriegführung hatte die Königinmutter keinen nachweisbaren eigenständigen Einfluss. Von circa 343 bis 340 erhielten Alexander und einige seiner engen Freunde auch einen höheren Unterricht durch Aristoteles aus Stageira, den führenden Philosophen der damaligen griechischen Welt. Das umfassende kulturelle Interesse des Begründers des Peripatos, Aristoteles, auch für die Kulturen der Ägypter, Perser oder Inder, für die Landeskunde, die Fauna und Flora der nichtgriechischen Länder, durch die später der Alexanderzug führte, übertrug sich auf Alexander. Dessen Eroberungskrieg führte zugleich zu einer umfangreichen wissenschaftlichen Exploration und Dokumentation, welche zum Beispiel das geographische und biologische Wissen der Griechen auf eine höhere, neue Stufe führte. Von Jugend an war Alexander begeistert von Homer und seinen Epen. Achilleus, angeblich auch einer der mythischen Vorfahren Alexanders von mütterlicher Seite, und Herakles, der mythische Stammvater der Argeadenkönige, wurden ihm schon früh zu Vorbildern. Ihre Heldentaten wollte er nachahmen oder sie sogar übertreffen. Das Streben nach übermenschlichen Leistungen und ‚heroischem' Ruhm, den diese bringen, erklärt auch viele spätere Entscheidungen und Handlungen Alexanders, welche aus rein rationalem, politisch-militärischen Kalkül schwer nachvollziehbar bleiben.

Alexander als Städtegründer

Bereits während des Feldzugs gegen Perinth und Byzanz 340–339 v. Chr. führte der erst sechzehnjährige Alexander in Abwesenheit König Philipps stellvertretend für kurze Zeit die Regierung. Er unternahm auch mit Billigung des Vaters einen siegreichen Feldzug gegen den thrakischen Stamm der Maider. Dort gründete er noch vor dem Antritt seiner Nachfolge als makedonischer König seine erste Stadt, Alexandropolis. Durch diese frühe Städtegründung wird der königliche Machtanspruch des Thronfolgers augenfällig. Als Städtegründer übertraf dann später König Alexander seinen Vater, der ebenfalls einige wichtige Städte begründete (vor allem Herakleia Lynkestis, Philippopolis und Philippoi) und bestehende Poleis in Makedonien und Thrakien wesentlich erweiterte, im außereuropäischen Raum seines Universalreiches bei weitem. Während des Alexanderzuges gründete Alexander antiken Quellen zufolge etwa 70 Städte. Die heutige kritische Forschung hat diese propagandistisch überhöhte Zahl zwar deutlich reduziert, doch bleiben die Städtegründungen eine wichtige Facette seiner Regierungszeit. Mit Abstand die bedeutendste Gründung Alexanders wurde 331 Alexandreia bei Ägypten, für fast tausend Jahre eine der Metropolen der antiken Mittelmeerwelt. Während der Entscheidungsschlacht gegen die Truppen des demosthenischen Hellenenbundes bei Chaironeia 338 v. Chr. führte Alexander den linken makedonischen Flügel an, der der boiotischen Elitetruppe der Heiligen Schar gegenüberstand, und hatte einen wichtigen Anteil am makedonischen Sieg.

Die Ermordung Philipps und die Thronfolge Alexanders

Unmittelbar vor dem Attentat gegen Philipp war Alexander trotz familiärer Spannungen der einzige erwachsene, militärisch und politisch bereits bewährte legitime Sohn Philipps. Obwohl sofort nach dem Attentat des Pausanias Gerüchte um eine Beteiligung der Olympias und Alexanders am Anschlag auftauchten, machte Alexander seinen Anspruch auf die Thronfolge 336 ohne jede Verzögerung geltend. Die makedonische Heeresversammlung akklamierte Alexander III. dem Brauch des Landes gemäß zum Nachfolger Philipps. Dabei ging er gegen Thronrivalen und innermakedonische aristokratische Gegner rücksichtslos vor. Den schärfsten Rivalen, Amyntas IV., einen Sohn des Perdikkas III., ließ Alexander ermorden. Auch Attalos, der Vater von Kleopatra, der letzten Frau Philipps und einer der bereits in Asien mit einem Vorauskommando stationierten Heerführer, wurde umgebracht. Alexander schreckte zur Sicherung seiner Herrschaftsstellung und zur Erreichung politischer Ziele vor Morden, Attentaten oder Schauprozessen nicht zurück. Hilfreich wurde ihm bei der Sicherung seiner Thronfolge die Loyalität verdienter Generäle Philipps, vor allem des Parmenion und Antipater mit ihrem aristokratischen Anhang am Hof und im Heer. Später versuchte Alexander sich von diesen frühen Unterstützern im Laufe seiner Regierung immer stärker unabhängig zu machen.

2. Von der Thronfolge bis zur Beendigung des „panhellenischen Befreiungs- und Rachekrieges" 330 v. Chr.

Die Sicherung der Hegemonie in Hellas

Nachdem Alexander in Makedonien als Nachfolger Philipps anerkannt worden war, rückte er schon 336 auch in die hegemoniale Position seines Vaters in Hellas nach. Zunächst zog er nach Thessalien, um sich als Archon des Koinon der Thessaler bestätigen zu lassen. Vorschnelle Hoffnungen auf eine Revision der Ergebnisse von Chaironeia und ein Ende des Korinthischen Bundes regten sich zwar vor allem in Theben und Athen. Alexander erstickte sie jedoch vorerst durch einen schnellen Vormarsch nach Süden. In Korinth bestätigte ihn das Synhedrion des Korinthischen Bundes als Hegemon und neuen *strategos autokrator* des bereits beschlossenen Perserkrieges. Schon sein erstes Regierungsjahr als König ließ typische Eigenschaften Alexanders erkennen, die später im größerem Maßstabe auch auf dem Alexanderzug zu Tage traten: sein rücksichtsloses und notfalls brutales Vorgehen selbst gegen Personen seines engen Umfeldes, seinen Mut und seine Entscheidungsfreudigkeit und die ganz außergewöhnliche Schnelligkeit der Truppenbewegungen unter seinem Kommando.

Die vermeintliche Schwäche des Königreiches nach der Ermordung Philipps und durch die Nachfolge des jungen Königs Alexander versuchten einige der balkanischen Nachbarn auszunutzen, die zu Lebzeiten Philipps unter dem Eindruck militärischer Machtdemonstrationen Ruhe gehalten hatten. Alexander konnte jedoch die thrakisch-getischen Stämme in einem Balkanfeldzug schlagen und bis an die Donaugrenze zurückdrängen. Die Donau (Istros) bildete im damaligen Weltbild Alexanders und der Griechen einen nördlichen Grenzfluss der *Oikumene*, der Welt der Zivilisation, den der König in einer demonstrativen Militäraktion überschritt. Noch vor Beginn des Alexanderzuges in Asien drang damit 335 Alexander erstmals bis an eine der symbolischen Flussgrenzen der *Oikumene* vor. Antike Autoren berichten, sein *pothos*, ein grenzenloser, oft rational nicht mehr fassbarer innerer Antrieb, habe ihn dazu getrieben. Auch in Asien hören wir später noch mehrfach von diesem *pothos* als Motiv Alexanders. Illyrische Stämme, die von Westen her nach Makedonien eingefallen waren, wurden ebenfalls noch 335 besiegt. Aber auch Verträge mit benachbarten Stämmen sollten die makedonische Grenze während der Abwesenheit Alexanders im Perserkrieg sichern. Diese militärischen Bewährungen festigten die Loyalität des makedonischen Heeres gegenüber dem jungen König nachdrücklicher als die bloße Akklamation zum König durch die Heeresversammlung und die Anerkennung am Hof von Pella 336. Vom Beginn seiner Regierung in Makedonien an bis zu seinem Tode in Babylon 323 verkörperte Alexander wie kein anderer griechischer Herrscher zuvor den „siegreichen König“, ein zentrales Element des neuartigen hellenistischen Königtums *(basileia)* Alexanders und der Diadochen. Die frühen Siege sicherten auch – vorerst – die Stellung des Königs gegenüber innermakedonischen Gegnern. Denn der Schutz der makedonischen Grenzen war seit jeher die vornehmste Aufgabe des Königs.

Der *pothos* Alexanders und Alexander als der „siegreiche König“

Q

Eine hellenistische Definition des Königtums in einem byzantinischen Lexikon
(Suda s.v. Basileia B 147 Adler)

„Nicht die Natur oder das Recht teilen den Menschen die königliche Herrschaftsstellung zu, sondern sie fällt denen zu, die ein Heer anzuführen verstehen und politische Angelegenheiten vernünftig zu regeln wissen.“

Thebens Aufstand und Untergang

Es zeigte sich indessen bereits bald, dass die neue makedonische Hegemonie über Hellas und die Friedens- und Sicherheitsordnung des Korinthischen Bundes in Griechenland weiterhin nur wenig beliebt waren. Gerüchte, Alexander sei gefallen, genügten schon, um unter den Gegnern Makedoniens erneut Hoffnungen zu wecken, die makedonische Hegemonie gewaltsam zu beenden. Man hatte sich besonders bei den Thebanern und den Athenern noch nicht an die neuen politischen und militärischen Strukturen und veränderten Realitäten in Hellas gewöhnt. Als daher die Thebaner 335 Verbündete für einen Aufstand gegen Alexander suchten, versuchten führende athenische Rhetoren und Strategen um Demosthenes und Hypereides zunächst, die Stadt in eine offene Unterstützung des thebanischen Aufstandes gegen Makedonien hineinzuführen. Auch der Perserkönig Dareios III. hatte erkannt, dass die Ermordung Philipps II. den bevorstehenden Großangriff auf sein Reich nur wenig verzögert hatte. Daher versuchte der Großkönig jetzt mit Geldzahlungen an griechische Rhetoren und Strategen das politische Klima in Griechenland gegen Makedonien zu beeinflussen und Aufstandsbewegungen zu fördern. Doch standen am Ende die aufständischen Thebaner 335 militärisch völlig alleine. Sie hatten gegen den in Eilmärschen nach Boiotien vorrückenden Alexander keine Chance. Nach kurzem Widerstand wurde Theben erobert. Formal wurde die Vernichtung der Polis Theben durch das willfährige Synhedrion des Korinthischen Bundes beschlossen. Nachdem schon bei den Friedensregelungen von 338/7 die Thebaner härter als Athen, der andere Hauptgegner Makedoniens, behandelt worden waren, statuierte Alexander nun an Theben ein Exempel zur Abschreckung anderer Poleis vor weiteren Aufstandsversuchen während seiner bevorstehenden Abwesenheit im Perserkrieg. Das Exempel zeigte bis 323 Wirkung. Denn dem Aufstand der Spartaner unter König Agis III. 331 schloss sich keine nennenswerte Macht in Hellas mehr an. Doch die Zerstörung Thebens 335, einer der traditionsreichen Poleis Griechenlands, beschädigte auch das Ansehen Alexanders in Griechenland. Die Zeitgenossen erinnerten sich an Olynths Zerstörung 348 durch Philipp. Während der Abwesenheit Alexanders zwischen 334 und 323 herrschte in Hellas eine Art von Friedhofsruhe. Thebens Vernichtung und das Abseitsstehen Spartas vom Perserkrieg schadeten auch der panhellenischen Propaganda Alexanders.

Der Beginn des Angriffskrieges und Antipaters Rolle während Alexanders Abwesenheit

Nachdem Makedoniens Grenzen und die Hegemonie über Hellas gesichert waren, setzte im Frühjahr 334 Alexander über den Hellespont und eröffnete damit den Angriffskrieg gegen das Achaimenidenreich. Der Verlauf dieses Krieges bestimmte während der nächsten Jahre auch die griechische Geschichte in der Zeit Alexanders des Großen. Antipater, der sich bereits unter König Philipp militärisch und politisch bewährt hatte, verblieb als Stratege Europas und Stellvertreter Alexanders in Makedonien. Mehrere wichtige Aufgaben hat er in den folgenden Jahren erfolgreich gelöst: Er führte die stellvertretende Regierung in Makedonien und schützte das Königreich; außerdem stellte er den Nachschub an Truppen bereit, die Alexander mehrfach als Verstärkungen nach Asien anforderte. Doch hierdurch wurden die militärischen und demographischen Ressourcen des makedonischen Stammlandes gefährlich geschwächt. Auch sollte Antipater während der Abwesenheit Alexanders die Stabilität des makedonischen Hegemonialsystems über Griechenland sicherstellen. Nicht wenige promakedonische Regierungen mussten diplomatisch (und notfalls militärisch) unterstützt werden. Die größte Herausforderung Antipaters zu Lebzeiten Alexanders war die Niederschlagung des spartanischen Aufstandes auf der Peloponnes 331 unter Agis III. Der Sieg Antipaters in der Schlacht bei Megalopolis konnte aber nicht verhindern, dass sich sein Verhältnis zu König Alexander immer weiter verschlechterte. Die schließlich 324 bereits beschlossene Absetzung Antipaters konnte dann in den Wirren nach Alexanders Tod 323 nicht mehr durchgesetzt werden.

Das Heer Alexanders 334–330

Der Kern der Angriffsarmee Alexanders von etwa 35000 Soldaten bestand 334 aus makedonischen Truppen (als Elitetruppen 1200 Mann makedonische Hetairenreiterei, circa 12000 Mann Fußtruppen der makedonischen Phalanx), ferner thessalischen, thrakischen und illyrischen Hilfstruppen. Die Bundeskontingente des Korinthischen Bundes (etwa 7000 Hopliten) spielten nach ihrer Anzahl und in den militärischen Planungen Alexanders nur eine geringe Rolle. Truppen des Korinthischen Bundes stellten nur einen geringen Teil der Gesamtstreitmacht, obwohl man offiziell einen Bundeskrieg führte. Im Verlauf des Landkriegs von 334 bis 331 entschieden diese Truppen keine bedeutende Schlacht. Alexander setzte sie meist zur Sicherung des Trosses oder als Garnisonen ein. Konsequenterweise wurden schließlich 330 in Ekbatana auch die Landtruppen des Bundes aufgelöst und in ihre Poleis entlassen. Wer weiter am Kriegszug teilnehmen wollte, tat dies bis 323 faktisch als griechischer Söldner Alexanders. Aber die Bundestruppen waren dennoch zwischen 334 und 330 nicht lediglich Geiseln für das Wohlverhalten ihrer Städte, sondern politisch eben in einem panhellenischen Rache- und Befreiungskrieg unverzichtbar. Ferner forderte Alexander von Athen 160 Kriegsschiffe an. Diese Flotteneinheiten spielten im Seekrieg in der Ägäis (334–333) auch militärisch eine Rolle, wenngleich der Makedonenkönig es vermied, eine große Entscheidungsschlacht zur See gegen die persischen Flotteneinheiten zu suchen.

Es wird kaum mehr herauszufinden sein, wie weit die Eroberungspläne Alexanders über die Befreiung der kleinasiatischen Griechen an der Mittelmeerküste hinaus in Kleinasien reichten und ob sie sich schon 334 bei Kriegsbeginn auf Gebiete des Achaimenidenreiches südlich des Tauros erstreckten. Die aufwendigen Rüstungen lassen vielleicht auf weitgehende Eroberungsabsichten Alexanders schließen. Erstes und auf dem Hintergrund der Geschichte des 4. Jahrhunderts bereits anspruchsvolles Kriegsziel war sicherlich die ‚Befreiung' der griechischen Küstenpoleis Kleinasiens und die Gewinnung der strategischen Kontrolle im Ägäisraum und im Hinterland der Küsten. Der Feldzug Alexanders stand finanziell bis zum Sieg bei Issos 333 noch auf einer schwachen Basis. Schnelle eindrucksvolle Siege mit großer Beute waren unverzichtbar. Vom Beginn an war dieser Krieg offensichtlich auch ein groß angelegter Beutezug.

Kallisthenes und die Rolle der Propaganda

Von der Landung in Kleinasien bis zum Tod des Königs 323 in Babylon begleitete eine dichte Kette von symbolisch-propagandistischen Handlungen, aufwendigen Opfern und feierlichen Zeremonien den Alexanderzug. Kallisthenes von Olynth, der offiziell beauftragte Historiker der ersten Jahre des Zuges, rückte sie in seinem Geschichtswerk für griechische Leser ins rechte Licht. Manches einprägsame Detail in den Werken der Alexanderhistoriker dürfte der kreativen Phantasie und propagandistischen Begabung des Kallisthenes geschuldet werden. Mit Blick auf die hellenistische Königsideologie, die sich in zentralen Elementen auf Alexanders Königtum rückbezog, wurde in der späteren Überlieferung dem symbolischen Speerwurf bei der Landung in Asien sehr große Bedeutung zugemessen, mit dem Alexander seinen Anspruch auf die Herrschaft über Asien als ‚speergewonnenes Land' anmeldete (*doruktetos ge*). Für den König selbst war sein Besuch in Troja wichtig. Alexander schmückte dort das Grab seines mythischen Vorfahren und Vorbilds Achilleus, er opferte im Tempel und nahm angeblich uralte Waffen des Trojanischen Krieges an sich, die er fortan auch auf dem Feldzug mitführte.

Q

Die Ideologie des „speergewonnenen Landes"
(Diod. 17,17,2, Übers. J. Engels)

„Alexander rückte mit seiner Armee zum Hellespont vor und setzte sie von Europa nach Asien über. Er selbst segelte mit sechzig Kriegsschiffen zur Troas und schleuderte dort von seinem Schiff aus seinen Speer aufs Land und bohrte ihn in den Boden. Dann sprang er selbst als erster der Makedonen ans Ufer. Damit wollte er deutlich machen, dass er Asien von den Göttern als speergewonnenes Land erhalte."

Memnons Strategie für die Verteidigung Kleinasiens

Währenddessen beriet man 334 im Kriegsrat des Großkönigs über die beste Strategie gegen Alexanders Vormarsch. Dabei schloss man sich nicht dem Vorschlag des Söldnerführers und fähigsten militärischen Beraters des Dareios, des Griechen Memnon von Rhodos, an. Dieser hatte aus guter Kenntnis der prekären Lage Alexanders zu Beginn des Eroberungskrieges dazu geraten, ihm zunächst keine große Schlacht anzubieten, sich vielmehr unter Anwendung der Taktik der verbrannten Erde in Kleinasien zurückzuziehen und Alexander zum Vorrücken in den tiefen Raum des Reiches zu zwingen. Dann würden sich den Makedonen bald kaum lösbare logistische und finanzielle Probleme stellen. Gleichzeitig sollte ein aggressiver Seekrieg eröffnet werden, um die Hegemonie zur See in der Ägäis zu erringen, Alexanders Verbindungslinien nach Makedonien zu durchschneiden und den Krieg über die Inselwelt hinaus mit Landungsoperationen bis nach Griechenland und Makedonien zu tragen. Dieser für Alexander gefährliche, ambitionierte Kriegsplan wurde jedoch verworfen. Zunächst kam er von einem Griechen und Söldnerführer, nicht von einem vornehmen Perser. Er widerstrebte dem Stolz und Selbstbewusstsein aristokratischer persischer Heerführer und Satrapen. Die Preisgabe des eigenen Landes und die Taktik der verbrannten Erde widersprachen dem religiösen und politischen Ethos persischer Aristokraten als Schützer des Reiches und seiner Provinzen. Hinzu kamen eine fatale Unterschätzung Alexanders und seiner Truppen und ein trügerisches Selbstvertrauen auf die persische militärische Stärke. So wurde zwar der Seekrieg 334 in der Ägäiswelt begonnen, aber zugleich erhielten die kleinasiatischen Satrapen die Anweisung, die Invasionsarmee Alexanders schnell und mit ihren eigenen Kräften in Kleinasien zu stoppen.

Der Sieg Alexanders am Granikos

So kam es 334 zu einer ersten größeren Schlacht am Fluss Granikos gegen die Truppen der Satrapien Phrygien am Hellespont und Lydien. Deren

Reiterei und vor allem die griechischen Söldner erwiesen sich als kampfkräftig. Alexander gelang jedoch nach hartem Kampf und unter höchstem persönlichen Risiko der Sieg. Kleitos rettete dabei sein Leben. Wäre Alexander am Granikos gefallen, hätte man vermutlich den Kriegszug eingestellt, und die Weltgeschichte hätte einen anderen Verlauf genommen. Bedenkt man die Schlüsselbedeutung des charismatischen Heerführers Alexander für den gesamten Verlauf des Zuges, kann man seine ‚heroische' Vorliebe dafür, sich persönlich im Kampf zu exponieren, nur mit Einschränkungen als militärische Qualität anerkennen.

Der Vormarsch in Kleinasien und die Behandlung der griechischen Poleis

Durch den Sieg am Granikos stand dem Makedonen der Vormarsch durch Kleinasien offen. Die Residenzen Daskyleion und Sardeis kapitulierten, von den bedeutendsten Griechenpoleis gingen die meisten zu Alexander über, vor allem Ephesos. Dagegen mussten Milet und Halikarnassos gegen harten Widerstand der dortigen Garnisonen im Dienst des Großkönigs erobert werden. Hierbei kämpften erneut Makedonen und Griechen gegen griechische Söldner in persischen Diensten. Nicht alle traditionsreichen griechischen Poleis an der kleinasiatischen Küste warteten sehnsüchtig auf ihre ‚Befreiung' durch Alexanders Armee. Die heftigen Belagerungskämpfe kosteten Alexander wertvolle Zeit auf seinem Vormarsch. Sie störten auch die offizielle Propaganda vom panhellenischen Befreiungskrieg. Die Behandlung der griechischen Städte und des umliegenden Landes nach 334 war keineswegs einheitlich. Sie hing davon ab, wie sich die Städte jeweils 334 verhalten hatten und wie sich danach ihre inneren Verhältnisse entwickelten. Generell aber bevorzugte Alexander in den griechischen Poleis Westkleinasiens demokratische Verfassungsordnungen, weil dort zuvor meistens perserfreundliche Oligarchien oder einzelne Stadtherrscher geherrscht hatten. Die meisten Städte erhielten wie die Bundesmitglieder des Korinthischen Bundes 337 *autonomia* und *eleutheria* zugesichert. Keineswegs alle aber traten mit ihrer Befreiung sofort als neue Mitglieder in den Korinthischen Bund ein. Schon 334 bahnt sich damit in der Neuordnung der Poleis Kleinasiens und der vorgelagerten Inselwelt eine Distanzierung Alexanders von der Friedensordnung seines Vaters Philipp an. Viele Städte, die zuvor ebenfalls weitgehend lokale Autonomie genossen, aber Tribute an den Großkönig gezahlt hatten, mussten einige Zeit lang *syntaxeis* (Beiträge) zum Feldzug an Alexander zahlen.

Karien, Lykien, Pamphylien

In Halikarnassos übertrug Alexander die Satrapie (Provinz) Karien Ada, der Schwester des vor kurzem verstorbenen Maussollos (des Erbauers des Mausoleums), die ihn aus Dankbarkeit im Gegenzug als Nachfolger adoptierte. Alexander sah eine unorganische Kumulierung heterogener Titel und Herrscherstellungen in seiner eigenen Person noch als unproblematisch an. So wurde er König der Makedonen und Archon der Thessaler, Hegemon und Bundesfeldherr des Korinthischen Bundes, prospektiver Dynast von Karien, dann Nachfolger der Pharaonen und der Achaimeniden und ‚König von Asien' und schließlich der erste Monarch eines neuartigen Universalreiches, dessen innere Gestalt und neue Form des Königtums sich gerade erst auszuformen begannen, als König Alexander 323 unerwartet früh starb.

Mit der Eroberung der Küstenregion bis Karien erfüllte Alexander bereits den ersten Teil der offiziellen Kriegsziele des Korinthischen Bundes, nämlich die Befreiung der kleinasiatischen Poleis. Strategisch fehlten der persischen Kriegsflotte im Seekrieg nunmehr ihre wichtigsten Ägäishäfen. Die vorläufige Kontrolle über einige Inseln, welche die persische Flotte bis Ende 333 halten konnte, konnte diesen Nachteil nicht ausgleichen. Alexander verzichtete darauf, eine große Entscheidungsschlacht gegen die Flotte der Perser unter Memnon zu suchen. Er unterwarf stattdessen auch noch die Südküste Kleinasiens von Lykien über Pamphylien bis Pisidien, zudem im Hinterland Kleinasiens Phrygien. Durch den überraschenden Tod Memnons von Rhodos bei der Belagerung von Mytilene auf Lesbos 333 entfiel die Drohung mit der Errichtung einer zweiten Front durch Landungsunternehmen in Griechenland oder gar in Makedonien selbst. Der Seekrieg in der Ägäis wurde endgültig im Laufe des Jahres 332 zugunsten Alexanders entschieden. Die Bundesflotte des Korinthischen Bundes hatte Alexander jedoch schon zuvor bis auf wenige athenische Schiffe aufgelöst, deren Besatzungen fortan noch als Geiseln für Athens Wohlverhalten dienten.

Weite Gebiete Zentral- sowie Nordostanatoliens (zum Beispiel Pontos, Kappadokien, Armenien), die zuvor dem Achaimenidenreich unterstanden hatten, ließ Alexander vorerst bei seinem eiligen Vormarsch zu den kilikischen Pässen in seinem Rücken liegen. Schnelle Eroberungen und weiträumige Vormärsche hatten vor einer systematischen Sicherung der Herrschaft in den bereits eroberten Gebieten Priorität. Alexander behielt die persische Einteilung des Reiches in Satrapien als eine bewährte Verwaltungsstruktur im Regelfall bei. An die Spitze dieser Satrapien rückten bereits in Kleinasien jetzt aber fast immer Makedonen, so zum Beispiel Antigonos Monophthalmos in Phrygien. Für das Selbstverständnis und die geschickte Propaganda Alexanders ist die berühmte Geschichte von der Lösung des Gordischen Knotens (beziehungsweise nach schlechteren Quellen von seiner Zerschlagung mit dem Schwert) und der Verheißung der Herrschaft über Asien durch die Priesterschaft von Gordion 333 in Phrygien aufschlussreich, selbst dann, wenn sie in der überlieferten Form tatsächlich gar nicht stattgefunden haben sollte. Aus Sicht der indigenen Landbevölkerung der unterworfenen Satrapien änderte sich unter dem neuen Herrscher Alexander vorerst wenig in ihrem alltäglichen Leben. In Kleinasien, Ägypten wie auch im Zweistromland kann man starke Elemente der Kontinuität zwischen der achaimenidischen Phase und der neuen hellenistischen Epoche unter Alexander und den ersten Diadochen beobachten, welche in der älteren Forschung manchmal unterschätzt worden sind.

Alexanders Sieg bei Issos

Inzwischen hatte aber Dareios ein großes Reichsheer versammelt und zog 333 vom Euphrat aus durch Syrien Alexander entgegen. Diesem gelang es jedoch, seine Armee über die kritische Engstelle der Pässe im Taurosgebirge in die Küstenebene hinabzuführen. Gerade noch rechtzeitig gelang die Wiedervereinigung der Hauptarmee mit der Abteilung Parmenions, während Dareios mit seinem Reichsheer an der Küste entlang in Richtung auf Issos (Golf von Alexandrette) vorrückte. In der Schlacht von Issos im Herbst 333 erwiesen sich erneut die griechischen Söldner als kampfstärkste Einheiten des Perserkönigs. Ein riskanter Reiterangriff Alexanders auf das Zentrum der Perser und den Großkönig selbst entschied die Schlacht. Dieser verließ das Schlachtfeld, danach brach die Formation der Perser zusammen. Bei Issos errang Alexander seinen ersten Sieg über eine große persische Reichsarmee. Im Lager des Großkönigs erbeuteten die Makedonen riesige Beute, darunter Gegenstände von märchenhaftem orientalischen Luxus. Vor allem aber gerieten enge weibliche Verwandte des Königs in Gefangenschaft, welche Dareios mit hohen Lösegeldangeboten auszulösen versuchte. Militärisch und politisch waren die Folgen des Sieges von Issos erheblich. Die makedonische Hegemonie über Hellas wurde deutlich gefestigt, da griechische Gegner Alexanders vergeblich auf einen Sieg des Dareios gehofft hatten. Alexanders Kontrolle über Kleinasien war nach Issos nicht mehr gefährdet. Endgültig entschieden war der Krieg gegen das Achaimenidenreich natürlich noch nicht. Denn Dareios konnte sich in seine zentralen Satrapien zurückziehen und sammelte dort erneut eine große Reichsarmee. Ein Friedensangebot des Dareios nach Issos lehnte Alexander trotz verlockender Bedingungen ab. Damit wurde offenbar, dass er nun – anders als es möglicherweise sein Vater Philipp geplant hatte – fest entschlossen war, den Rache- und Eroberungskrieg weit über die Grenzen Kleinasiens hinaus zu tragen. Syrien, die phönikisch-palästinische Küste mit ihren Hafenstädten und auch Ägypten lagen jetzt dem Zugriff Alexanders offen. In Damaskus konnte Parmenion für Alexander einen riesigen persischen Kriegsschatz von 2600 Talenten beschlagnahmen. Von nun an stand der Eroberungskrieg Alexanders finanziell auf einem soliden Fundament. Alexander entschied sich gegen eine sofortige Verfolgung des Dareios in die zentralen Satrapien. Stattdessen setzte er seine riskante Strategie der Eroberung aller Küstenregionen des südöstlichen Mittelmeerbeckens fort. Jegliche Wiederaufnahme des Seekriegs von Phönikien, Ägypten und Zypern aus oder auch in einer Allianz mit griechischen Poleis sollte endgültig ausgeschlossen werden. Für den Zug nach Ägypten sprachen zudem gewichtige politisch-ideologische, wirtschaftliche und persönlich-religiöse Gründe.

Die Belagerung von Tyros und die Ablehnung von Friedensangeboten

Wider Erwarten traf Alexander bei seinem weiteren Vormarsch an der Küste entlang nach Süden noch mehrfach auf harten Widerstand, vor allem durch die Inselfestung Tyros, während sich die meisten Seestädte wie Arados, Byblos und Sidon ergaben. Wie bereits bei der Belagerung von Halikarnassos, erwies sich vor Tyros ein weiteres Mal Alexander als Vorläufer hellenistischer Kriegskunst, indem verschiedene Belagerungsmaschinen und spezialisierte Pioniereinheiten zum Einsatz kamen. Der Maschinenpark an Artillerie und Belagerungsmaschinen wurde in der Kriegführung gegen stark befestigte Städte immer wichtiger. Im eroberten Tyros opferte Alexander demonstrativ dem Herakles-Melkart. Mit der Eroberung von Tyros nach etwa einem dreiviertel Jahr waren die letzten wichtigen Flottenbasen der persischen Flotte und die bedeutendsten Häfen des südöstlichen Mittelmeeres in Alexanders Hand gefallen. Es unterwarfen sich ihm die Könige Zyperns. Jerusalem als Hauptstadt der Juden wurde damals von Alexander nicht besucht. Erst spätere Legendenbildung hat dies erfunden. Nach dem Fall von Tyros legte Dareios ein erweitertes zweites Friedensangebot vor, das ebenfalls entgegen dem Rat des Parmenion abgelehnt wurde. Anzahl und genauer Inhalt der Friedensangebote des Dareios an Alexander bleiben allerdings in der modernen Forschung umstritten. Damit wurde allen Beobachtern klar, dass Alexander die Herrschaft über das gesamte Achaimenidenreich für sich anstrebte. Er war bereit, für dieses Ziel eine weitere Entscheidungsschlacht gegen Dareios zu schlagen, mit der er allerdings auch nochmals alles bisher Erreichte aufs Spiel setzte.

Auf dem Zug nach Ägypten wurde nach zweimonatiger Belagerung die Festung Gaza erobert, die den Zugang zu Land von Osten nach Ägypten kontrollierte. Da in Ägypten 332 selbst keine nennenswerte persische Armee mehr stationiert war, lag damit das alte Pharaonenland für eine Invasion offen. Bereits antike Historiker und Biographen Alexanders haben sich darüber Gedanken gemacht, warum dieser zeitaufwendige Zug nach Ägypten erfolgte, anstatt unverzüglich Dareios zu verfolgen, um ihn zu einer neuen großen Schlacht zu stellen, bevor er eine zweite große Armee zusammenstellen konnte.

Alexanders Zug nach Ägypten und der Besuch des Ammonorakels

Der Marsch nach Ägypten vollendete die Eroberung der Küstenländer des südöstlichen Mittelmeeres, und damit kontrollierte Alexander alle dortigen Häfen. Er konnte sich zudem in Ägypten als Befreier von der Perserherrschaft stilisieren, weil das Land nach einer längeren Sezession erst 343/342 wieder vom Perserkönig Artaxerxes unterworfen worden war. Ägypten gehörte zu den reichsten Gebieten des achaimenidischen Reiches. Diese Reichtümer fielen jetzt in Alexanders Hand. Er setzte Kleomenes von Naukratis als Verwalter der Finanzen Ägyptens ein. Von 331–323 konnte Kleomenes bereits einen erheblichen Staatsschatz ansammeln, der später zum Grundstock für die Finanzkraft Ptolemaios I. wurde. Alexander ließ sich vermutlich auch zeremoniell in Memphis zum Pharao krönen. Mit der Gründung Alexandreias Januar 331 griff er die Politik der Städtegründung wieder auf. Dieses Alexandreia wurde die erfolgreichste Stadtgründung Alexanders und blühte auf zur Hauptstadt des Ptolemäerreiches, zum wichtigsten Hafen des östlichen Mittelmeeres und multikulturellem Wissenschafts- und Kulturzentrum des Hellenismus. Kritik an Alexander und seiner ‚gottlosen' Stadtgründung Alexandreia wird allerdings auch vereinzelt laut, zum Beispiel im ägyptischen *Töpferorakel*. Es gab offenkundig auch Widerstand gegen Alexanders Eroberung in der einheimischen ägyptischen Bevölkerung. Kyrene unterwarf sich Alexander, ohne dass ein weiterer Kriegszug nach Westen an der nordafrikanischen Küste notwendig geworden wäre. Sehr persönliche Motive bewogen Alexander zu seinem Zug in die Oase Siwah mit dem Heiligtum des Zeus Ammon. Dort begrüßten die Priester Alexander, den neuen Pharao, protokollarisch korrekt als Sohn des Zeus Ammon. In seinem persönlichen Herrschaftsverständnis bedeutete diese Bestätigung seiner Gottessohnschaft eine wichtige Veränderung der bisherigen Herrscherstellung Alexanders als makedonischer Volks- und Heerkönig. Es verstärkte sich aber auch die Entfremdung von der makedonischen Aristokratie seines Offizierskorps, insbesondere sofern diese Männer ihre Stellungen noch König Philipp verdankten. Alexander als Sohn des Zeus Ammon war bereits nicht mehr der traditionelle makedonische Heer- und Volkskönig. Das Königtum Alexanders entfremdete sich seit dem Ägyptenzug weiter von dem traditionellen makedonischen Königtum mit seiner spezifischen Beziehung des Königs zu den adeligen ‚Gefährten' und zum Heer. Kritiker Alexanders erblickten in der subjektiven Überzeugung des Königs, Sohn des Zeus Ammon zu sein, eine Missachtung der makedonischen Traditionen, einen Verlust des Sinnes für die Realität und einen einsetzenden Wandel zu einem orientalischen Despoten.

Q

Die folgenreiche Antwort des Ammonorakels an Alexander
(Kallisthenes FGrHist 124 F 14 = Strabon Geog. 17,1,43 C. 814, Übers. J. Engels)

„So erzählt Kallisthenes, dass Alexander vor allem durch Ruhmsucht dazu bestimmt worden sei, zum Orakel zu gehen, weil er gehört habe, dass zuvor schon Perseus und Herakles dort hingezogen seien. ... Nur dem König habe der Priester erlaubt, in seiner üblichen Kleidung in den Tempel einzutreten, während die übrigen Besucher alle die Kleidung hätten wechseln müssen und alle außer Alexander die Orakelsprüche draußen hätten anhören müssen, Alexander jedoch drinnen. Die Orakelsprüche in Siwah wurden aber nicht, wie in Delphi oder bei den Branchiden, in Worten gegeben, sondern meistens durch Winke und Zeichen ... Nur das habe der Priester dem Könige mit ausdrücklichen Worten gesagt, dass er ein Sohn des Zeus sei."

Andererseits konnte Alexander als Eroberer Ägyptens gar nicht anders handeln, als eine Allianz mit der Elite der Priesterschaft anzustreben und sich einzufügen in die traditionellen Formen der Pharaonenherrschaft. Wegen der jahrtausendealten staatlichen, religiösen und kulturellen Traditionen des Pharaonenreiches am Nil wäre eine gewaltsame und überstürzte Hellenisierung des Landes zum Scheitern verurteilt gewesen. Ähnliche Überlegungen, nach der Eroberung auch die dauerhafte Beherrschung des Reiches zu sichern, gelten für die partielle Übernahme des achaimenidischen Hofzeremoniells durch Alexander, von Teilen der persischen Königstracht, für die Einführung der *Proskynese* (der untertänigen Form der Begrüßung des Königs), die zögerlich eingeführte Beteiligung ausgesuchter hoher persischer Aristokraten und Funktionäre an der Verwaltung des eroberten Achaimenidenreiches und schließlich die bei vielen Makedonen besonders unbeliebte Integration indigener persischer Verbände in das Alexanderheer.

Alexanders Sieg bei Gaugamela

Alexander zog erst 331 nach der welthistorisch bedeutenden Gründung Alexandreias aus Ägypten wieder ab und stieß nun in die zentralen Satrapien des Perserreiches östlich des Euphrat vor. Dort hatte Dareios in der langen Atempause seit seiner Niederlage bei Issos ein neues, noch größeres Reichsheer aufstellen können. Um seine zahlenmäßige Überlegenheit, vor allem seine Reiterei und die Streitwagen, im Kampf möglichst gut ausnutzen zu können, wählte der Großkönig für die Schlacht ein offenes Gelände in der Nähe von Gaugamela (Arbela) nahe dem Tigris. Im Oktober 331 kam es dort zur Entscheidungsschlacht über die Herrschaft im Achaimenidenreich. Erneut gewann Alexander die Schlacht durch einen riskanten Angriff mit der Reiterei auf den Großkönig und seine Gardetruppen. Als Dareios das Schlachtfeld preisgab, war die Schlacht für den Makedonen gewonnen. Wie bereits bei Issos, darf man aber den Rückzug des Dareios aus der Schlacht nicht vorschnell lediglich als persönliche Feigheit interpretieren. Es ist vielmehr zu bedenken, dass die Person des Großkönigs das Zentrum des gesamten Reiches verkörperte. Solange er noch lebte, konnte er erneut versuchen, aus den entlegenen nordöstlichen Satrapien seines Reiches ein Heer aufzustellen, und den militärischen und politischen Widerstand gegen Alexander auch nach zwei so schweren Niederlagen wie bei Issos und Gaugamela weiterführen. Alexander soll von seinen Truppen noch auf dem Schlachtfeld von Gaugamela zum König von Asien ausgerufen worden sein. Dies wäre ein neuer, absichtlich offener und sowohl in der Tradition der Achaimenidenherrscher als auch in der griechischen Welt des 4. Jahrhunderts unbekannter Titel. Die vollständige offizielle Titulatur der persischen Großkönige nahm Alexander zu Lebzeiten des Dareios noch nicht an. Umstritten bleibt, ob Alexander sie nach dessen Tod offiziell übernahm.

Die Niederwerfung des Aufstandes unter König Agis

Kurz vor dem Sieg bei Gaugamela hatte der Stratege Europas, Antipater, einen Aufstand weniger griechischer Staaten um Sparta unter König Agis III. als Zentrum einer peloponnesischen Koalition (um Sparta, Elis, Arkadien, Achaia) niedergeschlagen. Dieser Sieg erforderte den vollen Einsatz der Truppen Antipaters. Deren Zahl war allerdings bereits seit 334 durch die mehrfachen Aufforderungen Alexanders, aus Makedonien Nachschub an Soldaten nach Asien zu schicken, deutlich gesunken. Die Niederlage der Koalitionstruppen des Agis bei Megalopolis 331 stürzte Sparta in die Bedeutungslosigkeit. Sparta, das bisher noch in trotziger Isolation dem Korinthischen Bund ferngeblieben war, musste jetzt ebenfalls beitreten. Die Verhältnisse auf der Peloponnes wurden erneut im Sinne der Sicherung der makedonischen Hegemonie reorganisiert. Aus Sicht Alexanders, des Königs von Asien, des Pharaos und Sohnes des Zeus Ammon, jedoch lag die Peloponnes inzwischen weit weg am Rande seines riesigen Reiches. Alexander sprach daher, als er vom Aufstand des Agis erst mit Verspätung erfuhr, verächtlich von einem „Mäusekrieg". Offener militärischer Widerstand gegen die makedonische Hegemonie erhob sich in Griechenland bis zum Tode Alexanders jedenfalls nun nicht mehr.

Die Besetzung der Reichsmetropolen Babylon, Susa, Persepolis, Ekbatana

Nach der Flucht des Dareios in den Nordosten seines Reiches lag der Weg in die zentralen Residenzen des Perserreiches offen. Die einheimischen Satrapen von Babylon und Susa beließ Alexander in ihren Positionen. Damit wurden erstmals wichtige Führungspositionen in der Hand von Besiegten, allerdings von Mitgliedern der persischen Elite, belassen. Die Kontrolle über die militärische Macht verblieb jedoch auch in diesen Satrapien bei Makedonen. Babylon, Susa, Persepolis und Ekbatana wurden besetzt. Alle diese Städte hatten für das Achaimenidenreich eine hohe symbolische Bedeutung. Alexander handelte vor allem bei der Besetzung Babylons, der größten und bevölkerungsreichsten Metropole, umsichtig. Er provozierte die religiösen Gefühle der Priesterschaft und der Bevölkerung nicht. Demonstrativ förderte Alexander sogar den Bau oder die Renovierung von wichtigen Tempeln und achaimenidischen Königsgräbern. In Susa konnte er den gewaltigen zentralen Reichsschatz der Perserkönige in seine Gewalt bringen. Angeblich waren dies 50000 Talente, eine märchenhaft hohe Summe, wenn man sie mit den Summen vergleicht, über die frühere makedonische Könige oder bedeutende griechische Polisstaaten des 5. und 4. Jahrhunderts wie Athen, Sparta oder Theben verfügen konnten. Sie war über lange Jahre durch die Thesaurierung der an den Perserkönig aus seinen Satrapien abgeführten Tribute zusammengekommen. Die Verwaltung dieser

Summen übertrug der König Harpalos, einem persönlichen Vertrauten seit Jugendtagen, der allerdings später 324 von ihm abfiel. Alexander befahl die Ausmünzung großer Teile dieser Reichsschätze in schneller Folge. Hierdurch stand ihm eine nahezu unbegrenzte Liquidität zur Bezahlung seiner Truppen oder Belohnung seiner Anhänger zur Verfügung. In den späten Jahren der Regierung Alexanders zwischen 330 und 323 wurde durch diese Reichsprägungen in viel stärkerem Maße auch die Münze zu einem Propagandamittel als in seinen ersten Regierungsjahren oder zuvor in den griechischen Polisstaaten. Ekbatana bestimmte er zum rückwärtigen logistischen Zentrum des künftigen Alexanderzuges. Von hier aus wurde Parmenion bis zu seiner Ermordung mit der Koordination des Nachschubs für das nach Osten vorrückende Alexanderheer beauftragt.

Der Brand von Persepolis und das Ende des panhellenischen Rachekrieges

Angesichts dieser weitreichenden Entscheidungen und vernünftigen Verhaltensweise Alexanders verlangt es auch nach einer rationalen Erklärung, dass die Palastanlagen von Persepolis 330 v. Chr. niedergebrannt wurden. Entgegen einer wenig glaubwürdigen antiken Tradition handelte es sich nicht um ein außer Kontrolle geratenes Feuer am Rande eines rauschenden Siegesfestes und gar die spontane Initiative einer Hetäre, sondern wohl um ein kühl vorher überlegtes, bewusst gesetztes politisches Zeichen. Auch aus archäologischer Sicht gibt es inzwischen Indizien für ein planmäßig und absichtlich gelegtes Feuer. Persepolis galt aus persischer Sicht als sakral-religiöser Mittelpunkt des Reiches. Der Brand von Persepolis symbolisierte den Endpunkt des Rachekrieges für die Zerstörung und Niederbrennung griechischer Heiligtümer. Konsequenterweise entließ Alexander wenig später in Ekbatana die Kontingente des Korinthischen Bundes in ihre Heimat. Politisch und militärisch wurde damit der 334 eröffnete panhellenische Rachekrieg 330 für beendet erklärt. Alle weiteren Kriegszüge bis 323 sind Alexanders persönliche Feldzüge und Eroberungskriege. Auch sie hatten gravierende Auswirkungen auf die griechische Staatenwelt. Doch während Alexander weiter nach Osten schließlich bis nach Indien zog und sich seine neuartige Universalmonarchie ausbildete, rückten Makedonien und die griechische Staatenwelt immer weiter an die Peripherie dieses neuen Reiches und verloren die innermakedonischen und griechischen Verhältnisse vorerst für König Alexander an Bedeutung.

3. Der Alexanderzug von 330 bis zu Alexanders Rückkehr aus Indien

Die Ermordung des Dareios und die Hinrichtung des Bessos

Inzwischen entglitt Dareios, der sich nach Baktrien und Sogdien zurückziehen wollte, die Kontrolle über die Leitung des weiteren persischen Widerstandes gegen Alexander. Bessos, der Satrap von Baktrien, setzte sich an dessen Spitze. Er ließ Dareios ermorden. Wider Erwarten erwarb er sich damit aber beim neuen Großkönig Alexander keine Sympathien. Bessos wurde als aufrührerischer Satrap und Königsmörder auf demonstrativ grausame und entehrende Art hingerichtet, der ermordete Gegner Dareios ehrenvoll mit einem für Achaimenidenkönige üblichen Zeremoniell beigesetzt. Mit der Ausrichtung dieser feierlichen Beisetzung handelte Alexander als Nachfolger der Achaimenidenkönige.

Die Philotasaffäre

Schärfer als zuvor schon nach seinem Besuch beim Ammonorakel stellte sich fortan die Frage, wie sich zukünftig sein Verhältnis zu Makedoniern und Griechen am Hof und im Heer enwickeln werde. Bis 323 häuften und verschärften sich Konflikte zwischen Alexander und traditionell makedonisch empfindenden hohen Offizieren sowie auch einfachen Soldaten der makedonischen Phalanx. Mit der Einführung des persischen Hofzeremoniells verbanden sich eine zunehmende Abschottung des Königs als Oberbefehlshaber von seinen Truppen und den meisten Offizieren, die Übernahme bestimmter Teile der persischen Königstracht und aus makedonischer Sicht besonders anstößige Zeremonialelemente wie die Proskynese (fußfällige Begrüßung) gegenüber dem König. Ferner waren viele Soldaten enttäuscht darüber, dass nach dem Tode des Dareios und der Hinrichtung des Bessos 329 der Krieg am Rande der damals bekannten Welt ohne ein klares Kriegsziel und absehbares Enddatum weitergehen sollte. Dies ließ im Zentrum der Macht, im Heer und in der Umgebung Alexanders, gefährliche Konflikte entstehen, deren Beilegung Alexander nur mit drakonischen Maßnahmen und unter schweren Kosten gelang. Die Hinrichtung des Philotas wegen angeblichen Hochverrates (und die unmittelbar anschließende Ermordung seines Vaters Parmenion in Ekbatana) noch im Jahre 330 sollten in dieser Lage einen Befreiungsschlag bringen. Alexander versuchte durch diese Hinrichtungen sowie die Umbesetzung wichtiger Kommandoposten, in deren Rahmen eine jüngere Offiziersgruppe um Hephaistion Schlüsselpositionen erhielt, die alte Garde von makedonischen Offizieren, die bereits unter seinem Vater Philipp lange gedient hatten, mehr und mehr durch neue Männer zu ersetzen. Diese verdankten ihren Aufstieg in der Armee nurmehr Alexander selbst und würden vermutlich daher weniger zu Kritik an seinen Entscheidungen neigen. Zwischen 330 und 323 baute Alexander das Heer, das er als Machtinstrument von seinem Vater Philipp 336 übernommen hatte, zu seinem eigenen, nur ihm persönlich loyalen und stärker multiethnischen Machtinstrument um. Weiterhin aber blieben gefährliche Spannungen zu den makedonischen Offizieren im Heer und ihren aristokratischen Verwandten im makedonischen Heimatland.

Kämpfe in Baktrien und Sogdien

In harten Kämpfen unterwarf Alexander die Satrapien Hyrkanien, Areia, Drangiane und Arachosien. Dabei nahm der König vor allem aus strategischen Gründen seine Politik der Gründung von Städten, die seinen Namen trugen, wieder auf. Die wichtigsten Beispiele sind Alexandreia Areia (Herat) und Alexandreia in Arachosien (Kandahar). Die Kämpfe der Jahre 329 bis Anfang 327 im äußersten Nordosten des Achaimenidenreiches in Baktrien und Sogdien erwiesen sich als hart und verlustreich. Die einheimischen Gegner Alexanders profitierten von ihrer intimen Kenntnis des Landes. Statt einer rangierten Entscheidungsschlacht verwickelten sie Alexanders Truppen in eine Vielzahl von Scharmützeln, Hinterhalte und mühselige Eroberungen unzugänglicher Festungen. Der sogdische Fürst Spitamenes, der den Aufstand organisierte, konnte erst nach langen und verlustreichen Kämpfen Anfang 327 niedergeworfen werden. Die hierzu notwendigen vielen kleinen Militäraktionen machten eine taktische Umgruppierung und Neueinteilung der makedonischen Gesamtstreitmacht in eine größere Anzahl von unabhängig voneinander operierenden Teileinheiten erforderlich. Hierbei kamen an der Seite der Makedonen auch neu aufgestellte, persische Truppenteile zum Einsatz. Damit begann bereits eine Entwicklung, die sich bei der Aufstellung der Invasionsarmee des indischen Feldzuges verstärken sollte und mit der Neuformierung des Alexanderheeres 324 in Opis und Susa für den geplanten Arabienfeldzug ihren vorläufigen Höhepunkt erreichte. Dadurch mussten seine makedonischen Veteranen befürchten, in Zukunft immer mehr von ihren bisherigen Privilegien im neuen Reichsheer zu verlieren.

Bei einem Vorstoß über die bisherige Nordostgrenze des Achaimenidenreiches, den Fluss Jaxartes (Syr-Darja), in die skythische Steppe erwies es sich, dass auch für Alexander ein Vorstoß in die unbekannten Weiten Zentralasiens zu einem unkalkulierbaren Risiko werden würde. Schon vor der Meuterei des Heeres in Indien am Hyphasis stieß das grenzenlose Eroberungsstreben Alexanders hier an eine natürliche, äußere Grenze. Demonstrativ gründete er hier am Nordostrand der damals bekannten Oikumenewelt Alexandreia Eschate (Chodschent). Die meisten Städtegründungen Alexanders östlich des Euphrat gelangten aber bis zu seinem Tode kaum über den Status befestigter Militärlager hinaus, in denen missmutige Heeresabteilungen oft gegen ihren Willen ausharrten. Es ist kein Zufall, dass dann beim Tode Alexanders 323 an zwei Regionen in seinem riesigen Reich bewaffnete Aufstände ausbrachen, in Griechenland und unter den in Baktrien stationierten Söldnern und Veteranen.

Die Tötung des Kleitos

Während eines exzessiven Trinkgelages im Sommer 328 erstach Alexander in einem Wutanfall seinen verdienten hochrangigen Offizier und alten Freund Kleitos. Bei dem Symposion herrschte eine aufgeheizte Stimmung. Alexander beleidigte dann angeblich das Ansehen einiger Offiziere und Truppenteile, auch wurden die Leistungen Philipps II. durch Schmeichler in Alexanders Umgebung gegenüber den Leistungen Alexanders herabgesetzt. Dagegen führte Kleitos aus Sicht Alexanders eine allzu freimütige Sprache. Kleitos hatte zwar Alexander das Leben gerettet und sich seit dem Beginn des Alexanderzuges als einer der fähigsten Offiziere im Heer bewährt, doch sein Verhalten und seine Sprache passten inzwischen nicht mehr an Alexanders Hof. Kleitos wurde zum Sprecher des Missfallens vieler traditionell orientierter Makedonen an den Veränderungen des Hofzeremoniells, des Auftretens und Selbstverständnisses Alexanders. Die Tötung des Kleitos im Affekt wurde von Kritikern Alexanders seit der Antike als Beweis dafür genommen, dass der König immer häufiger die Kontrolle über sein Verhalten verlor und Jähzorn und unberechenbarer Grausamkeit nachgab, für einen König unverzeihbaren Charaktermängeln.

Alexander heiratet Roxane

Im Jahre 327 heiratete Alexander nach etwa neunjähriger Regierung zum ersten Male und für einen makedonischen König auffällig spät. Er nahm aber weder eine hochrangige Makedonin zur Frau, noch eine Griechin oder wenigstens eine vornehme Perserin, sondern Roxane, die junge Tochter eines einflussreichen sogdischen Aristokraten namens Oxyartes. Es muss wohl echte persönliche Zuneigung eine große Rolle gespielt haben. Als politische und militärische Gründe für die Verbindung könnte man die Sicherung der Kontrolle über das unruhige Baktrien und Sogdien während des unmittelbar bevorstehenden Indienzuges anführen. Wenn auch die erste Ehe Alexanders von vielen Beratern zur Sicherung seiner Nachfolge an sich begrüßt worden sein wird, nahmen Kritiker Anstoß an der Person der Braut und ihres Vaters als Sogdier ohne Verbindung zur Königsfamilie des Dareios oder auch an den fremdländischen Heiratszeremonien. Als Alexander im Juni 323 überraschend starb, war Roxane zum ersten Male von ihm schwanger. Es blieb noch abzuwarten, ob das Kind gesund geboren und es ein Junge sein werde. Alexander IV. blieb der einzige legitime Sohn Alexanders des Großen und regierte von 323 bis 310 formal als Nachfolger Alexanders. Faktisch aber blieb dieser unglückliche Argeade zeitlebens zunächst ein Spielball, später sogar eine Geisel rivalisierender Diadochen. Von 323 bis 317 regierte er offiziell zusammen mit dem Halbbruder Alexanders, Philipp III. Arrhidaios. Beide Argeaden wurden Opfer des rücksichtslosen Machtkampfes der frühen Diadochenära.

Die Pagenverschwörung und der Tod des Kallisthenes

Überblickt man den Kreis der Opfer und verbitterten Feinde Alexanders, der während seiner Regierungszeit von 336 bis 323 stetig zunahm, so erstaunt es, wie selten gefährliche Verschwörungen oder Attentatspläne gegen ihn überliefert sind. Allerdings hat König Alexander nach der Hinrichtung des Philotas und Parmenion bis zu seinem Tod 323 auch in seinem Umkreis offensichtlich immer weniger Personen vertraut. Er selbst dürfte seine Gefährdung durch Verschwörungen, Attentatspläne und die Illoyalität seiner Amtsträger als hoch eingeschätzt haben. Während Philotas vermutlich seine Verschwörung lediglich unterstellt wurde, um die Hausmacht der Familie des Parmenion auszuschalten und Umbesetzungen in der Heeresführung einzuleiten, steckten wohl hinter der so genannten Pagenverschwörung von 327 tatsächlich dilettantisch vorbereitete Attentatspläne. Schon Philipp II. hatte die Ausbildung der Söhne makedonischer Aristokraten am Hof des Königs in Pella (der ‚Pagen') eingeführt, um die nachwachsende Generation der Aristokratie zur Loyalität zum König zu erziehen und zugleich die Jugendlichen am Hof und ihre Familien in den Regionen Makedoniens besser zu kontrollieren. Alexander behielt diese bewährte Einrichtung während seines Feldzuges von 334 bis 323 in Asien auch dann bei, als der Hof mit dem Feldlager des Königs jahrelang umherzog. Einer dieser Pagen fühlte sich durch eine ehrenrührige Bestrafung persönlich gekränkt. Er gewann wenige Gefährten für einen Anschlag auf Alexander. Vor der Ausführung wurde dieser wenig professionelle Mordplan jedoch entdeckt. Die Heeresversammlung verurteilte die Verschwörer zum Tode. Einer von ihnen, Hermolaos, verteidigte sich, indem er als Motive ihres Entschlusses auf die Ermordung des Kleitos, die Einführung der Proskynese und das orientalische Hofleben Alexanders verwies. Die Hinrichtung dieser jungen Aristokraten schuf Alexander in deren Familien im Heer wie in Makedonien erbitterte Feinde. Die Pagenverschwörung führte ferner zur Verhaftung und mittelbar zum Tode des Hofhistorikers Kallisthenes, der auch ein Lehrer der Pagen gewesen war. Seine direkte Verwicklung als Anstifter in den Anschlagsplan war zwar nicht nachzuweisen, doch störten Alexander und einflussreiche Hofkreise die kritische Haltung des Kallisthenes gegenüber dem persischen Hofzeremoniell, insbesondere der Proskynese, und dessen freizügige und für einen Intellektuellen am Hofe wenig angemessene Sprache. Kallisthenes starb in der Haft.

Der Beginn des Indienfeldzuges

Ende des Jahres 327 brach Alexander zu einem großen Feldzug nach Indien auf. Nordwestindische Gebiete hatten unter Dareios I. eine persische Satrapie gebildet. Sie waren aber seit der Regierung des Xerxes in der ersten Hälfte des 5. Jahrhunderts der persischen Kontrolle entglitten. Als Nachfolger der Achaimenidenkönige konnte Alexander seinen Kriegszug zunächst damit begründen, ehemaliges Reichsgebiet zurückzuerobern. Die eigentlichen Kriegsziele Alexanders gingen aber noch deutlich weiter. Das bereitgestellte Expeditionsheer Alexanders umfasste etwa 50000 Mann, von denen ein beträchtlicher Teil nunmehr bereits aus einheimisch-asiatischen Verbänden bestand. Die privilegierte Rolle, die Makedonen (und Griechen) in Alexanders Reichsarmee spielten, begann sich zu verringern.

Indien galt den meisten Griechen und Makedonen zur Zeit Alexanders als ein märchenhaftes Wunderland am äußersten Rande der südöstlichen Oikumene. Während des indischen Feldzuges zwischen 327 und 325 erreichte der Alexanderzug geographisch die weiteste Distanz von der makedonisch-griechischen Heimat. Parallel dazu löste sich auch das Selbstverständnis Alexanders als König immer weiter von seinen Wurzeln als makedonischer Volks- und Heerkönig. Als Herrscher eines neuartigen Universalreiches überschritt er sogar die Grenzen des achaimenidischen Weltreiches und strebte bis an die Grenzen der damals bekannten Welt und an das Ufer des östlichen Weltozeans. Er fühlte sich nun in einer direkten Konkurrenz mit Heroen und Halbgöttern. Bei der Entscheidung, den Eroberungskrieg nach Indien zu tragen, spielte die Persönlichkeit Alexanders vielleicht eine noch wichtigere Rolle als rationale strategische Motive. Angetrieben wurde er dabei den Quellen zufolge erneut von seinem unstillbaren inneren Verlangen, dem *pothos*, sowie dem Wunsch, sogar seine Vorbilder Herakles und Dionysos zu übertreffen. Alexander begann seinen Eroberungszug, ohne eine annähernd korrekte Vorstellung von der riesigen geographischen Ausdehnung und dem Bevölkerungsreichtum dieses Subkontinentes zu haben. Vor allem unterschätzte die damalige geographische Lehrmeinung der Griechen die Distanzen vom Indus bis zum angeblich nahen östlichen Weltozean. Den Kern der Informationen über Indien bezog man aus den veralteten Werken des Herodot und Ktesias. Deren Berichte boten aber für die militärische Praxis nur wenige verwertbare Informationen. Erst die Berichte, die bald über Alexanders Indienzug entstanden, hoben das Wissen der Griechen über diesen Subkontinent auf eine neue, höhere Stufe.

Bei dem Vormarsch nach Nordwestindien wurde Alexander von einigen lokalen Stämmen und Herrschern unterstützt. Er musste aber auch bereits hier gefährliche Kämpfe bestehen und schwierige Belagerungen durchführen. Als eine der berühmtesten Glanztaten des Alexanderzuges heben die Historiker die Eroberung des für uneinnehmbar geltenden Aornosfelsens hervor. Der Sohn des Zeus Ammon hatte damit sogar seinen mythischen Rivalen Herakles übertroffen, der an dieser Felsenfestung einst gescheitert sein sollte. Taxiles, der lokale Herrscher eines Reichs zwischen Indus und Hydaspes (Dschihlam), unterwarf sich Alexander und wurde als Klientelfürst in seiner Position belassen. Seit dem Aufenthalt in Nysa, dem angeblichen Geburtsort des Gottes Dionysos, verstärkte Alexander seine Dionysosimitatio. Sie spielte bis 323 in seiner persönlichen Religiosität neben der Leitvorstellung der Zeus-Ammon-Sohnschaft eine immer wichtigere Rolle. Das Selbstverständnis Alexanders als Übermensch und Herrscher entfernte sich von griechischen und makedonischen Idealen immer weiter. Wichtige Entscheidungen des Königs folgten kaum mehr einem rationalen politisch-militärischen Kalkül. Der König nahm wenig Rücksicht auf sein Heer und auch auf seine eigene Person. Der mächtigste Fürst der nordwestindischen Region, der selbstbewusste König Poros, wollte sich Alexander keineswegs ergeben, sondern bereitete eine Verteidigung seines Reiches vor. 326 kam es am Hydaspes (Dschihlam) zur größten Einzelschlacht während des indischen Feldzuges gegen die Armee des Poros. Persönlich mit äußerster Tapferkeit kämpfend, vertraute Poros zu stark auf die abschreckende Wirkung seiner Elefantentruppe und seine vorteilhafte Abwehrstellung hinter dem Fluss. Alexander gelang jedoch überraschend der Flussübergang, und er errang einen eindrucksvollen Sieg. Dieser wurde später propagandistisch auf repräsentativen Münzprägungen festgehalten. Sie zeigen Alexander zu Pferde im Angriff auf Poros und dessen Kriegselefanten. Trotz des harten Widerstandes beließ Alexander den Poros als Klientelkönig nicht nur in seinem bisherigen Herrschaftsgebiet, sondern erweiterte es sogar noch.

Die Schlacht gegen König Poros

Die Meuterei am Hyphasis

Als die Truppen Alexanders dann aber 326 weiter nach Osten über den Hydaspes vorrückten, wurde der Feldzug für das Heer zu einer unerträglichen Strapaze. Nach jahrelangen Märschen und harten Kämpfen waren viele Veteranen erschöpft und kriegsmüde. Nun belasteten sie auch noch das ungewohnte Klima Indiens mit wochenlangen Monsunregenfällen, der drückenden schwülen Hitze sowie ungewohnten, gefährlichen Tieren. Woche für Woche rückte man weiter vor, ohne dass ein Endpunkt des mühsamen Feldzuges absehbar wurde. Am Fluss Hyphasis (Beas) reichte es der Masse der Truppen und auch vielen Offizieren. Sie meuterten, verweigerten ein weiteres Vorrücken und stellten sich damit erstmals seit 336 gegen Alexanders Autorität. Seit seinem Regierungsantritt war die unverbrüchliche Loyalität zwischen König und Heer die Grundlage der bisherigen Triumphe Alexanders gewesen. Der König war außer sich vor Wut, aber es blieb ihm keine Wahl, als dem Willen seiner meuternden Truppen nachzugeben. Es gelang ihm nur notdürftig sein Gesicht zu wahren, indem er verkünden ließ, ungünstige Opferzeichen hätten die Umkehr als den Willen der Götter befohlen. Diese unerhörte Demütigung seines Königs hat Alexander dem Heer nicht mehr verziehen. Möglicherweise sind sogar einige verlustreiche Kämpfe in Indien und der Todesmarsch durch die Gedrosische Wüste 325 zum Teil auch als Strafexpeditionen erklärbar. Nach dem Indienfeldzug stand es für Alexander fest, dass langfristig in seiner Reichsarmee Griechen und Makedonen eine geringere Rolle spielen sollten als bisher.

Die Fahrt auf dem Indus bis zum Indischen Ozean

Über den Hydaspes und den Indus zog Alexander in einer kombinierten Operation seiner neugebauten Flotte unter Kommando des Nearchos und der Landtruppen bis zum Indusdelta und zum Indischen Ozean. Dabei kam es anders als im Nordwesten zu äußerst brutalen Kämpfen und regelrechten Pogromen, deren militärische Notwendigkeit äußerst fraglich, deren politische Schädlichkeit für das Ansehen Alexanders in dieser Region und für die

Kontrolle der Gebiete nach seinem Abzug dafür umso sicherer war. Mehrfach setzte König Alexander auch erneut sein eigenes Leben leichtsinnig aufs Spiel, während das entstehende Oikumenereich in seinen Strukturen noch ganz ungefestigt war und zudem die sensible Frage der Nachfolge im Falle seines Todes weiter offen blieb. Beim Angriff auf die Stadt der Maller wurde Alexander tollkühn vorpreschend lebensgefährlich verwundet. Seit Jahren hatte auch der König Alexander bereits ungeheure körperliche Belastungen auf seinen Kriegszügen auszuhalten gehabt. Doch der indische Feldzug, möglicherweise eine Malariainfektion, die Verwundung bei den Mallern und der Rückmarsch durch die Makranwüste untergruben zusammen mit seiner exzessiven symposiastischen Lebensweise die Gesundheit des Königs endgültig. Die Ankunft am Indusdelta wurde 325 mit der Neugründung einer weiteren Stadt namens Alexandreia (Pattala) gefeiert, die zukünftig die südöstliche Grenze des Alexanderreiches markieren sollte. Alexander fuhr in einer symbolträchtigen Zeremonie auf den Indischen Ozean hinaus und brachte feierliche Opfer dar.

Bilanz des Indienfeldzuges

Eine Bilanz des Indienfeldzuges Alexanders musste bereits aus dem Abstand weniger Jahre angesichts der großen eingesetzten Ressourcen ernüchternd ausfallen. Es erwies sich sehr bald nach seinem Abzug aus Indien, dass nicht einmal die nordwestlichen Gebiete dauerhaft als Satrapien oder Klientelreiche an das Alexanderreich beziehungsweise das nachfolgende Seleukidenreich angeschlossen werden konnten. Für die südlichen Regionen bis zur Indusmündung blieb der Alexanderzug ohnehin nur eine äußerst blutige, destruktive Episode. Für Makedonien, Griechenland, Kleinasien, Vorderasien oder Ägypten bedeutete die Regierungszeit Alexanders trotz aller Elemente der Kontinuität doch auch den Beginn einer neuen Epoche. Dies kann man für den indischen Subkontinent kaum behaupten. Indische Quellen der Zeit erwähnen Alexanders Invasion nicht einmal. Mangels aussagekräftiger autobiographischer antiker Quellen sind die direkten Auswirkungen des Indienfeldzuges auf Alexanders Selbsteinschätzung und seine Zukunftspläne schwer abzuschätzen. Seine Vorbilder Herakles und Dionysos hatte er aus seiner Sicht mehrfach übertreffen können. Das Ziel des östlichen Weltozeans konnte nicht erreicht werden. Antike Autoren und moderne Historiker, die ein kritisches Alexanderbild haben, betonen während des Indienfeldzuges einen weiter fortschreitenden Realitätsverlust des Königs. Die Grenzlinien zwischen der Welt des Mythos und der Realität, zwischen Alexander, dem sterblichen Menschen und dem übermenschlichen Sohn des Zeus Ammon und neuen Dionysos verschwammen für ihn. Die alltägliche Entfremdung zwischen Alexander und den makedonischen und griechischen Soldaten seines Heeres wuchs weiter. Der Kreis derjenigen Offiziere und Gefährten, die ihm auch nach dem Indienfeldzug bedingungslos folgten und persönlich ähnlich nahestanden wie der Chiliarch Hephaistion, sein engster Freund und Berater, wurde kleiner.

Der Rückzug aus Indien und der Marsch durch die Gedrosische Wüste

Für den Rückzug aus Indien teilte Alexander seine Truppen in drei Abteilungen ein. Die Flotte unter dem Kommando des Nearchos sollte die Küstenrouten des Indischen Ozeans und Persischen Golfes erkunden. Man sieht an diesem Auftrag, dass das Mittelmeer, der Indische Ozean und der Persische Golf als Verbindungswege in der strategischen Konzeption Alexanders von seinem entstehenden Weltreich gegenüber den überlangen Landwegen eine größere Bedeutung erlangten. Ein Teil des Landheeres sollte parallel zu dieser Flottenfahrt in der Nähe der Küste durch die Gedrosische Wüste (Makranwüste) auf bisher den Griechen nur ungenau bekannten Wegen vorrücken. Ein großer Teil des Heeres mit der Masse der Verwundeten und dem Troß sollte unter dem Kommando des Krateros auf einer besser bekannten und leichteren Route weiter nördlich durch Arachosien nach Karmanien marschieren, wo sich die Heeressäulen wieder vereinen sollten.

Unkenntnis des Geländes und vor allem die mörderischen klimatischen Bedingungen ließen den Rückmarsch der Abteilung unter Alexander durch die Gedrosische Wüste bis Karmanien zu einem Todesmarsch werden. In wenigen Wochen verlor Alexander hier Tausende Männer ohne direkte Feindeinwirkung. Dass ein solcher Marsch nach aller Wahrscheinlichkeit für eine größere Heeresabteilung sehr verlustreich sein werde, war voraussehbar. Was trieb Alexander also zu einer solchen Entscheidung? Das Wüstengebiet galt damals für ein großes Heer als unpassierbar. Man hat wenig überzeugend versucht, einen strategischen Sinn darin aufzuzeigen, der Flotte auf ihrer risikoreichen Fahrt durch unbekannte Küstengebiete von Land her Deckung zu geben und den Kontakt zur Flotte nicht für längere Zeit zu verlieren. Jedoch hätte hierfür ein kleines, mobiles Explorationskontingent vollauf genügt. Als psychologischer Grund wird genannt, Alexander habe nach den Rückschlägen auf dem Indienzug mit dem Wüstenmarsch seine Führungsfähigkeit und Siegerqualitäten unterstreichen wollen. Waren doch berühmte historische und mythische Vorbilder (Herakles, Kyros, Semiramis) zuvor an dieser Wüste gescheitert. Vielleicht suchte Alexander daher erneut gerade diese übermenschliche Herausforderung. Plausibel ist leider auch die Erklärung dieser Route als eine Menschen verachtende Strafexpedition, mit der sich der beleidigte Alexander für die Meuterei am Hyphasis rächen und sich einiger Teile dieses unzuverlässig gewordenen Heeres entledigen wollte. Die Überlebenden des Wüstenmarsches trafen in Karmanien schließlich mit der Expeditionsflotte des Nearchos und der Heeresabteilung unter Krateros zusammen. Es folgten dort wochenlange exzessive Feiern. Alexander inszenierte hier einen dionysischen Komos, eine Festprozession durch Karmanien.

4. Die letzten Regierungsjahre Alexanders

Die letzten Regierungsjahre Alexanders sind seit der Antike bis heute in ihrer Bewertung viel umstrittener als seine ersten Jahre. Einige Historiker und Biographen feiern die kurze Spanne von der Rückkehr aus Indien bis zum Tod in Babylon als Höhepunkt des Alexanderzuges. Viele andere gelangen dagegen zu einer sehr kritischen Einschätzung der politisch-militärischen Leistungen Alexanders und insbesondere seiner letzten Regierungsjahre 324–323. Denn immer weniger Truppenführer und Ratgeber genossen inzwischen noch das Vertrauen Alexanders. Einige Satrapen und hochrangige Funktionäre des Reiches wurden nach berechtigten Vorwürfen, andere aber auch ohne erkennbare Vergehen oder Fehler abgesetzt, zur Flucht getrieben oder sogar umgebracht. Die Autorität Alexanders sollte nach seiner von vielen gar nicht mehr erwarteten Rückkehr mit drastischen Maßnahmen erneut befestigt werden. Selbst der langjährige enge Freund Alexanders und Reichsschatzmeister Harpalos sah sich zu einer eiligen Flucht nach Griechenland veranlasst. Er nahm einige Tausend Söldner in Dienst und einen Teil des Reichsschatzes Alexanders an sich. Seine Flucht löste in Athen 324 eine diplomatische Krise aus, als er sich dorthin vor Alexanders Häschern ins Asyl retten wollte (Harpaloskrise). Von allen Satrapen und hohen persischen Funktionären, die Alexander in seine Dienste übernommen hatte, blieben 324 nur noch sein Schwiegervater Oxyartes (Sogdien), Phrataphernes (Parthien) und Atropates (Medien) in ihren Stellungen. Die angeblich systematisch betriebene Verschmelzungspolitik Alexanders zwischen den makedonisch-griechischen und den persischen Eliten seines Weltreiches erweist sich bei intensiver Prüfung als ein modernes Konstrukt. Weder mit der so genannten Massenhochzeit von Susa, noch dem Opfergebet von Opis oder der Reorganisation des Heeres 324/23 kann man eine ‚Verschmelzungspolitik' belegen.

Bisher war Alexander ein in der griechischen Geschichte historisch beispiellos erfolgreicher Feldherr und Eroberer gewesen. Nun stellten sich aber eine Reihe von schwierigen Problemen der Organisation und Administration seines schnell eroberten, in seinen bisherigen Traditionen äußerst heterogenen und multiethnischen Universalreiches. Möglicherweise wollte Alexander dieser Kärrnerarbeit weiterhin ausweichen, da er bereits für 323/22 einen neuen großen Feldzug gegen die Arabische Halbinsel vorbereitete (und vielleicht danach sogar noch weitere Kriegszüge in der westlichen Mittelmeerwelt). Von Mesopotamien aus betrachtet, rückten aber nun auch wieder die westlichen Teile seines Reiches mit ihren spezifischen Problemen stärker in den Blick Alexanders. Entscheidungen waren zu treffen und Probleme zu lösen in Ägypten, der griechischen Poliswelt und Makedonien.

In den letzten Regierungsjahren 324–323 erließ Alexander mehrere bedeutende Erlasse und traf einschneidende Maßnahmen mit Blick auf die Entlassung von Söldnern, die Verbannten der griechischen Poliswelt und über kultische Ehren für den 324 verstorbenen Hephaistion als einen Heros und bald darauf für sich selbst zu Lebzeiten als „unbesiegbare Gottheit" auch im europäischen Teil des Reiches. Außerdem reorganisierte er das Reichsheer tiefgreifend. Diese Anordnungen riefen jedoch heftige Reaktionen der Betroffenen hervor, der griechischen Söldner, makedonischen Veteranen und autonomen Polisregierungen in Hellas. Daher verschärften sie vielerorts bestehende Probleme mehr und destabilisierten die Verhältnisse stärker, als dass sie konstruktiv zur Konsolidierung des schnell eroberten Weltreiches Alexanders beitrugen. Dies gilt besonders für Makedonien und Griechenland als Regionen und für das Heer Alexanders als zentrales Machtinstrument.

Alexander heiratet Stateira und Parysatis; die „Massenhochzeit“ von Susa

In Susa nahm Alexander 324 Stateira und Parysatis, zwei Töchter seines ehemaligen Gegners Dareios III., als Frauen neben der Sogdierin Roxane. Auch aus diesen Ehen entstammten aber bis zum Tod des Königs im Juni 323 noch keine Kinder. Erst sechs Jahre, nachdem er faktisch zum Nachfolger des Großkönigs geworden war, verband sich Alexander nun demonstrativ mit der achaimenidischen Königsfamilie. Weil Roxane, Parysatis und Stateira aber ‚nur' Asiatinnen waren, haben diese Königinnen niemals zu Lebzeiten Alexanders, geschweige denn nach seinem Tod eine eigenständige politische Rolle spielen können, wie man dies zum Beispiel für die Königinmutter Olympias in Makedonien oder in geringerem Umfange auch die Schwester Alexanders Kleopatra in Epirus oder für einige der makedonischen Königinnen der frühen Diadochenzeit in bestimmten Situationen belegen kann. Gleichzeitig verheirateten sich 324 in Susa auf der von Alexander angeordneten Massenhochzeit zahlreiche makedonische Adelige und Veteranen mit persischen Frauen. Doch nach Alexanders Tod haben fast alle diese Ehegatten ihre asiatischen Gattinnen bereits wieder verstoßen. Rühmliche Ausnahmen bildeten Seleukos und Peukestas, die sich zur Sicherung ihrer Herrschaft um eine begrenzte Akkulturation und gewisse Einfühlung in die persische Kultur bemühten. Von einer Verschmelzungspolitik aller Völker und Kulturen des Alexanderreiches kann 324–323 keine Rede sein. Die genaue Stellung, welche die persische Aristokratie in der künftigen Reichselite einnehmen sollte, blieb bis zum Tod Alexanders unklar. Eine Gleichberechtigung der Perser mit den Makedonen wurde jedenfalls als politische Vision sofort nach Alexanders Tod von fast allen seiner Generäle und den späteren Diadochen verworfen.

Reformen im Reichsheer, makedonische Veteranen und persische Epigonen

In einer weiteren feierlichen Zeremonie wurden 324 Tausende junger Perser, die Alexander auf makedonische Art hatte ausrüsten und trainieren lassen, als gleichberechtigte, reguläre Formation in das Alexanderheer aufgenommen. Diese persisch-indigenen Truppen trugen den ehrenvollen, für viele Makedonen jedoch beleidigenden Namen der *Epigonoi* (Erben, Nachfahren). Nachdem sich ein radikaler Umbau des Alexanderheeres bereits in den Kämpfen in Baktrien und Sogdien angedeutet und für den Indienfeldzug verstärkt hatte, lag es nun offen zutage, dass bereits für den bevorstehenden Arabienfeldzug und danach im neuen Reichsheer des Oikumeneherrschers Alexander die Makedonen ihre bisherige privilegierte Position mit persischen Einheiten würden teilen müssen. Die fast gleichzeitig angeordnete Demilitarisierung von 10000 makedonischen Veteranen, die unter dem Befehl des Krateros nach Makedonien zurückkehren sollten, traf auf Widerstand. Denn 324 ereignete sich in Opis erneut, wie zuvor am Hyphasis in Indien, eine der seltenen Meutereien im Heer Alexanders. Mit einer Mischung aus meisterhafter psychologischer Führungskunst und extremer Grausamkeit gelang es aber Alexander, diese Meuterei niederzuschlagen und seinen Willen durchzusetzen. Allerdings kam es nach Alexanders Tod 323 nicht mehr zu der ebenfalls bereits beschlossenen Ablösung Antipaters von seinem Kommando in Makedonien, mit der der König einen der letzten einflussreichen Generäle aus der Ära seines Vaters Philipp kaltstellen wollte. Im Rahmen feierlicher Opfer betete Alexander in Opis 324 für das zukünftige gemeinsame Wohlergehen der Makedonen und der Perser in seinem Reich. Auch wenn er zugleich versicherte, die Eigenständigkeit des makedonischen Königtums in seinem Weltreich zu erhalten und darin den Makedonen eine Vorrangstellung zu bewahren, werden diese Worte nicht alle Kritiker beruhigt haben.

Kleomenes in Ägypten

In Ägypten hatte seit 331 Alexanders Finanzkommissar Kleomenes von Naukratis die Ressourcen des reichen Landes systematisch unter seine Kontrolle gebracht. Durch Getreideexporte und spekulative Manipulationen des Getreidepreises im östlichen Mittelmeerraum hatte er einen großen Schatz angehäuft. Dies war zwar in Alexanders Interesse, aber Kleomenes hatte sich wie manche anderen Funktionsträger im Reich, die gar nicht mehr mit Alexanders Rückkehr aus Indien gerechnet hatten, eine übergroße Eigenständigkeit angemaßt. Ferner hatte seine spekulative Getreidepolitik nach 330 zu einer Krise in der Getreideversorgung in vielen griechischen Poleis beigetragen. Diese Versorgungsprobleme aber destabilisierten die makedonische Hegemonie über Hellas.

Die Entlassung der Söldner

Ohnehin waren dort viele Eliten in den Poleis darüber verärgert, dass der Hegemon des Korinthischen Bundes diese Friedensordnung seit 330 ignorierte. Mit zwei direkten Anordnungen und einem deutlich geäußerten Wunsch destabilisierte Alexander nun 324 bis 323 das System des Korinthischen Bundes in Griechenland fundamental. Alexander befahl, dass seine Satrapen und sonstigen Funktionsträger ihre Söldnertruppen aufzulösen hätten. Sofern diese Soldaten nicht ab 324 in die neue Reichsarmee übernommen wurden, verloren sie damit ihren bisherigen Lebensunterhalt. Tausende kehrten in das krisengeschüttelte Griechenland zurück. Dort bildeten sie für jeden zahlungskräftigen Arbeitgeber ein schlagkräftiges Potential, das sich durchaus auch in Zukunft einmal gegen die makedonische Hegemonie über Hellas einsetzen ließ. Die größte Ansammlung solcher arbeitsloser Söldner und entwurzelter Existenzen fand sich an der Südspitze der Peloponnes am Kap Tainaron, das infolge der gravierenden Schwächung Spartas durch die Niederlage im Agisaufstand zu einem Unruheherd in Hellas geworden war.

Das Verbanntendekret

Im Frühjahr 324 gebot Alexander schließlich ferner aus dem Feldlager von Susa allen griechischen Poleis, ihre Verbannten und Vertriebenen wieder als gleichberechtigte Bürger aufzunehmen. Dies hatte in jeder einzelnen betroffenen Polis soziale Umwälzungen, mancherorts fast eine Neukonstituierung der Bürgerschaft und ihrer Vermögensverhältnisse zur Folge. Die Anordnung wurde in feierlicher Form auf den Olympischen Spielen im Sommer 324 den Griechenstaaten durch Nikanor, einen Sondergesandten Alexanders, offiziell verkündet. Das Verbanntendekret wurde also nicht im Sinne der Verträge von 338/337 vor seiner Verkündung mit den betroffenen Griechenstaaten diskutiert und dann über das Synhedrion des Korinthischen Bundes beschlossen. Sollte sich in Hellas Widerstand regen, sollten Antipater und sein vorgesehener Nachfolger Krateros diesen brechen. Die Details der lokalen Umsetzung dieses Dekretes waren natürlich noch durch Beschlüsse der einzelnen Poleis zu regeln. Mit dieser Anordnung brach Alexander mit voller Absicht mit den Grundlagen des Korinthischen Bundes, zu denen auch die Garantie des verfassungsmäßigen und sozialen Status quo der Poleis gezählt hatte. Bereits die Eingriffe in die Autonomie einiger Poleis

Kleinasiens (zum Beispiel Priene) und der Inselwelt (Mytilene und Eresos auf Lesbos), mit denen Alexander dort die Rückkehr von Verbannten, Verfassungsänderungen und eine Aussöhnung der Bürgerschaften Ende der 330er Jahre angeordnet hatte, hatten demonstriert, dass nur König Alexander als Schiedsrichter in der Lage sein sollte, fortan den bedrohten inneren Frieden der Bürgerschaften zu gewährleisten. Nach 324 sollte dies durch das Verbanntendekret auch für das gesamte Gebiet des Korinthischen Bundes gelten. In jeder Polis würde es eine Gruppe von Anhängern Alexanders geben, die ihre bürgerliche Existenz nach ihrer Rückkehr dem Makedonenkönig als Wohltäter verdankten. Diese Nutznießer des Verbanntendekretes würden zukünftig eine treue Klientel in Hellas bilden. Aus der kleinen arkadischen Polis Tegea sind uns detaillierte inschriftliche Regelungen überliefert, die das Ausmaß der Komplexität der Eingriffe in die Vermögens- und Sozialordnung der Polis zeigen. In größeren Poleis mit höheren Zahlen an Verbannten als in Tegea wird die Lage noch unübersichtlicher gewesen sein. Vermutlich hat Alexander den zu erwartenden Widerstand gegen die Durchführung des Verbanntendekretes in einigen Staaten unterschätzt. Jedenfalls leisteten die Athener (wegen ihrer Kleruchie auf Samos) und die Aitoler (wegen des okkupierten Oiniadai), die bei einer radikalen Durchführung des Dekretes besonders schwere Nachteile zu erleiden haben würden, noch zu Lebzeiten Alexanders nicht nur zähen diplomatischen Widerstand, sondern trafen sogar bereits geheime Vorbereitungen für einen militärischen Widerstand. Da Alexander selbst das funktionierende Hegemonialsystem des Korinthischen Bundes 324–323 mit seinen Anordnungen sprengte, musste er sich alternative Modelle der politisch-militärischen Organisation der makedonischen Hegemonie in diesem Raum überlegt haben. Möglicherweise wäre eine noch radikalere Abkehr von der Politik seines Vaters Philipp in Hellas erfolgt. Aber dies muss Spekulation bleiben.

Q

Die Verkündung des Verbanntendekretes in Olympia
(Diodor 18,8,2–7, Übers. J. Engels)

„Kurz vor seinem Tod entschied Alexander, dass alle Verbannten wieder in die griechischen Heimatstädte aufgenommen werden sollten, teils um sich hierdurch Ruhm zu erwerben, teils aus dem Wunsch, sich zahlreiche, persönlich ihm ergebene Anhänger in jeder Stadt zu schaffen, um die aufrührerischen Bewegungen und Abfallversuche der Griechen zu bekämpfen. Als daher die Olympischen Spiele sich näherten, schickte er Nikanor aus Stageira nach Griechenland und gab ihm ein Dekret über die Rückführung der Verbannten. Er befahl ihm, dieses Dekret von dem siegreichen Herold der Masse der Festgäste auf dem Fest verkünden zu lassen. Nikanor führte also diese Anweisung aus, und der Herold erhielt und verkündete die folgende Botschaft: ‚König Alexander an die Verbannten der griechischen Poleis. Wir sind zwar nicht der Grund für eure Verbannung gewesen, aber wir werden der Grund für eure Rückkehr in eure Heimatstädte sein mit Ausnahme derer, auf denen ein religiöser Fluch liegt. Wir haben in dieser Angelegenheit an Antipater geschrieben, damit er, falls etwa eine Stadt nicht bereit sein sollte, euch wieder aufzunehmen, sie dazu zwingen soll.' Als der Herold dies verkündet hatte, zeigte die Menge der Zuhörer ihre Zustimmung durch lauten Beifall.

Denn die beim Fest Anwesenden begrüßten diese Gunst des Königs mit lauten Freudenrufen und vergalten ihm seine Wohltat mit Lob. Alle Verbannten waren zu diesem Fest zusammengekommen, und es waren insgesamt über zwanzigtausend. Im Allgemeinen nun begrüßte man die Rückkehr und Wiederaufnahme der Verbannten als eine gute Sache, aber die Aitoler und die Athener nahmen heftigen Anstoß daran und waren zornig. Der Grund dafür war, dass die Aitoler die Einwohner von Oiniadai aus ihrer Heimatstadt vertrieben hatten und daher eine Bestrafung befürchteten, die diesem Vergehen angemessen war. .... Ähnlich waren die Athener nicht dazu bereit, die Insel Samos aufzugeben, die sie als Landgüter an ihre Mitbürger (als Kleruchen) verteilt hatten."

Der Tod Hephaistions und göttliche Ehren für Alexander

Der Tod Hephaistions, seines engsten Freundes und als Chiliarch (Wesir) formell des zweiten Mannes im Reich, im Jahre 324 traf Alexander unerhört hart. Enorm aufwendige, alle griechisch-makedonische Traditionen sprengende Totenehren wurden reichsweit angeordnet. Sie gipfelten in der Anordnung, den verstorbenen Hephaistion als Heros zu verehren. Zugleich ließ der König deutlich werden, dass er fortan auch selbst in Griechenland zu Lebzeiten als ein übermenschliches Wesen kultische Verehrung zu erhalten wünschte. Einem solchen Wunsch konnten sich die meisten Poleis wohl kaum entziehen. Göttliche Ehren für Alexander in Hellas verschärften aber auch erneut die Unzufriedenheit vieler Griechen mit Alexanders Behandlung der griechischen Welt. Kritische oder ironische Stimmen hören wir unter anderem aus den traditionsreichen Poleis Athen und Sparta. Seit der Entlassung der Bundestruppen in Ekbatana 330 hatte Alexander den Korinthischen Bund fast als bedeutungslos betrachtet. Die hehren Begriffe der Autonomie und Freiheit der Poleis wurden in dem beginnenden Umbau des Universalreiches als veraltete Floskeln angesehen.

Der Tod Alexanders und die Reichsordnung von Babylon

Nach kurzer heftiger Krankheit verstarb Alexander am 10. Juni 323 in Babylon. Gerüchte über einen angeblichen Giftmord (durch den Clan Antipaters?) wurden schon in der Antike laut, lassen sich aber nicht mehr verifizieren. Der König starb, ohne einen regierungsfähigen Erben zu hinterlassen oder auch nur eindeutig seine Nachfolge im Reich zu bestimmen. Die in Babylon anwesenden Generäle und Truppen erreichten nur mit Mühe einen mit vielen Mängeln und Problemen behafteten Kompromiss über die vorläufige Verteilung der Macht, die so genannte Reichsordnung von Babylon. Bezeichnenderweise wurden die Perser hierin schon nicht mehr beteiligt. Philipp Arrhidaios, ein Halbbruder Alexanders, wurde trotz einer Behinderung als Argeade zum König ausgerufen (Philipp III., 323–317) und sollte zusammen mit dem Sohn als Mitherrscher regieren, den Roxane dem verstorbenen Alexander bald gebar (Alexander IV., 323–310). Die Verwaltung Asiens und die Aufsicht über die Satrapien übernahm vorerst Perdikkas, der auf Hephaistion seit 324 bereits als Chiliarch gefolgt war. Antipater verblieb in seiner Stellung als Stratege Europas. Krateros wurde *Prostates* (Schützer) des makedonischen Königtums. Seine genauen Kompetenzen und Aufgaben im Verhältnis zur Reichsverweserschaft und Chiliarchenstellung des Perdikkas blieben absichtsvoll unbestimmt. Bei der Satrapienverteilung in Babylon behielt Antigonos Großphrygien, Lykien und Pamphylien. Eumenes von Kardia, dem einzigen Grieche im Kreis der makedonischen Diadochen, wurde Kappadokien und Paphlagonien zugesprochen (wo er sich jedoch zuerst noch durchsetzen musste), Lysimachos Thrakien und Ptolemaios Ägypten. Doch diese provisorische Reichsordnung konnte dem Alexanderreich keinen Frieden und keine Stabilität sichern. Wie Diodor zufolge Alexander selbst unmittelbar vor seinem Tod noch vorausgesagt haben soll, begannen nun ‚Alexanders Leichenspiele', die jahrzehntelange Epoche der blutigen Diadochenkämpfe.

V. Athen von der Gründung des Zweiten Attischen Seebundes bis zur Niederlage im Lamischen oder Hellenischen Krieg (377–322 v. Chr.)

403/401–322	direkte Demokratie in Athen
395–386	Korinthischer Krieg
394	Seeschlacht bei Knidos, Wiederaufstieg der athenischen Seemacht beginnt
386	Königsfrieden
377	Aristotelesdekret und Zweiter Attischer Seebund
366–322	große athenische Kleruchie auf Samos
357–355	Bundesgenossenkrieg, Athen kann den Seebund nicht mehr kontrollieren
357–346	langjähriger Krieg gegen Philipp II., Verlust von Amphipolis und anderen wichtigen Stützpunkten
356–346	Unterstützung für die Phoker im Dritten Heiligen Krieg
346	Philokratesfrieden zwischen Athen und Philipp
340–338	Krieg des Hellenenbundes des Demosthenes unter Athens Führung gegen Philipp II. und dessen Verbündete
355–338	Ära des Eubulos in Athen
338	Niederlage bei Chaironeia, Ende des Zweiten Seebundes, 338/7 Beitritt zum Korinthischen Bund
338–322	lykurgische Ära in Athen, wirtschaftliche und kulturelle Blütephase, keine Beteiligung an den Aufständen Thebens und der Spartaner
334–333	Athen stellt Schiffe im Seekrieg Alexanders gegen Persien
323–322	führende Rolle Athens im Hellenischen beziehungsweise Lamischen Krieg, nach Niederlagen bei Amorgos und Krannon Kapitulation, Abschaffung der Demokratie

1. Außenpolitik und militärische Geschichte bis 322 v. Chr.

Athens Wiederaufstieg als Seemacht im 4. Jahrhundert

Nachdem 403 die Demokratie in Athen und 401 die staatliche Einheit Attikas wiedergewonnen worden waren, stand Athen zunächst unter der politischen Hegemonie Spartas, das zu Lande und zur See in Griechenland seit 404 die führende Macht war. Spartas Stellung wurde jedoch schon sehr bald erschüttert. Athen trat an der Seite von Korinth und anderen Staaten in den so genannten Korinthischen Krieg von 395 bis 386 v. Chr. gegen Sparta ein. Mit persischen Schiffen und Geldern errang Konon bei Knidos 394 einen bedeutenden Seesieg über die spartanische Flotte, der die spartanische Seehegemonie in Hellas bereits wieder beendete. Für die athenische

Demokratie bedeuteten dieser Sieg und die folgende Wiedererrichtung der Verteidigungsmauern Athens und des Piräus auch eine erhebliche innere Stärkung der Verfassung. Schnell wuchs Athen wieder zu einer maritimen Macht heran. Die Polis verfolgte wieder eine eigenständige Außenpolitik in der Ägäiswelt, und die Flotte wurde erneut wie im 5. Jahrhundert das wehrpolitische Fundament der athenischen Demokratie bis 322. Nach der Zahl der Schiffe und der Schwere der Schiffstypen gerechnet, verfügte Athen schließlich in der Ära des Lykurg (338–322) sogar über mehr Kriegsschiffe und ausgedehntere Hafenanlagen als unter Perikles vor dem Ausbruch des Peloponnesischen Krieges.

Der Königsfrieden (Antalkidasfrieden) von 386 wurde zum Modell der vielen sich ablösenden multilateralen Friedensordnungen des 4. Jahrhunderts, die alle auf den leitenden Prinzipien der Freiheit und Selbstregierung der griechischen Polisstaatenwelt, der *eleutheria* und *autonomia*, beruhten. Man nannte diese kollektiven Friedens- und Sicherheitssysteme Koine-Eirene-Ordnungen. Die Freiheit und innere Autonomie sollten den teilnehmenden Staaten durch wechselnde Garantie- und Hegemonialmächte gesichert werden. Die spartanische Hegemonie in der griechischen Staatenwelt blieb vorerst nach 386 zu Lande noch ungebrochen, aber ihre innere Schwäche äußerte sich in den späten 380er Jahren in gewaltsamen Aktionen gegen Theben, Mantineia und den Chalkidischen Bund um Olynth, die gegen den Geist des Königsfriedens verstießen und den Bogen der spartanischen Machtausübung überspannten.

Die Begründung des Zweiten Attischen Seebundes

Im Schatten des Königsfriedens und angesichts der brüchig werdenden spartanischen Herrschaftsstellung nach der Befreiung der Thebaner von ihrer spartanischen Besatzung 379 errichtete Athen nach vorangehenden Einzelbündnissen (vor allem mit Chios) den Zweiten Attischen Seebund, dessen ‚Gründungsurkunde' von 378/77 v. Chr. uns im so genannten Aristotelesdekret erhalten ist. Erneut stand Athen fortan bis 338 v. Chr. an der Spitze einer hegemonialen Symmachie, die vorwiegend aus Küsten- und Inselpoleis bestand und in militärischer Hinsicht vor allem auf die Stärke der athenischen Flotte baute. Aus den Fehlern im 5. Jahrhundert in der Behandlung der Verbündeten des Ersten Attischen Seebundes hatte man gelernt. Eingriffe in die Verfassung der Verbündeten, Konfiskationen von Land, die Anlage von Kleruchien, also athenischen Bügersiedlungen außerhalb Attikas im Bundesgebiet, rücksichtslose Eintreibung eines *phoros* (Tributes) und andere verhasste Herrschaftsmittel wie die Bundesgesetze, welche vor allem der Beherrschung der Verbündeten durch ihre Führungsmacht Athen dienten, sollten im neuen Bündnis vermieden werden. Tatsächlich hielt man sich auch einige Zeit an diese Politik. Von einigen Krisenjahren abgesehen, führte Athen insgesamt den Zweiten Attischen Seebund viel partnerschaftlicher als den Ersten. Eingehende Geldsummen der Verbündeten hießen jetzt *syntaxeis* (Beiträge) und wurden nicht mehr für die Finanzierung athenischer Repräsentationsbauten oder der Demokratie missbraucht. Die Existenz des Zweiten Attischen Seebundes stabilisierte die Demokratie Athens im 4. Jahrhundert. Aber der Zweite Seebund hatte weniger deutlichen Einfluss auf die Entwicklung der Demokratie des 4. Jahrhunderts als der Erste Seebund auf die Demokratie des 5. Jahrhunderts gehabt hatte. Denn die Erfolge im Ersten

Seebund von 478 bis 462 bildeten erst eine der Voraussetzungen für die verfassungspolitischen Reformen des Ephialtes und des Perikles, und die imperiale Stellung Athens im Seereich der perikleischen Ära war tatsächlich eines der Fundamente der damaligen direkten Demokratie.

Q

Die Ziele und die Struktur des Zweiten Attischen Seebundes
(Aristoteles-Dekret mit Einladung an die griechischen Staaten zum Zweiten Attischen Seebund, IG II^2 43, deutsche Übers. HGIÜ II 215)

„... Aristoteles stellte den Antrag: Zum guten Glück der Athener und der Bundesgenossen der Athener! Damit die Lakedaimonier die Griechen in Freiheit und Autonomie ungestört lassen im unbestrittenen Besitz ihres gesamten Landes und damit gültig sei und bleibe auf alle Zeit der Allgemeine Friede, den beschworen haben die Hellenen und der König gemäß dem Vertrag, soll Beschluss sein des Volkes: Wenn einer wünscht von den Hellenen oder den Barbaren, die auf dem Festland wohnen oder von den Inselbewohnern, so weit sie nicht Untertanen des Königs sind, Bundesgenosse der Athener zu sein und ihrer Bundesgenossen, soll ihm dies erlaubt sein in Freiheit und Autonomie, indem er seine innere Ordnung einrichtet nach der Verfassung, die er will, und keine Besatzung aufnehmen und keine fremdbestimmte Obrigkeit dulden oder Tribut zahlen muss, vielmehr unter denselben Bedingungen, unter denen die Chier und Thebaner und die anderen Bundesgenossen mit uns im Bund stehen. Denen, die das Bündnis abgeschlossen haben, ... soll das Volk alle privaten oder gemeindlichen Besitzungen der Athener überlassen, die sich befinden im Land derer, die das Bündnis abschließen ... Wenn aber jemand in feindlicher Absicht gegen diejenigen zieht, die abgeschlossen haben das Bündnis, sei es zu Lande oder zu Wasser, sollen diesen zu Hilfe kommen die Athener und ihre Bundesgenossen zu Land und zu Wasser mit aller Kraft, so gut sie können ...“

Athen zwischen Leuktra und Mantineia

Der Sieg der Thebaner 371 in der Schlacht von Leuktra gegen Sparta beendete die spartanische Hegemonie in der griechischen Staatenwelt seit 404. Nach dieser verheerenden Niederlage sank auch die Anziehungskraft des Modells Sparta für athenische Gegner der direkten und radikalen Demokratie, die sich fortan in der Mitte und der 2. Hälfte des 4. Jahrhunderts stärker auf ein idealisiertes frühes Stadium der eigenen athenischen Verfassungsgeschichte, zum Beispiel die Verfassung Solons beziehungsweise die *patrios-politeia*-Ideologie, bezogen. Auch als militärischer Bündnispartner Athens wurde Sparta nun schnell weniger attraktiv. Athen konnte aus der kurzen Phase der thebanischen Hegemonie zwischen dem Sieg von Leuktra und der Schlacht von Mantineia 362 kaum Vorteile ziehen. Die Kontrolle über die Grenzregion der Oropeia ging sogar 366 verloren. Es gelang keinem der traditionsreichen Polisstaaten mehr, eine Hegemonie über die griechische Staatenwelt zu errichten. Das demographische, ökonomische und militärische Potential auch der größten Poleis wie Athen reichte hierfür trotz Anspannung aller Kräfte unter den neuartigen Bedingungen des späteren 4. Jahrhunderts nicht mehr aus, weil nun die größeren Potentiale von Monarchen und Dynasten an den Rändern der Polisstaatenwelt und von Föderalstaaten im griechischen Mächtespiel spürbar wurden.

Als 359 Philipp II. die Herrschaft in Makedonien übernahm, ahnten die Athener noch nicht, wie ernst dieser König die Polis Athen in den nächsten Jahrzehnten herausfordern würde. Denn zunächst waren die Athener mit den üblichen inneren Kämpfen zwischen führenden Rhetoren und Strategen sowie einer Krise im Zweiten Attischen Seebund beschäftigt. Die Sezession wichtiger Mitglieder (vor allem Chios, Rhodos, Kos, Byzanz) konnte Athen 357 bis 355 im Bundesgenossenkrieg nicht mehr gewaltsam rückgängig machen. Der Krieg endete mit einem Verlustfrieden für Athen, das künftig etwa die Hälfte seiner früheren Seebundsmitglieder und deren Beiträge verlor. Athens Flotte und seine militärische Führung hatten sich außer Stande gezeigt, mit einer Koalition von mittleren Inselmächten, Küstenstädten und einem Satrapen im Hintergrund fertig zu werden. Die militärische Führung wurde daher in Athen mit einer Serie von Hochverrats- und Korruptionsprozessen überzogen. Die Finanzen der Polis waren durch den Krieg und den Verlustfrieden schwer erschüttert. Selbst an der Verfassungsordnung der direkten Demokratie wurden nun öffentlich Zweifel geäußert. In der Situation der Niederlage um 355 v. Chr. mehrten sich die politischen und ökonomisch-sozialen Reformschriften, in denen wie im späten 5. Jahrhundert eine ‚Mäßigung' der Demokratie, eine Minderung der souveränen Macht des Demos in der Ekklesia und den Gerichtshöfen, eine Stärkung der Magistrate und besonders des Areiopages (Rat der ehemaligen Archonten) gefordert wurde (zum Beispiel im *Areiopagitikos* des Isokrates). Nur wenige Forderungen und Anregungen aus diesen Schriften wurden dann in den kommenden Jahren auch in konkreten Reformen aufgegriffen, aber der Zusammenhang zwischen einer militärischen Niederlage und einer Intensivierung der Verfassungsdebatte in Athen wird erneut klar. Die Mehrheit der Bürger und die politisch-militärische Elite stellten ihre direkte Demokratie jedoch, solange sie hierüber noch frei entscheiden konnten, selbst angesichts schwerer Niederlagen nicht zur Disposition, weder 355 noch 338 nach der Niederlage von Chaironeia noch 322 nach der Niederlage im Hellenischen Krieg.

Athen in der Ära des Eubulos

In dieser Situation übernahm Eubulos von Probalinthos die Leitung der Theorikonkasse (Schaugelder) in Athen. Er sanierte durch einen vorsichtigen Kurs der außenpolitischen Nichteinmischung und Friedenswahrung und konkrete administrative Reformen die Finanzen der Polis und erlangte mit seinen politischen Freunden in den späten 350er und frühen 340er Jahren maßgeblichen Einfluss in der Volksversammlung. Eubulos war jedoch kein Friedenspolitiker um jeden Preis. Er initiierte nämlich auch ein Programm zur Verbesserung der maritimen Infrastruktur Athens, seiner Häfen, Schiffshäuser und Waffenarsenale. Er unterstützte ihm notwendig erscheinende, kurze Expeditionen athenischer Truppen zum Beispiel nach Euboia und an den Thermopylenpass. Er baute das Diätensystem der Demokratie aus, indem er die Finanzierung der neu eingeführten Theorika (Schaugelder) durch Gesetze absicherte und sie zu einem Eckpfeiler der Demokratie erklärte.

Athens Reaktionen auf die Expansion Makedoniens unter Philipp

Die staunenswerte Expansion der Macht Philipps II. in Nordgriechenland und an der Küste Makedoniens führte für die Athener bereits in den 350er Jahren zum Verlust strategischer Hafenplätze und vor allem des Prestigeobjektes Amphipolis. Auch den engen Anschluss Thessaliens an Makedonien, den Untergang des Chalkidischen Bundes und die Zerstörung der Polis Olynth 348 sowie Makedoniens neue Rolle als Hegemonialmacht in Mittelgriechenland nördlich der Thermopylen konnten die Athener nicht verhindern. Die Mehrheit der Athener war kriegsmüde und suchte Wege, mit Philipp zu einem Verhandlungsfrieden zu gelangen und einen Modus vivendi mit dem Makedonenkönig zu finden. Dies versuchte man im Philokratesfrieden von 346, einem Friedenswerk auf der Basis des damaligen Status quo, den Philipp, die Athener und ihre beiderseitigen Verbündeten schlossen (siehe oben Kapitel III und SV II 329). Verglichen mit der Lage zu Beginn der 350er Jahre hatte Athen durch den Philokratesfrieden auf viele Positionen in Nordgriechenland verzichten und die Realität der neuen Großmachtstellung Makedoniens in Mittel- und Nordgriechenland anerkennen müssen. Da aber Athen sich nicht mit der auch nach 346 unvermindert fortdauernden Expansion Makedoniens abfinden wollte, die Ende der 340er Jahre auch die Lebensader der Kornhandelsroute aus dem Schwarzen Meer nach Athen bedrohte, und die Athener in wenigen Jahren eine außenpolitische Abhängigkeit von Philipp befürchten mussten, forcierten führende athenische Politiker um Demosthenes ab etwa 343 systematisch einen Konfrontationskurs mit Philipp II. Diese Politik führte die Polis an der Spitze eines in aller Eile zusammengefügten und mit dem Zweiten Attischen Seebund locker verbundenen neuen Hellenenbundes von 340 bis 338 erneut in den Krieg gegen Makedonien.

Der Demadesfrieden und Athen im Korinthischen Bund

Der Sieg Philipps II. bei Chaironeia 338 v. Chr. in Boiotien erschütterte die bisherige Staatenordnung Griechenlands. In einer Serie von bilateralen Friedensverträgen, mit Athen im so genannten Demadesfrieden, und in der Koine-Eirene-Ordnung des Korinthischen Bundes (SV III 403; Harding 99) schrieb Philipp II. die neue Hegemonie Makedoniens vertraglich fest. Erstmals garantierte mit Makedonien eine Macht diesen Frieden, die auch über genügend starke militärische Zwangsmittel verfügte, seine Einhaltung zu erzwingen. Der Frieden mit Athen und die Mitgliedschaft der Polis im Korinthischen Bund sicherten Athen die Fortdauer seiner Demokratie zu. Es verlor allerdings seinen Seebund und faktisch auch die Möglichkeit, bis 323 eine eigenständige, autonome Außen- und Militärpolitik zu führen. Im Inneren überlebte die demokratische Verfassung die schwere Krise von 338 erstaunlich glatt. Eine neue Magistratur zur Verwaltung der Finanzen der Polis Athens wurde geschaffen, der Leiter der Dioikesis, der das Erbe der machtvollen Verwalter der Theorikonkasse antrat. Lykurg übernahm dieses neue Amt zweimal selbst auf vier Jahre und wurde aus diesem Amt agierend und von einer Mehrheit der Mitbürger in der Volksversammlung unterstützt zum führenden athenischen Staatsmann der Jahre von 338 bis 324 v. Chr. Im 5. Jahrhundert waren führende Demagogen dagegen typischerweise mehrfach zum Strategen, also in ein militärisches Führungsamt gewählt worden.

Athens Politik in der Ära Lykurgs

Die Polis stellte vertragsgemäß Kriegsschiffe für den Seekrieg Alexanders des Großen gegen die persische Reichsflotte ab 334. Bis zur Niederlage der Perser zu Lande bei Issos 333 und bei Gaugamela 331 hofften einflussreiche Kreise in Athen auf eine Wende der politischen Lage und ein durch einen Sieg Persiens erzwungenes Ende auch der makedonischen Hegemonie über Hellas. Aber die Athener beteiligten sich weder offen am Aufstand der Thebaner 335 gegen Alexander noch am Aufstand des spartanischen Königs

Agis III. 331 v. Chr. Athen blieb offiziell ein loyales Mitglied des Korinthischen Bundes und ein Verbündeter Alexanders auf dem Alexanderzug. Dafür hatte die Polis in allen inneren Angelegenheiten der weiteren Ausgestaltung ihrer Demokratie und der Administration weitgehend freie Hand. Lykurg und seine Freunde nutzten diese Freiräume zu einer Sanierung der wirtschaftlichen Grundlagen Athens, die der Polis zusammen mit einer ,Friedensdividende' aus der Vermeidung einer Beteiligung an den beiden Kriegen der 330er Jahre in Hellas eine späte Ära des öffentlichen Reichtums bescherte. Auch ohne Seereich überstiegen die jährlichen Einnahmen Athens unter Lykurg sogar diejenigen der Glanzzeit der perikleischen Ära. Zeugnis davon sind eindrucksvolle Bauten zwischen 338 und 323, insbesondere die Vollendung der Skeuothek des Philon im Piräus, die Erneuerung der Verteidigungsanlagen, der Ausbau der Pnyx als Versammlungsort der Volksversammlung und des Dionysostheaters sowie Bauvorhaben in vielen Heiligtümern in der Polis selbst und in Attika, insbesondere bei Oropos (Amphiareion), in Rhamnus und Eleusis. Lykurg verstärkte auch das militärische Potential Athens substantiell, indem er die Ephebie (den zweijährigen, militärisch-staatsbürgerlichen Dienst der jungen Bürgersöhne) streng reformierte und effektiver gestaltete. Seine geschickte Finanzpolitik erlaubte der Polis, eine Reserve für Kriegszeiten anzulegen und eventuell in Krisenlagen damit auch Söldnertruppen in großer Zahl anwerben zu können. Schließlich erreichte die athenische Flotte erst in der 320er Jahren unter Lykurg mit fast 400 Schiffen den Höchststand an Einheiten in ihrer Geschichte. Die meisten Kriegsschiffe waren immer noch Trieren, aber wir finden auch schon Tetreren und sogar Penteren, modernere und schwerere Kriegsschiffe mit vier oder fünf statt der konventionellen drei Reihen von Ruderern. Dieses beachtliche militärische Potential wurde nicht planmäßig angehäuft, um möglichst schnell einen Revanchekrieg gegen Makedonien für die Niederlage von 338 auszulösen, sondern um den 338/7 vertraglich festgeschriebenen Status Athens in der griechischen Staatenwelt und die damals garantierte Autonomie gegebenenfalls auch aus eigenen Kräften verteidigen zu können.

E

Ephebe
gr. *éphebos,* männlicher Jugendlicher (Jüngling) zwischen der späten Pubertät und der Aufnahme unter die erwachsenen jungen Männer der Bürgerschaft (*néoi*). Die Epheben wurden in vielen Poleis im 4. Jahrhundert in einer besonderen vormilitärischen und staatsbürgerlichen Ausbildung auf ihre künftigen politischen und militärischen Aufgaben als Politen (Bürger) vorbereitet und in feierlicher Form auch in das religiöse und kulturelle Leben der Polis eingeführt. In Athen wurde die Ephebie damals nach wichtigen Reformen zweijährig und obligatorisch im 19. und 20. Lebensjahr.

Q

Der Eid der athenischen Epheben
(Eid der Epheben Athens: Tod 204 = Harding 109, Übers. J. Engels)

„Ich werde keine Schande bringen über die geweihten Waffen, die ich trage, noch werde ich meinen Kameraden im Stich lassen an meiner Seite, wo auch immer in der Kampflinie ich stehe. Ich werde kämpfen zur Verteidigung der heiligen und profanen Belange der Polis, und ich werde meinen Nachfahren kein verkleinertes Vaterland hinterlassen, sondern ein in seiner Größe und Stärke erweitertes, so weit es an mir liegt und mit der Hilfe aller anderen (Epheben und Mitbürger). Ich werde bei jeder Gelegenheit denen gehorchen, die vernünftig und weise herrschen, und ich werde den Gesetzen gehorchen, die bestehen und auch allen, die mit Weisheit in der Zukunft erlassen werden. Falls jemand versuchen sollte, diese (Gesetze) zu zerstören, werde ich Widerstand dagegen leisten so weit es in meinen Kräften liegt und mit der Hilfe aller anderen. Und ich werde die heiligen und väterlichen Riten achten. Schwurzeugen hierfür sollen sein die Götter Aglauros, Hestia, Enyo, Enyalos, Ares und Athene Areia .... und die Grenzen meines Vaterlandes, der Weizen, die Gerste, die Weinstöcke, die Oliven und die Feigen."

Athen und das Verbanntendekret Alexanders

Die Anordnungen, die Alexander 324 v. Chr. erließ, brachten die gesamte griechische Staatenwelt in Aufruhr und führten unmittelbar in eine schwere Krise der athenisch-makedonischen Beziehungen. Nachdem Alexander zunächst die Entlassung von Tausenden Söldnern befohlen hatte, mit deren Rückkehr nach Hellas die griechischen Staaten voraussehbar bereits destabilisiert wurden, verkündete er, dass die freien und autonomen Staaten Griechenlands alle Verbannten ihrer Poleis wieder in die Bürgerschaft aufnehmen und in ihren alten Status (einschließlich ihrer Vermögensverhältnisse) restituieren sollten. Implizit bedeutete dies für Athen den drohenden Verlust der großen Kleruchie auf Samos. Tausende verarmte athenische Rückwanderer aus Samos nach Attika waren zu befürchten. Die seit den 360er Jahren von Samos verdrängten früheren Einwohner würden auf ihre Insel zurückkehren. Die vollständige Durchführung des Verbanntendekretes in Griechenland musste zu einer Destabilisierung der griechischen Staatenwelt führen, zu sozialen Spannungen und Gerichtsverfahren, und zu einer Gruppierung von loyalen Anhängern Alexanders in jeder Polis, die ihre Rückkehr ausschließlich der Gnade des Königs verdankten. Überdies ließ Alexander 324/23 in seinem letzten Lebensjahr durchblicken, dass er es gerne sähe, wenn ihm auch in den Poleis des griechischen Mutterlandes zu Lebzeiten göttliche Ehren erwiesen würden. Dieser Wunsch verletzte die religiösen Gefühle der Mehrheit der athenischen Bevölkerung. Das Verbanntendekret und der Wunsch nach göttlicher Verehrung waren so schwere Eingriffe in die bisherige Ordnung der griechischen Poleis, dass sich vor allem die Aitoler und Athener zum Widerstand entschlossen. Mit offenen militärischen Maßnahmen wartete man jedoch, bis der Tod Alexanders im Juni 323 eine bestätigte Tatsache war. Athen fasste nun einen Kriegsbeschluss gegen Makedonien und Antipater und rief andere Staaten in Hellas in einem Volksbeschluss zum Widerstand auf. Die Polis stellte sich an die Spitze eines neuen Hellenenbundes unter der Leitung des Strategen Leosthenes und des Rhetors Hypereides. Für die Führung des Lamischen oder Hellenischen Krieges setzte die Polis nochmals ihr gesamtes Potential ein, konnte aber den Krieg weder zur See noch zu Lande gewinnen.

Die totale Kriegsniederlage von 322 v. Chr. nach der verlorenen Seeschlacht bei Amorgos und der Niederlage zu Lande bei Krannon hatte einschneidende und unmittelbare Folgen für Athen und seine Demokratie. Auf

Diktat des Siegers Antipater wurde die direkte Demokratie Athens im Herbst 322 abgeschafft. Sie ist also nicht an strukturellen Schwächen oder institutionellen Mängeln untergegangen, sondern infolge des verlorenen Krieges beendet worden. Die Flotte Athens wurde bis auf wenige Einheiten aufgelöst, eine Besatzung in die Stadt gelegt, das Bürgerrecht nach 322 unter dem neuen Regime des Phokion an einen Vermögenszensus von mindestens 2000 Drachmen Besitz gebunden. Tausende ärmere Athener wurden nach Nordgriechenland deportiert, die Macht der Volksgerichte aufgelöst, die Kompetenzen anderer Organe eingeschränkt und die Diätenzahlungen abgeschafft.

Die Niederlage im Lamischen Krieg als Zäsur in der Geschichte Athens

2. Der Epochencharakter und die Entwicklung der athenischen Demokratie des 4. Jahrhunderts

Die athenische Demokratie des 5. und 4. Jahrhunderts v. Chr. stellt auch heute noch ein faszinierendes Studienobjekt der antiken griechischen Geschichte dar. Sie bietet Historikern, Politologen, Soziologen, Philosophen oder Juristen reichen Diskussionsstoff. Eine systematische Skizze ihrer Verfassungsorgane und leitenden Prinzipien kann hier aus Raumgründen nicht vorgelegt werden. Wichtige Grundzüge sind allerdings bereits im Band über Athen und Sparta im 5. Jahrhundert dieser Reihe von R. Schulz erläutert worden. Doch soll hier kurz auf die Diskussion darüber eingegangen werden, worin der spezifische Charakter der Demokratie des 4. Jahrhunderts liegt und wie sie sich von derjenigen des 5. Jahrhunderts unterscheidet.

Gesetze und Volksdekrete sowie weitere Verfassungsreformen

Nach der Niederlage im Peloponnesischen Krieg wurden von 403 bis 399 v. Chr. und später im Verlaufe des 4. Jahrhunderts wichtige Reformen eingeführt, um die erneuerte Demokratie gegenüber ihrer Vorgängerin des 5. Jahrhunderts zu verbessern und erkannte Schwächen dieser Verfassungsform zu beheben. Die neue Kodifikation und Publikation der athenischen Gesetze von 403 bis 399 stellte eine wichtige Grundlage des politischen und juristischen Systems bis 322 dar. *Nomoi* (Gesetze) wurden nun deutlich von den *Psephismata* (Volksdekreten) geschieden, und die Nomoi sollten gegenüber den Psephismata die höherrangigen Normen sein. Die *Ekklesia* (Volksversammlung) verlor die unmittelbare Kompetenz der Legislative, behielt aber durch die notwendige Einsetzung der *Nomotheten* (Gesetzgebergremien) die politische Verfahrensherrschaft auch in der Gesetzgebung. Die Position der meisten Magistrate wurde noch weiter geschwächt, weil die Kontrollmechanismen des Demos (vor, während und nach der Amtsführung) und die juristischen Verfahrensformen gegen Magistrate erweitert und verschärft wurden. Andererseits schuf man auch bestimmte neue Magistrate, die im Bereich der Verwaltung der Finanzen der Polis eine erstaunliche Machtfülle erhielten. Aber auch Eubulos und Lykurg blieben strikten Kontrollen des Volkes unterworfen. Die *Dikasterien* (Gerichtshöfe des Volkes) weiteten ihre starke Stellung in der Demokratie im 4. Jahrhundert nochmals aus, indem sie die wichtigen politischen Prozesse insbesondere gegen Mitglieder der Elite der Rhetoren und Strategen, die Paranomon- und Eisangeliaklagen, von der Volksversammlung übernahmen. Allerdings würde es an der Realität des Verfassungslebens und dem Selbstverständnis der Athener des 4. Jahrhunderts vorbeigehen und anachronistischen neuzeitlichen Lehren über Gewaltenteilung entstammen, die Gerichte als judikative Gewalt gegen die Volksversammlung auszuspielen und die Dikasterien statt der Volksversammlung als den neuen Souverän der Demokratie im 4. Jahrhundert zu bezeichnen. Die Schriftlichkeit gewann im Gerichtswesen Athens an Bedeutung zwischen 403 und 322, einige neue Verfahren wurden eingeführt (Schnellverfahren in Handelsangelegenheiten, Apophasisverfahren), aber die Grundstruktur der Gerichtshöfe blieb derjenigen des 5. Jahrhunderts ähnlich. Im Alltag wurden die Gerichtshöfe von vielen Bagatellverfahren entlastet, die nun den *Diaiteten* (Schiedsmännern) oder dem Gremium der Vierzig Männer in erster Instanz zugewiesen wurden.

E

Psephisma und Nomos

gr. *pséphisma,* Volksversammlungsbeschluss, Dekret, gr. *nómos,* Gesetz. In der Demokratie des 4. Jahrhunderts wird genauer als zuvor zwischen einem Volksversammlungsdekret (*Psephisma*) und einem eigentlichen Gesetz (*Nomos*) als höherrangiger Norm in der Demokratie differenziert. Psephismata werden weiterhin unmittelbar in der Ekklesia verabschiedet, die Nomoi dagegen durch das Gremium der Nomotheten, wobei aber der Demos in der Ekklesia die Verfahrenshoheit behält.

E

Dikasterien

gr. *dikastéria,* verschiedene Gerichtshöfe der Geschworenengerichte des Volks in der Demokratie. Die Laienrichter werden in unterschiedlich großen Zahlen aus einem Pool von 6000 jährlich zur Verfügung stehenden Bürgern durch Los einzelnen Gerichtshöfen jeweils als Richter zugewiesen. Die Richter legen einen Richtereid ab und erhalten für ihre Tätigkeit Tagegelder (Diäten). Dikasteria und Ekklesia symbolisieren in Athen die Souveränität des Demos.

Der *Areiopag* (der Rat der ehemaligen Archonten) gewann zwischen 355 und 322 deutlich an Gewicht. Sein politisches Ansehen, seine faktischen Einflussmöglichkeiten und auch seine gesetzlichen Kompetenzen stiegen. All dies erfolgte auf Initiative führender demokratischer Rhetoren und mit Billigung der Mehrheit des Demos mit der Absicht der Stärkung der Demokratie, nicht zu ihrer Einschränkung. Die Effizienz des legislativen, exekutiven und gerichtlichen Handelns, aber eben auch die Kontrollverfahren wurden deutlich verstärkt. Bis 322 war für die Wahrnehmung der vollen Bürgerrechte oberhalb eines bestimmten Alters in Athen kein Mindestzensus an Vermögen erforderlich. Athen wurde keine *Hoplitenpoliteia* (Verfassung, in der nur die Bürger volle Rechte genossen, welche im Heer als Hopliten dienen konnten). Die *Theten* (unterste athenische Vermögensklasse, insbesondere Kleinhandwerker, Lohnarbeiter und Landarbeiter) stellten in der Volksversammlung und vor den Gerichtshöfen weiterhin eine Mehrheit. Die Diätenzahlung, ein fundamentales Kennzeichen der radikalen direkten Demokratie, wurde im 4. Jahrhundert sogar noch wesentlich erweitert, indem nun Diäten für die Teilnahme an der Volksversammlung in den 390er Jahren eingeführt und später noch deutlich erhöht wurden. Zudem wurde nach 355 mit den *Theorika*, den Schaugeldern, das Diätensystem vom politisch-juristischen Bereich auf die bürgerliche Partizipation an der Kultur und die religiösen Staatsfeste erweitert. Infolgedessen waren die Partizipationsmöglichkeiten aller Bürger an ihrer Demokratie im 4. Jahrhundert keineswegs geringer als im 5. Jahrhundert. Es ist für das geistesgeschichtliche Klima des 4. Jahrhunderts interessant, dass die meisten dieser Reformen als eine Rückkehr zu den guten alten Verhältnissen unter einer angeblichen ‚Verfassung der Väter' legitimiert wurden.

Demos E

gr. *démos*, das Volk, auch im verfassungstechnischen Sinne das demokratisch organisierte Gemeinwesen und dann fast ein Synonym zu Demokratia. Der Demos als politisch vollberechtigtes Kollektiv der Bürger bildet in vielen griechischen Poleis des 4. Jahrhunderts nur eine Minderheit der gesamten Einwohnerschaft der Polis beziehungsweise der Bevölkerung eines Staatsgebietes.

Ekklesia E

gr. *ekklesía*, Volksversammlung. Primärversammlung der Bürger in den griechischen Poleis, in Demokratien zentrales Verfassungsorgan der Souveränität des Demos mit Gesetzgebungsrechten, Wahlrecht und Exekutivgewalt. Die Ekklesia hatte in den zahlreichen Poleis der griechischen Welt des 4. Jahrhunderts sehr unterschiedliche Kompetenzen und Rechte gegenüber den Ratsgremien und Magistraten. Sie setzte sich altersmäßig und sozial verschieden zusammen und unterschied sich von Ort zu Ort stark in ihrer Tagungs- und Abstimungsweise.

Bule E

gr. *boulé*, Rat. Größe der Ratsgremien, Modus der Benennung, Wahl oder Erlosung von Ratsherren und Amtskompetenzen sind in den einzelnen Poleis unterschiedlich geregelt. Im Zusammenwirken mit den Magistraten und der Volksversammlung bildet der Rat ein wichtiges Regierungs- beziehungsweise Exekutivorgan der Polis.

Areiopag E

athenisches Ratsgremium, gebildet aus ehemaligen Archonten (erlosten Obermagistraten). Die *Areiopagiten* amtieren nach ihrer Aufnahme in das Ratsgremium ohne Befristung. In der personellen Konstanz seiner Mitgliedschaft und aufgrund der magistratischen Sachkompetenz und meist höheren sozialen Herkunft unterscheidet sich der *Areiopagrat* von der demokratischen *Bule* der 500 in Athen deutlich. Insbesondere in der Ära des Eubulos und Lykurg (circa 355–322 v. Chr.) erlebt der Areiopag eine deutliche Erweiterung seiner Kompetenzen und seines Einflusses auf die Politik Athens.

Die Bewertung der Demokratie des 4. Jahrhunderts in der heutigen Forschung

Während in der älteren Literatur häufig die athenische Geschichte des 4. Jahrhunderts und die Entwicklung der Demokratie unter plakativen Überschriften wie ‚Zeitalter des Niederganges' oder ‚Krisenepoche der klassischen Polis und der Demokratie' und als ein grauer Epilog zur goldenen Zeit des 5. Jahrhunderts unter Perikles' Führung behandelt wurde, ist man in der jüngeren Forschung zu einer differenzierteren, günstigeren Einschätzung gelangt. Ohne Zweifel ist die Quellenlage über Details des ökonomischen, sozialen, politischen und juristischen Systems der demokratischen Epoche von 403 bis 322 sehr viel besser als diejenige zur Demokratie des 5. Jahrhunderts. Daher werden die Verteidiger der perikleischen Epoche als Höhepunkt und vollendeter Ausprägung der direkten athenischen Demokratie aus Quellenmangel nicht selten gezwungen, wichtige Kompetenzen athenischer Verfassungsorgane und Mechanismen des politischen und juristischen Lebens aus Zeugnissen für das 4. Jahrhundert unzulässigerweise einfach auf das 5. Jahrhundert zu übertragen.

Die soliden Finanzen der Polis

Auch aus der Sicht der Wirtschaftsgeschichte ist die These von einem ökonomischen Niedergang Athens, von der permanenten Krise der öffentlichen Finanzen und der zunehmenden Zerrüttung der privaten Vermögen der meisten Bürger, inzwischen widerlegt. Die öffentlichen Finanzen Athens verbesserten sich nach der grundlegenden Reorganisation ihrer Administration zwischen 355 und 322 in einem eindrucksvollen Umfange. Selbst in den schlechtesten Zeiten um 355 reichten die öffentlichen Mittel vollauf hin, um die regulären Kosten des demokratischen Systems sogar in seiner um die Gelder für Teilnahme an der Volksversammlung (*Ekklesiastikon*) und die Schaugelder (*Theorika*) ausgeweiteten Form zu bestreiten. Die athenische Wirtschaft wurde im 4. Jahrhundert nicht durch die Kosten für die Demokratie oder durch Strukturkrisen in den Absatzmärkten und Anbaugebieten für Getreide bedroht, sondern primär durch die langdauernden Kriege der Polis belastet.

Die demographischen Grundlagen

Die Demographen weisen zu Recht darauf hin, dass die Bürgerzahl der Athener im 4. Jahrhundert niemals mehr diejenige der perikleischen Ära vor dem Peloponnesischen Krieg und dem Wüten der Seuche in der Stadt erreicht habe. Es fragt sich aber sehr, ob man aus der Sicht der Demokratie als Verfassungssystem bei einer männlichen erwachsenen Bürgerbevölkerung zwischen 20000 und 30000 Bürgern von einer Krise durch einen Mangel an genügend zahlreichen Bürgern sprechen kann. Aristoteles nannte in der *Politik* als die ideale Größe einer Polis maximal 10000 Bürger. Die Bürgerzahl Athens im 4. Jahrhundert reichte durchaus aus, um das demokratische System bei einem allerdings erstaunlichen Einsatz der Bürger für ihre Demokratie problemlos funktionieren zu lassen.

Sklaven, Metoiken und Xenoi in der Demokratie des 4. Jahrhunderts

Die sozialen Grundlagen der athenischen Demokratie bleiben im 4. Jahrhundert die gleichen wie im 5. Jahrhundert. Sowohl im 5. als auch im 4. Jahrhundert musste auch die Mehrheit der athenischen Bürger als Bauern, Handwerker oder Lohnarbeiter regelmäßig selbst hart für ihren Lebensunterhalt arbeiten. Es gab Sklaverei als selbstverständliche Erscheinung innerhalb der damaligen Staatenwelt und in Athen sicherlich mehr Sklaven als in den meisten Poleis. Die Metoiken, persönlich freie, dauerhaft in Athen ansässige Ausländer, dominieren im Handels- und Gewerbesektor der Polis. Die Metoiken genossen einerseits gegenüber sonstigen Fremden in der Stadt (*Xenoi*) eine geschützte Rechtsstellung, hatten aber auch gegenüber dem Demos und der Polis Athen verschiedene regelmäßige finanzielle und militärische Verpflichtungen. Im Handel und Gewerbewesen gelangten einige Metoiken im 4. Jahrhundert zu großem Reichtum und verkehrten auf persönlicher Ebene eng auch mit der Elite der Bürgerbevölkerung. Die Polis als Ordnungsform und die Demokratie als Verfassungssystem sind aber von Seiten der politisch minderberechtigten Mehrheit der Einwohner Attikas (den Metoiken, Xenoi und Sklaven) weder im 5. noch im 4. Jahrhundert jemals ernsthaft gefährdet gewesen. Viele andere griechische Poleis des 4. Jahrhunderts litten unter sozialen Spannungen innerhalb ihrer Bürgerschaft, der Verschuldung großer Bürgergruppen, den zuweilen von auswärtigen Mächten geförderten Bürgerkriegen, die mit Exzessen der Gewalt einhergingen und oft zur Massenvertreibung unterlegener Bürgergruppen führten. Von solchen Übeln blieb jedoch Athen von 403 bis 322 weitgehend verschont. Es gab nach den schlimmen Erfahrungen von 404/403 keinen Bürgerkrieg mehr bis 322.

Die kulturelle und geistesgeschichtliche Blüte Athens im 4. Jahrhundert

Im Bereich der demokratischen Kultur, der Literatur und des Geisteslebens der Polis kann von einer Krise oder einem Niedergang Athens im 4. Jahrhundert schon gar keine Rede sein. In Stadt-Athen und Piräus, aber auch in vielen lokalen Unterzentren Attikas (den Demenzentren) blühte das kulturelle Leben. Man errichtete neue Theaterbauten und Gymnasien. Das Athen des 4. Jahrhunderts blieb die ‚Schule von Hellas'. Schon vor 322 entstanden die beiden großen philosophischen Schulen der Akademie und des Peripatos, es folgten bis zum Ende des 4. Jahrhunderts die Stoiker um ihren Gründer Zenon und die Epikuräer als Anhänger des Epikur. Durch die Schaugelder (*Theorika*) wurde sogar noch mehr Bürgern die Partizipation an der Kultur ermöglicht als im 5. Jahrhundert. Wenn auch bestimmte Literaturgattungen wie die Tragödie oder Komödie ihren Höhepunkt vielleicht schon im 5. Jahrhundert erlebten, blühten dafür im 4. Jahrhundert die Prosagattungen der Rhetorik, Philosophie, Historiographie und der antiquarischen Literatur. Aus kulturgeschichtlicher Sicht kann man daher bestimmt nicht von einer Krise der athenischen Polis oder gar der Demokratie sprechen. Auch die Kunst- und Baugeschichte erleben eine spätklassische Blütephase.

E

Philosophenschulen

Im Laufe des 4. Jahrhunderts entstehen in Athen mehrere philosophische Schulen: die Schule Platons oder die Akademie, die des Aristoteles oder der Peripatos und die Schule Zenons oder die Stoa. Ferner hatten auch andere philosophische Richtungen (*hairéseis*) Einfluss auf das geistige Leben des 4. Jahrhunderts, ohne eine gefestigte Schultradition im engeren Sinne auszubilden, nämlich die an Diogenes' Lehren anschließenden Kyniker und die Anhänger des Epikur. Die Philosophenschulen trugen wesentlich dazu bei, Athen zu einem geistigen Zentrum der griechischen Welt der späten Klassik und des frühen Hellenismus zu machen.

Die Partizipation der Bürger und ihr Einsatz für die Demokratie

Vertreter der Theorie, es habe einen Niedergang der Demokratie im 4. Jahrhundert gegeben, berufen sich für ihre Meinung manchmal auf ein angebliches Nachlassen des politischen Interesses bei der Mehrheit der ärmeren Bürger Athens, das jedoch im Quellenmaterial nur schwer nachzuweisen ist. Dies habe den Charakter der Demokratie verändert, in der nun die vermögenden Bürger einen überdurchschnittlich großen Einfluss gewonnen hätten. Die Reichen seien im Rat der Fünfhundert und im Areiopag sowie in der zweiten Jahrhunderthälfte auch in den Gerichtshöfen des Volkes übermäßig stark repräsentiert gewesen. Nun sind seriöse statistische Vergleiche der Partizipation bestimmter Schichten der Bürgerschaft im 5. Jahrhundert und im 4. Jahrhundert mangels genügend zahlreicher exakter Quellen nur schwer möglich. Es kann aber insgesamt nicht angezweifelt werden, dass die intensive Partizipation aller Bürgerschichten und darunter der

Mehrheit der Theten in den verschiedenen Organen der Demokratie die Grundlage ihres Funktionierens auch im 4. Jahrhundert blieb.

Neuartige Herausforderungen an das Militärsystem der Polis

Das wichtigste Gebiet, auf dem man gravierende Probleme der Polis Athen feststellen kann, die auch die Demokratie bedrohten, bleibt damit meines Erachtens unter den veränderten außenpolitischen Rahmenbedingungen der griechischen Staatenwelt im 4. Jahrhundert das Militärwesen. Aber diese Rahmenbedingungen konnten die Bürger Athens nur begrenzt beeinflussen. Die militärische Auseinandersetzung mit einer Monarchie von der Stärke Makedoniens unter König Philipp II. stellte eine Polis wie Athen vor völlig neuartige Herausforderungen. Die Demokratie litt zwar unter den Folgen dieser Entwicklungen, man kann sie aber kaum als Krisensymptome dieser Demokratie einstufen. Immerhin versuchten die Athener, auf die veränderten Rahmenbedingungen in ihrer Militär- und Außenpolitik mit Reformen zu reagieren. Denn die allgemeine Entwicklung zu einer Professionalisierung und fortschreitenden Spezialisierung erfasste auch das Militärwesen im 4. Jahrhundert bereits vor dem Alexanderzug. Die Bürgermilizen der Poleis gerieten in Landkriegen immer mehr ins Hintertreffen gegenüber den Profis der Kriegführung, seien dies nun Söldner oder die durch fast jährliche Kriege kampferprobten Truppen König Philipps II. oder Alexanders. Das Bürgeraufgebot stellte zwar weiterhin den Kern des athenischen Heeres, aber man setzte doch auch einen immer größeren Anteil an Söldnern ein. Athenische Bürgertruppen durften aber nur von athenischen Offizieren befehligt werden, die als Strategen dem athenischen Volk für ihre Amtsführung rechenschaftspflichtig waren. Die Reform der Ephebie und die Spezialisierung der Strategen, die Verstärkung der Befestigungswerke von Stadt-Athen und seinem Hafen Piräus sowie der Grenzforts Attikas, die Reformen in der Finanzierung des Flottenwesens (Trierarchie- und Symmorienreformen) bieten wichtige Beispiele dafür, dass die Athener die Verstärkung ihres militärischen Potentials im 4. Jahrhundert als notwendige Aufgabe erkannt hatten.

Die Demokratie von 403 bis 322 lässt sich also, zusammenfassend gesagt, als eine erfolgreiche Weiterentwicklung des demokratischen Verfassungssystems des 5. Jahrhunderts beschreiben. Man kann im 4. Jahrhundert eine höhere Effektivität, verlässlichere Verfahrensformen, eine institutionelle Ausformung der zentralen Organe und Magistraturen und eine gesetzliche Fixierung von Entwicklungsprozessen beobachten, die im 5. Jahrhundert vielleicht zunächst wegen der Geschwindigkeit und Radikalität der demokratischen Verfassungsentwicklung und später unter den extremen Belastungen des Peloponnesischen Krieges noch nicht erfolgen konnten.

VI. Sparta und die Peloponnes vom Königsfrieden bis zur Niederwerfung des Aufstandes unter Agis III. (386–331 v. Chr.)

404–371	spartanische Hegemonie in Hellas
399–360/59	Regierungszeit des Königs Agesilaos II.
386	Königsfrieden (Antalkidasfrieden) als *koine eirene*
371	Niederlage Spartas bei Leuktra, in den folgenden Jahren Zerfall des Peloponnesischen Bundes
370/369	Wiedererrichtung eines unabhängigen Staates Messenien mit der Hauptstadt Messene
368/67	Megalopolis als Zentralort der Arkader gegründet
362	*koine eirene* nach Mantineia ohne Sparta
338/37	Sparta nimmt nicht am Krieg gegen Philipp II. teil und bleibt dem Korinthischen Bund fern
338–331	Regierungszeit des Königs Agis III.
331	Scheitern des Agisaufstandes bei Megalopolis, Eskalation der Krise Spartas

1. Außenpolitik und militärische Geschichte Spartas bis zum Scheitern des Agisaufstandes 331 v. Chr.

Von der Hegemonialmacht in Hellas zum krisengeschüttelten Kleinstaat

Spartas Geschichte zeigt im 4. Jahrhundert einen besonders drastischen Wechsel von äußerem Glanz als Hegemonialmacht von Hellas und in Teilen der Ägäiswelt im ersten Drittel des Jahrhunderts zu einem auch für die Zeitgenossen erstaunlich schnellen und dramatischen Niedergang zwischen 371 und 331 v. Chr. In der späten Alexander- und frühen Diadochenzeit war aus der ehemaligen Vormacht von Hellas ein von schweren inneren Krisen gezeichneter, außenpolitisch bedeutungsloser Kleinstaat auf der südlichen Peloponnes geworden. Die Niederlage von Leuktra in Boiotien 371 führte unmittelbar zum Zusammenbruch der spartanischen Vorherrschaft, deren Fundamente bereits seit Jahren brüchig waren. Die thebanischen Sieger als neue griechische Hegemonialmacht und ihre Verbündeten veränderten zwischen 370 und 362 die bisherige peloponnesische Mächtekonstellation radikal zuungunsten der Spartaner. Besonders die Befreiung der messenischen Heloten und die Wiederrichtung eines unabhängigen messenischen Staates auf der südwestlichen Peloponnes zerstörte die bisherige sozialökonomische Grundlage des spartanischen Staates. Denn seit der Eroberung Messeniens Ende des 7. Jahrhunderts hatten die messenischen Heloten (Staatssklaven) mit ihrer Arbeit die ökonomische Freistellung ihrer spartanischen Herren für Kriegführung und Politik erwirtschaftet. Zudem stärkten die Thebaner mit Elis, den Arkadern und Argos drei Nachbarstaaten Spartas, deren Gebiet sich als ein Sicherheitsgürtel gegen spartanische Revanche- und Revisionsversuche auf der Peloponnes um Lakonien legte. Durch diese Maßnahmen veränderte sich die Mächtekonstellation massiv auf der Halbinsel als dem traditionellen Zentrum der spartanischen Macht. Mehrfache, erfolglose Versuche Spartas zwischen 369 und 331, diese neue Ordnung auf der Peloponnes mit diplomatischen Mitteln oder Waffengewalt wieder zu revidieren, bilden das Leitmotiv der spartanischen Politik in diesen Jahrzehnten.

Vom Königsfrieden bis zur Schlacht von Leuktra

Die Jahre vom Abschluss des Königsfriedens 386 bis zur Niederlage von Leuktra 371 wurden schon von Zeitgenossen wie Xenophon oder Isokrates als eine Epoche der überheblichen Vermessenheit und Verblendung der Spartaner, ihrer Hybris, vor ihrem jähen und verdienten Sturz eingeschätzt. Als Hegemonialmacht der griechischen Welt im 4. Jahrhundert mangelte es Sparta an attraktiven politischen Konzepten und panhellenischen Visionen. War doch der spartanische Kosmos in der griechischen Umwelt ein skurriler Sonderfall und ebensowenig auf ganz Griechenland erweiterbar wie das Bündnissystem des Peloponnesischen Bundes. Die propagandistischen Zentralbegriffe der Selbstregierung und Freiheit, der *autonomia* und *eleutheria* der griechischen Staatenwelt, die man im Peloponnesischen Krieg noch geschickt gegen Athen eingesetzt hatte, missbrauchten die Spartaner nun nach 404 zynisch. Sie interpretierten sie einseitig in ihrem Interesse und instrumentalisierten sie scheinheilig zur Legitimierung offener Aggressionen gegen andere Staaten. Weil nach spartanischer Auffassung alle Mitglieder des Peloponnesischen Bundes autonom und frei waren, konnte auch nach dem Königsfrieden das hegemoniale Bündnissystem der Spartaner weiter bestehen bleiben. Es wurde sogar im Sinne höherer militärischer Effizienz in zehn Wehrkreise (*merídes*) straffer organisiert. Diese hatten im Kriegsfall entsprechend ihrem demographischen Potential eine feste Anzahl von Fuß- und Reitertruppen unter spartanischem Oberkommando zu stellen oder ersatzweise bestimmte Geldsummen zu zahlen, mit denen Sparta Söldnertruppen anwerben konnte. Auch in die Wehrverfassung des Peloponnesischen Bundes hielt damit der Trend zur Professionalisierung des Kriegswesens und zum stärkeren Einsatz von Söldnern im 4. Jahrhundert Einzug. Mit dieser Reform wurde auch eine Schwäche der spartanischen Wehrverfassung teilweise behoben, welche sich nachteilig im Peloponnesischen und im Korinthischen Krieg gezeigt hatte, der Mangel an flüssigen Geldmitteln für eine langdauernde Kriegführung außerhalb der Peloponnes. Sämtliche anderen hegemonialen Symmachien, Föderalstaaten und sonstige Formen staatlichen Zusammenschlusses in Hellas, die den Spartanern missfielen, bekämpfte dagegen Sparta mit Berufung auf die Grundsätze des Königsfriedens nach 386 und löste einige davon unter Androhung oder offener Anwendung von militärischer Gewalt auf. Dies betraf den Boiotischen Bund unter Thebens Führung sowie den Chalkidischen Bund um Olynth. Auch gegen den politisch-institutionellen Zusammenschluss der beiden Poleis Argos und Korinth, ein interessantes Experiment in der Geschichte der zwischenstaatlichen Beziehungen von Poleis in Griechenland ab 392, gingen die Spartaner mit militärischer Gewalt vor. Eine ‚Fusion' zweier traditionsreicher Poleis war eine neuartige Option in der griechischen Politik der klassischen Epoche. Sparta sah darin aber einen kaum verhüllten Anschluss Korinths an Argos, seinen gefährlichen alten Rivalen auf der Peloponnes, den es unbedingt schnell zu beenden galt. Sparta schreckte trotz der Garantien des Königsfriedens für die Autonomie und Freiheit seiner Mitgliedsstaaten selbst davor nicht zurück, traditionsreiche verbündete Poleis in ihrer städtisch-staatlichen Existenz ganz aufzulösen und die Stadtbewohner wieder in dörflich zerstreute Siedlungen zu zersiedeln (*dioikismos*). So geschah es den Einwohnern von Mantineia auf der Peloponnes 385, einem Verbündeten der Spartaner, dem man wie den Eleiern Unzuverlässigkeit als Verbündete im Peloponnesischen und im Korinthischen Krieg vorwarf. In die inneren Auseinandersetzungen zwischen Bürgerfraktionen der kleinen peloponnesischen Polis Phleius griff Sparta ebenfalls massiv ein und brachte dort eine spartafreundliche, oligarchische Regierung an die Macht. Im tiefsten Frieden und offiziell auf dem Durchmarsch nach Nordgriechenland in den Krieg gegen den Chalkidischen Bund überfiel eine spartanische Truppe 382 handstreichartig die Burg von Theben und besetzte sie mit Hilfe einer prospartanischen Boiotergruppe.

Die Befreiung Thebens als Wendepunkt

Seit der Vertreibung der spartanischen Besatzung aus der Kadmeia, der Burg von Theben, im Jahre 379 wendete sich jedoch die Lage überraschend schnell. Das Ende der Vorherrschaft Spartas in Hellas kündigte sich an. Der Aufstand der demokratischen Boioter wirkte auch in anderen Regionen von Hellas als ein Fanal. 377 riefen die Athener im Aristotelesdekret in einer geschickten Proklamation die Staaten der griechischen Poliswelt zum Beitritt in ihr neugeschaffenes Bündnis, den Zweiten Attischen Seebund auf. Ostentativ betonten die Athener ihr neues Bündnis als wahren Hort von *eleutheria* und *autonomia*. Damit klagten sie indirekt Spartas Hegemonie seit 404 wegen der Verletzung dieser Werte an und distanzierten sich zugleich geschickt von ihren eigenen Fehlern als Führungsmacht des Ersten Attischen Seebundes im 5. Jahrhundert. Erste Waffengänge zwischen Sparta und dem Peloponnesischen Bund einerseits und Athens Zweitem Seebund und den Thebanern mit ihrem Boiotischen Bund brachten keine eindeutige Entscheidung.

Vorgeschichte, Verlauf und Folgen der Schlacht von Leuktra

371 wurde daher ein allgemeiner Frieden in Sparta und in Athen ausgehandelt (SV II 269 und SV II 270), der erneut auf den Prinzipien von *autonomia* und *eleutheria* aufbaute. Die Spartaner unterzeichneten den Frieden für sich und als Hegemonialmacht für ihre Verbündeten im Peloponnesischen Bund, die Athener und ihre Verbündeten jeweils für sich, die Thebaner forderten, als Vormacht Boiotiens für alle Boioter zu unterzeichnen. Als aber der Spartanerkönig Agesilaos diese Forderung ablehnte und sich ihr auch die Athener aus Furcht vor der wachsenden Macht Thebens und seines reformierten Boiotischen Bundes verweigerten, brach der Konflikt zwischen Sparta und Theben wieder mit voller Wucht aus. Die Spartaner entsandten ihren König Kleombrotos mit einem Heer nach Boiotien, um die dortigen Städte von der Vorherrschaft Thebens zu ‚befreien', also die thebanische Hegemonie über Boiotien zu beenden. Bei Leuktra in Boiotien trafen 371 die spartanisch-peloponnesischen und die thebanisch-boiotischen Truppen aufeinander. Mittels der Taktik der schiefen Schlachtordnung und durch die

hohe Disziplin und Kampfmoral ihrer Hopliten gelang es den Thebaner unter der Führung des Epameinondas, den Spartanern eine verheerende Niederlage beizubringen. 400 der 700 in den Krieg ausgezogenen Spartiaten fanden den Tod auf dem Schlachtfeld. Diese Verluste klingen zunächst verglichen mit anderen antiken Schlachten gering, aber auf einen Schlag war etwa ein Drittel der damals überhaupt noch verbliebenen erwachsenen männlichen Spartiaten gefallen. Der Mangel an einer genügend großen Anzahl vollberechtigter Spartiaten, die *oliganthropia*, stürzte als einer der Hauptgründe Sparta im 4. Jahrhundert in den Untergang. Die Niederlage von Leuktra veränderte mit einem Schlage die politische Lage in Hellas, und die kurze Phase der thebanischen Hegemonie bis 362 begann.

Auswirkungen auf der Peloponnes

Die Niederlage bedrohte auch Spartas führende Stellung auf der Peloponnes selbst. Zahlreiche Verbündete traten aus dem Peloponnesischen Bund aus. Einige schlossen sich dem Zweiten Attischen Seebund an, andere blieben neutral. Vor kurzem erst von Sparta gemaßregelte Staaten wie Elis oder Mantineia nutzten die Gunst der Stunde, Spartas Anordnungen zu revidieren und den Status quo ante zu erreichen. Ein thebanisches Heer, verstärkt durch Phoker, Euboier, Lokrer und Akarnanen, rückte in die Peloponnes selbst ein. Ihnen schlossen sich als Gegner der Spartaner die Arkader, Eleier und Argeier an. Die feindlichen Truppen konnten sogar in Lakonien eindringen. In dieser extremen Notlage nahmen die Spartaner alle Einwohner Lakoniens unter Waffen, die dazu fähig waren, darunter 6000 lakonische Heloten und ähnlich viele Perioiken. Es ist auffällig, dass in dieser Existenzkrise die spartanischen Heloten und Perioiken treu zur Sache Spartas hielten, als sich ihnen eine unerwartet günstige Chance für einen Aufstand bot. Dies gibt Anlass, über die Situation der lakonischen Heloten und Perioiken und ihre Beziehung zu ihren spartanischen Herren nachzudenken. Sie muss offenbar im 4. Jahrhundert deutlich besser als diejenige der messenischen Heloten gewesen sein. Zum zweiten Male nach dem großen Erdbeben und den messenischen Helotenaufstand der 460er Jahre verhinderte die feste Kontrolle über Lakonien den völligen Zusammenbruch Spartas. Doch erzwang das von den Thebanern angeführte Heer 369 die Befreiung Messeniens von Sparta und die Wiederbegründung eines unabhängigen messenischen Staates nach über 230 Jahren spartanischer Herrschaft. Damit verlor Sparta auf einen Schlag etwa die Hälfte seines bisherigen Territoriums und seiner *Klaroi* (Landgüter), deren Besitz die Vollbürgerelite für Kriegführung und Politik freigestellt hatte. Allein auf die Ressourcen Lakoniens und die Reste des Peloponnesischen Bundes gestellt, konnten die Spartaner in Griechenland keine Großmachtrolle mehr spielen. In Tegea und Mantineia bündelte man die Kräfte für einen antispartanisch ausgerichteten arkadischen Föderalstaat. 368/67 wurde dann in Arkadien ein neues Poliszentrum gegründet, Megalopolis, das als Vorposten der Arkader gegen Sparta diente. In den 360er Jahren kam es zu neuen allgemeinen Friedensordnungen, 365 unter Vermittlung des Perserkönigs zum Pelopidasfrieden, und nach der Schlacht von Mantineia 362 zu einer weiteren *koine eirene*, welche den Königsfrieden weiterentwickelten. Sie enttäuschten viele Hoffnungen der Vertragsparteien, da keine überlegene griechische Macht als Garant die Einhaltung der Friedensordnungen erzwingen konnte. Das Jahr 362, mit dem Xe-

Sparta bleibt der *koine eirene* nach Mantineia fern

nophon seine *Hellenika* enden lässt, bedeutete auch für Sparta eine weitere Zäsur. Erneut war ein thebanisches Heer in die Peloponnes eingedrungen und stand vor den Toren Spartas. Das Zentrum des spartanischen Staates selbst konnten die Thebaner zwar nicht erobern, doch siegten sie in einer Feldschlacht bei Mantineia gegen eine Koalition von Gegnerstaaten um Sparta. Allerdings fiel Epameinondas, der thebanische Anführer, in der Schlacht. Als nach der Schlacht mehrere Griechenstaaten einen allgemeinen Frieden aushandelten (SV II 292), blieb Sparta diesem demonstrativ fern, weil es sich weigerte, die staatliche Unabhängigkeit Messeniens anzuerkennen. Spartanischer Stolz führte nach 362 immer deutlicher in eine selbstgewählte, politisch schädliche Isolation. Es ist ein bezeichnendes Detail für die verzweifelte Lage Spartas, dass der alte König Agesilaos, der fast vierzig Jahre regiert und wie kein anderer Spartaner nach dem Tod Lysanders die griechische Politik beeinflusst hatte, sich verbittert und wegen der Armut des spartanischen Staates 361 als Söldnerführer nach Libyen begab, wo er 360/59 verstarb.

Spartas Außenpolitik in den 350er und 340er Jahren

Mit dem Aufstieg des Makedonenkönigs Philipp II. seit 359 geriet Sparta vollständig in den Windschatten der großen hellenischen Politik. In den 350er und 340er Jahren konnte Sparta weder mit diplomatischen noch mit militärischen Mitteln eine Revision der peloponnesischen Machtverhältnisse erzwingen. Weder im Dritten Heiligen Krieg von 356 bis 346 noch in der Auseinandersetzung zwischen Athen und Philipp II. spielte Sparta eine Rolle, die seinen großen Traditionen entsprochen hätte. Dem antimakedonischen Hellenenbund des Demosthenes und Hypereides und dem Krieg der Athener, Thebaner und ihrer Verbündeten gegen Philipp II. von 340 bis 338 schlossen sich die Spartaner ebensowenig an wie dem Korinthischen Bund von 338/7.

Der Aufstand unter König Agis

König Agis III. (338–331) musste ohnmächtig zusehen, wie Sparta durch eine makedonischen Intervention nach dem Sieg von Chaironeia 338/37 noch weitere Gebiete verlor und Philipp II. ihm loyale, promakedonische Regierungen in einigen Poleis der Peloponnes an die Macht brachte. Der Eurypontide Agis setzte sich an die Spitze derjenigen Spartaner, die auch nach dem Scheitern des thebanischen Aufstandes von 335, an dem Sparta sich nicht beteiligt hatte, noch einmal mit militärischen Mitteln einen Versuch wagen wollten, Messenien zurückzugewinnen und Spartas alte Machtstellung auf der Peloponnes zur Zeit des Königsfriedens wiederherzustellen. Zu diesem Ziel traf er bereits 333 mit persischen Flottenführern ein Abkommen über die Zahlung von persischen Subsidien an Sparta zum Kampf gegen Makedonien in Hellas. Wie hoch die gezahlten Summen nach dem Abbruch des Seekrieges in der Ägäis waren, bleibt offen. Agis konnte immerhin 332 mit diesen Geldern kampfkräftige griechische Söldner anwerben, die aus der persischen Niederlage bei Issos entkommen waren. Die antimakedonische Allianz, die Agis dann zusammenbringen konnte, umfasste jedoch nur wenige und kaum kampfkräftige Griechenstaaten. Es schadete der Sache des Agis politisch vor allem, dass sich Athen vorsichtig zurückhielt. 331 unterlag Agis tapfer kämpfend in einer großen Schlacht bei Megalopolis in Arkadien gegen Antipaters Truppen. Dabei wurde er verwundet und starb auf dem Rückzug. Der Aufstand brach zusammen. Wie unwichtig die Spartaner aus der Sicht des Welteroberers Alexander geworden waren, mag man aus der verächtlichen Bezeichnung dieses Aufstandes durch Alexander als einen „Mäusekrieg" erkennen.

Q

Der Aufstand auf der Peloponnes und die Schlacht von Megalopolis
(Diodor 17,62,6–63,5, Übers. J. Engels)

„Die Lakedaimonier gelangten zu der Auffassung, dass es der richtige Zeitpunkt sei, einen Krieg zu beginnen, und sie richteten einen Aufruf an die Griechen, sich zur Verteidigung ihrer Freiheit zu vereinen. Die Athener jedoch waren mehr als alle anderen Griechen von Alexander geehrt und begünstigt worden und verhielten sich daher ruhig. Die meisten Peloponnesier dagegen und einige der übrigen Griechen verständigten sich darüber, gemeinsam ein Kriegsbündnis zu schließen. Je nach den militärischen Machtmitteln jeder Polis stellten sie die besten Kämpfer ihrer jungen Jahrgänge auf und hoben so nicht weniger als 20 000 Mann an Infanterie und 2000 Reiter aus. Die Lakedaimonier hatten das Kommando und führten das gesamte Aufgebot zu einer Entscheidungsschlacht, wobei ihr König Agis die Position eines Oberbefehlshabers innehatte. Als Antipater von diesen Mobilisierungen hörte, marschierte er mit seiner gesamten Armee in die Peloponnes. Er fügte noch Soldaten aus den griechischen Staaten hinzu, die zu Makedonien loyal geblieben waren, und verstärkte seine Streitmacht so auf insgesamt nicht weniger als 40 000 Mann. Als es zu einer rangierten Feldschlacht kam, wurde Agis im Kampf getroffen zu Boden geworfen, aber die Lakedaimonier kämpften tapfer lange Zeit weiter und hielten ihre Position. Als aber ihre griechischen Verbündeten aus ihren Stellungen zurückgeworfen wurden, zogen sich auch die Lakedaimonier in Richtung auf Sparta zurück."

2. Lakedaimonion Politeia: die Verfassungs- und Lebensordnung der Spartaner

Hauptgründe für das Entstehen der spartanischen Verfassungs- und Lebensordnung

Weil sich Spartas Verfassungs- und Lebensordnung erheblich von derjenigen einer durchschnittlichen Polis im Griechenland des 4. Jahrhunderts unterschied, soll hier zumindest an einige Grundzüge des spartanischen Kosmos erinnert werden. Als Folge des Sieges im Zweiten Messenischen Krieg hatte Sparta das Territorium des Nachbarstaates Messenien annektiert. Dies führte zur annähernden Verdoppelung des spartanischen Territoriums, das damit in der griechischen Welt zu einer außergewöhnlich großen Polis wuchs. Die messenische Bevölkerung wurde in den unfreien Status der Heloten herabgedrückt. Die militärische Bedrohung durch Persien im frühen 5. Jahrhundert und später der Dualismus zwischen Sparta und Athen als den rivalisierenden Hegemonialmächten stellten an Spartas Bürgerschaft dann neuartige, unerhört hohe und dauerhafte Anforderungen. Aus diesem Druck heraus vollendete sich die typische *Lakedaimonion Politeia,* die spartanische Verfassungs- und Lebensordnung, mit ihrer Konzentration der Bürgerelite auf Kriegführung und politische Aufgaben, die diesen Staat auch noch im 4. Jahrhundert prägte.

E

Lakedaimonier
gr. *Lakedaimónioi*. Übliches Ethnikon und die offizielle Bezeichnung für die Spartiaten und Perioiken als freie Bevölkerungsgruppen Spartas (*Lakedaimons*). Die lakonischen (und messenischen) Heloten als unfreie Staatssklaven, die die Landgüter der Spartiaten (*Klaroi*) bewirtschafteten, bilden zwar einen Großteil der Bevölkerung Spartas, gehören aber rechtlich und politisch-militärisch nicht zu den Lakedaimoniern.

E

Apella
gr. *apélla* heißt die spartanische Ekklesia, die sich als Primärversammlung der Bürgerelite von der athenischen Volksversammlung in ihren Kompetenzen und ihrer Tagungs- und Abstimmungsweise deutlich unterscheidet.

E

Ephoren
gr. *éphoroi*, Aufseher. Von der spartanischen Volksversammlung gewähltes Magistratskollegium von jährlich fünf Aufsehern als Spitze der spartanischen Regierung. Großer Einfluss auf die innere und äußere Politik Spartas, häufige Rivalität einzelner Ephoren oder des Kollegiums zu einem der amtierenden spartanischen Könige.

E

Gerusia
gr. *gerousía*, Rat der Alten. Spartanisches Ratsgremium, das sich im 4. Jahrhundert aus den zwei Königen und 28 Ratsherren (Geronten) über 60 Jahren zusammensetzt, die nach Eintritt in das Gremium auf Dauer amtieren. Die Gerusia wirkt mit den Ephoren und den beiden Königen in der Regierung und im Gerichtswesen Spartas zusammen.

Spartiaten, Perioiken und Heloten

Die Gesamtbevölkerung Lakoniens und Messeniens gliederte sich in Spartiaten, Perioiken und Heloten. Schon zu Beginn des 5. Jahrhunderts gehörte nur eine relativ kleine Elite von Spartiaten (circa 9000 erwachsene Männer) als Vollbürger zu den privilegierten Einwohnern. Ihre Anzahl sank jedoch mit der Zeit immer mehr ab. Um 371 zählte man nur mehr circa 1000 bis 1200 erwachsene Spartiaten. Sie lebten gemäß der Ideologie der *homoioi*, der Gleichen. Wirtschaftlich waren sie alle freigestellt durch die Erträge eines Landgutes (*klaros*), das von Heloten bewirtschaftet wurde. Daher konnte sich diese kleine Elite ganz den hohen Anforderungen des Staates an jeden einzelnen Spartiaten und der Kriegführung widmen. Handel und Handwerk entwickelten sich in Lakonien und Messenien in der klassischen Epoche trotz geeigneter Hafenplätze weit weniger intensiv als in nahegelegenen Hafen- und Handelspoleis des 5. und 4. Jahrhunderts, zum Beispiel in Korinth, Megara oder Athen. Handwerk und (Binnen-)Handel lagen in Sparta in der Hand der Perioiken (Umwohner), die in zahlreichen eigenen Perioikensiedlungen dörflichen und kleinstädtischen Charakters siedelten. Persönlich frei und wirtschaftlich teils gut gestellt, hatten die Perioiken regelmäßige Verpflichtungen zur Heeresfolge im spartanischen Heer, aber keinen Anteil an den entscheidenden politischen Rechten. Sie waren in den Verfassungsorganen der Spartiaten gar nicht repräsentiert. Nur sehr selten und fast immer in militärischen Notlagen entschlossen sich die Spartaner, den bedrohlich kleiner werdenden Kreis der spartanischen Vollbürger aus den Reihen der Perioiken, freigelassener Heloten (*Neodamoden*) oder gar einiger weniger lakonophiler Ausländer durch die Verleihung des Bürgerrechtes zu erweitern. Mit den brutal unterdrückten Heloten Messeniens lagen die Spartiaten in einem permanenten inneren Kriegszustand. Daraus erklären sich einige besonders grausame und befremdende Züge des spartanischen Systems wie die *krypteia* (nächtliche, paramilitärisch organisierte Hetzjagden auf Heloten durch junge Spartiaten). Auf die Sicherung der kleinen Vollbürgerelite gegen Aufstands- oder Fluchtversuche der Heloten richteten sich übrigens auch Klauseln in den Bündnisverträgen mit den Bündnern des Peloponnesischen Bundes, die die Aufnahme flüchtiger Heloten strikt untersagten.

Die spartanische Erziehung und Wertewelt

Vom 7. bis 20. Lebensjahr wurden insbesondere die männlichen jungen Spartaner einem rigorosen staatlichen Erziehungssystem unterworfen, der *agogé* oder ‚Aufzucht' junger Bürger und Hopliten, die sich in ihren typischen Inhalten und Zielen von der im 4. Jahrhundert in Athen angestrebten *enkýklios paideía* (der allgemeinen höheren Bildung eines freien Bürgers) drastisch abhob. Sparta unterschied sich auch darin von zeitgenössischen griechischen Staaten, dass hier in gewissem Umfang Mädchen in die staatliche Erziehung einbezogen wurden. Vom 20. Lebensjahr an für die nächsten vierzig Jahre zum Kriegsdienst verpflichtet, lebten die jungen spartanischen Männer auch in Friedenszeiten meist nicht auf ihren Gütern, sondern in Zelt- und Speisegemeinschaften (*Syskenien* oder *Syssitien*), zu denen jeder Spartiat aus den Erträgen seines Klaros seinen Beitrag leisten musste. Ein intensives Familienleben war im spartanischen Kosmos daher kaum möglich. Die Bedeutung einzelner *oikoi* (Häuser und Familien) blieb geringer als in anderen Poleis. Viel stärker als in anderen Polisstaaten üblich reglementierte der spartanische Staat die Lebensverhältnisse der einzelnen Familien und der Individuen. Auf vielen Gebieten und anhand zahlreicher Lebensläufe hat man in der griechischen Welt des 4. Jahrhunderts einen Trend beobachtet, nach dem Individuen gegenüber dem Kollektiv der Politen wichtiger wurden. Auch in dieser Hinsicht bildet Sparta also eher eine Ausnahme. Scheiterte ein Jugendlicher an den harten körperlichen und psychischen Anforderungen während der Agoge, verlor er seinen vollgültigen Spartiatenstatus. Tapferkeit, Patriotismus, Gehorsam gegenüber den Vorgesetzten, Abhärtung, Selbstbeherrschung und lakonische Knappheit galten als spartanische Erziehungsziele und Ideale. Zeigte ein spartanischer Hoplit Feigheit vor dem Feind oder war er wirtschaftlich nicht mehr in der Lage, seine regelmäßigen Beiträge zur Mahlgemeinschaft zu entrichten, verlor er ebenfalls seine privilegierte Stellung. Er sank ab in den Status der minderberechtigten Bürger (*hypomeiones*) und verfiel einem partiellen Verlust seiner Bürgerrechte (*atimia*).

Militärische Entwicklungen und die demographische Krise in Sparta

Durch eine immer stärkere Selbstdisziplinierung der Vollbürgerelite gelang es Sparta bis zur Niederlage von Leuktra in vielen wichtigen Landschlachten Griechenlands durch die überlegene Disziplin und hochtrainierte Kampfkraft seiner Hoplitenphalanx siegreich zu bleiben. Doch militärische Neuerungen der Landkriegführung des 4. Jahrhunderts, so etwa die steigende Bedeutung von leichtbewaffneten Spezialtruppen, der Reiterei und des Söldnerwesens ließen den militärischen Vorteil, den Sparta zuvor gegenüber seinen Gegnern unter den Bürgermilizen der Polisstaaten besessen hatte, im Zeitalter Philipps II. und Alexanders immer stärker schwinden. Die demographische Krise, die im spartanischen Kosmos selbst bereits angelegt war, verschärfte sich fortlaufend selbst in Friedenszeiten durch Erbteilungen und die Zunahme der Zahl der Spartiaten ohne eigenen, genügend großen Klaros bei einer gleichzeitigen, politisch und sozial bedenklichen Vermögenskonzentration. Vor allem aber waren die schweren Verluste unter den Spartiaten im Laufe des Peloponnesischen Krieges (431–404) und der Kriege des 4. Jahrhunderts nicht mehr zu ersetzen.

Das Doppelkönigtum in Sparta

Im 4. Jahrhundert prägte das Zusammenspiel mehrerer Verfassungsorgane die spartanische Verfassung, die auf eine eigenartige Weise monarchische, aristokratische und demokratische Elemente verband. An den wichtigen Verfassungsorganen nahm man auch in der Krise des 4. Jahrhunderts kaum Reformen vor, die die schon von Zeitgenossen erkannten Schwächen der Verfassung der Spartaner hätten abstellen können. Anhänger Spartas lobten vielmehr die Tatsache, dass Verfassung, Gesetze und Lebensweise der Spartaner unverändert über Generationen gleich blieben. Innerhalb von zwei Familien, der Agiaden und der Eurypontiden, war seit Jahrhunderten das Königtum erblich. Aus jeder Familie herrschte jeweils ein König, im 4. Jahrhundert von den Agiaden Pausanias (bis 395), Agesipolis I. (395–380), Kleombrotos I. (380–371) und Kleomenes II. (371–309/8), aus dem Eurypontiden-Haus Agesilaos II. (399–360/59), Archidamos III. (360/59–338), Agis III. (338–331), und Eudamidas I. (331–305). War schon das Königtum in der verfassungspolitischen Welt der Poleis der Peloponnes und Südgriechenlands im 4. Jahrhundert auffällig, so zeigt das Doppelkönigtum die Sonderstellung Spartas in der damaligen griechischen Staatenwelt noch klarer. Zwischen den jeweils regierenden beiden Königen, ihren Familien und Anhängern im Damos, der spartanischen Bürgerschaft, unter den Magistraten und Ratsmitgliedern kam es auch im 4. Jahrhundert mehrfach zu Rivalitäten und offenem Streit um die Ausrichtung der spartanischen Außenpolitik. Unter den Königen des 4. Jahrhunderts haben vermutlich Agesilaos II. und Agis III. den nachhaltigsten Einfluss auf die spartanische Außen- und Militärpolitik genommen. Es wirkte sich ungünstig aus, dass selbst höchstqualifizierte, militärisch und politisch erfolgreiche Spartaner keine Chance hatten, in Sparta innerhalb der bestehenden Verfassungsordnung jemals zum Königtum zu gelangen, wenn sie nicht den beiden Königshäusern entstammten. Aus den Problemen mit der Einbindung solcher großen Individuen wie Brasidas oder Lysander in den spartanischen Kosmos zog man in Sparta im 4. Jahrhundert nicht die richtigen Konsequenzen. Die Könige blieben nicht nur Oberbefehlshaber der spartanischen Truppen auf Lebenszeit (und im Bündnisfall der Truppen des Peloponnesischen Bundes), sondern sie wirkten auch mit den Verfassungsorganen der *Ephoren* (fünf jährliche Obermagistrate) und der *Gerusia* (dem Rat der Alten) zusammen und hatten wichtige religiöse Rechte und Pflichten. Ferner genossen sie verschiedene Privilegien im Alltag gegenüber den einfachen Spartiaten.

Die Versammlung aller vollberechtigten Spartiaten (*Apella, Ekklesia*) entschied in Sparta über wichtigste Angelegenheiten. Hierin liegt ein demokra-

Die Apella, die Ephoren und die Gerusia

tisches Verfassungselement. Sie erließ Gesetze, ratifizierte Bündnisse, entschied über Krieg und Frieden. Ihre Geschäftsordnung und Tagungsweise sind weniger gut bekannt als diejenige der athenischen Ekklesia. Sie unterschied sich aber wesentlich von den Volksversammlungen der meisten demokratisch verfassten Polisstaaten des 4. Jahrhunderts zum Beispiel durch das Fehlen eines Antrags- und Rederechtes einzelner Versammlungsteilnehmer oder durch eine archaische Form der Abstimmung und Ermittlung von Mehrheiten. Ein Kollegium von fünf *Ephoren* (Aufsehern) wurde aus allen Spartiaten auf ein Jahr Amtszeit in der *Apella* gewählt. Die Ephoren bildeten die eigentliche Regierung Spartas. Dabei wirkten sie mit den Königen und dem Rat der Alten, der *Gerusia*, zusammen. Ferner hatten die Ephoren Kompetenzen in der Aufsicht über die Gesetze, bei der Einberufung und im Vorsitz der Volksversammlung, durch die oberste Polizeifunktion im Inneren und richterliche Befugnisse. Sie überwachten permanent die Heloten als Feinde der Spartaner im Inneren, aber auch zusammen mit der Gerusia die Agoge der jungen Bürger. Ephoren konnten sogar Anklage gegen Könige einreichen. Rechenschaftspflichtig waren die Ephoren als Magistrate des Damos nicht der Volksversammlung, sondern ihren Nachfolgern im Ephorat. Der Rat der Alten, die Gerusia, wurde aus über 60-jährigen Spartiaten zusammengesetzt. Durch Akklamation des Volkes in der Apella wurde die Ehrenstellung als Geront auf Lebenszeit verliehen. Die Gerusia bereitete Volksversammlungen vor, wirkte zusammen mit den Ephoren in der Regierung und hatte Gerichtskompetenzen in schweren Kriminalfällen und bei Staatsprozessen. Weder das Ephorat noch die Mitgliedschaft in der Gerusia verlangten eine bestimmte Vermögensqualifikation, die Bekleidung vorheriger Ämter und den Erwerb besonderer Fachkompetenzen. Strukturell unterscheidet sich der spartanische Rat deutlich von den Ratsgremien der meisten demokratischen oder gemäßigt oligarchischen Poleis des 4. Jahrhunderts. Denn diese verliehen die Ratsmitgliedschaft nur auf eine knapp begrenzte Amtszeit (meist ein Jahr) und durch Wahl oder Losung, oder sie kannten mehrere Ratsgremien.

Die Abschottung Spartas von auswärtigen Einflüssen

Im Laufe des 4. Jahrhunderts schottete sich Sparta von auswärtigen Einflüssen immer strenger ab und kultivierte seine bereits damals für Zeitgenossen auffälligen Eigenheiten. Während das archaische Sparta ein weltoffener, fortschrittlicher und kulturell mit dem übrigen Griechenland eng verbundener Staat gewesen war, verhinderten die spartanischen Behörden im 5. und 4. Jahrhundert systematisch die Verbreitung auswärtiger (potentiell ‚subversiver') griechischer Literatur, Kunst und Musik. Auch fanden regelmäßig wiederkehrende Ausweisungen von Fremden aus Sparta (*xenelasia*) statt. Die Geheimhaltung in militärisch-politischen Angelegenheiten wurde in Sparta als Prinzip hochgehalten. Gegner denunzierten Sparta als eine große Kaserne, Anhänger verklärten die spartanische Lebensweise als Vorbild einer wohlgeordneten Verfassung. Philosophen, Redner, Historiker und Publizisten diskutierten heftig über die *Lakedaimonion Politeia*, häufig als Gegenmodell zur direkten athenischen Demokratie.

Die Kontrolle des Verhaltens einzelner Spartiaten, welche sich längere Zeit im Ausland aufhielten, wurde nach dem Peloponnesischen Krieg verschärft, aber mehrere prominente Beispiele des 4. Jahrhunderts zeigten dennoch den verderblichen Einfluss des Lebens außerhalb Lakoniens und Messeniens auf Mitglieder der spartanischen Elite. Die strikte Bewahrung des hergebrachten Kosmos und die Übernahme der Hegemonie über Hellas im 4. Jahrhundert widersprachen sich als strategische Ziele. Wollte Sparta nach 404 über Festlandhellas und sogar über ein ägäisches Seereich herrschen, so erforderte diese Großmachtrolle den häufigen und langen Aufenthalt zahlreicher Spartiaten als Funktionsträger außerhalb Spartas. Ob es für diese Aufgaben genügend durch die Agoge hinreichend qualifiziertes Führungspersonal in Sparta gab, durfte mit Recht bezweifelt werden. Aus heutiger Sicht wird man sogar die Meinung vertreten können, dass die äußerlich glänzende spartanische Hegemonialstellung von 404 bis 371 den schnellen Niedergang von 371 bis 331 mitverursacht hat.

Der Konflikt zwischen der Bewahrung des spartanischen Kosmos und der Hegemonialrolle Spartas in Hellas

Diese Epoche des Niederganges zwischen Leuktra und Megalopolis führte Sparta immer stärker in die diplomatische Isolation und brachte einen weiteren Verlust seines militärischen und politischen Gewichtes in der griechischen Staatenwelt. Es war zwar konsequent, aber doch wenig zielführend, dass Sparta wegen des Dauerkonfliktes über Messenien und der übrigen Neuordnungen auf der Peloponnes nach 371 den allgemeinen Landfriedensordnungen dieser Jahrzehnte fern blieb, vor allem den Friedensschlüssen von 362 und dem Korinthischen Bund von 338/37 v. Chr. Betrachtet man die Verfassungs- und Lebensordnung der Spartaner im 4. Jahrhundert, so gewinnt man den Eindruck, dass sie auch nach dem Schock der Niederlage von Leuktra 371 zu einer längst überfälligen, tiefgreifenden Reform ihres sozialen und politischen Systems und zu einer Korrektur des spartanischen Sonderweges in der allgemeinen Entwicklung der griechischen Poliswelt trotz der klaren Erkenntnis verschiedener Probleme nicht fähig waren. Daher verschärfte sich die militärische, demographische, soziale und ökonomische Krise Spartas im Zeitalter Philipps II. und Alexanders des Großen immer mehr. Wie wenig Sparta in der Ära der Hegemonie Philipps II. und Alexanders des Großen überhaupt noch in der griechischen Politik zählte, erkennt man daran, dass Philipp II. das eigensinnige Fernbleiben Spartas vom Korinthischen Bund einfach als unbedeutend tolerieren konnte. Wenn es auch einer rangierten Feldschlacht bei Megalopolis 331 bedurfte, bevor Antipater, der makedonische Statthalter Europas, den Aufstand der Spartaner und weniger Verbündeter auf der Peloponnes unter König Agis III. niederschlagen konnte, wurde doch durch diesen Aufstand die makedonische Hegemonialordnung in Hellas nicht ernsthaft gefährdet. Denn die Spartaner fanden für ihren offenen Aufstand keine mächtigen Verbündeten mehr, vor allem nicht die Unterstützung Athens und seiner Flotte. Die Siege Alexanders in Asien und die brutale Vernichtung des aufständischen Theben hatten seine Gegner in den griechischen Poleis vorsichtig werden lassen. Sparta sank nach 331 selbst auf der Peloponnes in den Rang einer unbedeutenden Macht zurück, die durch immer schärfere demographische, soziale und ökonomische Probleme belastet wurde. In der frühen Diadochenzeit blieb Sparta bis zum Auftreten der Reformkönige Agis IV. und Kleomenes III. im 3. Jahrhundert mit sich selbst beschäftigt und wurde ein bloßer Spielball größerer Mächte in ihrem blutigen Kampf um die Herrschaft in Griechenland und Makedonien.

Die fortschreitende diplomatische Isolation Spartas

Die Transformation Spartas zu einem politischen, philosophischen und pädagogischen Ideal

Während die militärische und politische Bedeutung Spartas für den Verlauf der griechischen Geschichte immer schneller abnahm, wurde bereits in der späten Klassik, dann noch viel stärker im Hellenismus und der römischen Kaiserzeit Sparta im Gegenzug zu einem politischen, philosophischen und pädagogischen Ideal und einem Modell der Beständigkeit und Wohlgeordnetheit eines Staatswesens stilisiert. Herausragende Spartaner mit ihren Taten und Aussprüchen wurden in Kreisen konservativer Griechen und Römer zu Vorbildern der Jugenderziehung. Die Transformation des realen Staatswesens Sparta in den wirkmächtigen Mythos Sparta fand mit einer zeitlichen Verzögerung eine interessante Parallele in der Metamorphose Athens von einer machtbewussten, unabhängigen, nach Hegemonie strebenden Polis des 5. und 4. Jahrhunderts zu einem machtlosen, friedlichen Bildungszentrum und einem weit ausstrahlenden Symbol der griechischen Klassik.

VII. Theben und Mittelgriechenland von Thebens Hegemonie bis zur Zerstörung der Polis (371–335 v. Chr.)

379	Befreiung der Burg von Theben, demokratischer Umsturz und Reorganisation des demokratischen Boiotischen Koinon in den folgenden Jahren
375/74–370	Iason von Pherai herrscht in Thessalien
371	Sieg von Leuktra und Beginn der thebanischen Hegemonie
368/67	Megalopolis als neue Hauptstadt der Arkader gegründet
364	thebanische Flottendemonstration in der Ägäis
362	Schlacht von Mantineia und Ende der thebanischen Hegemonie
369–358	Alexander von Pherai in Thessalien
356–346	Dritter Heiliger Krieg
346	Philokratesfrieden, Kapitulation der Phoker, Reorganisation der Delphischen Amphiktyonie
344–342	Reorganisation des Thessalischen Koinon; Philipp als Archon
339–338	Vierter Heiliger Krieg und erneute Intervention Philipps II. in Mittelgriechenland
338	Niederlage einer Koalition von Griechenstaaten bei Chaironeia gegen Philipp II.
335	gescheiterter Aufstand Thebens gegen Alexander und Zerstörung Thebens

1. Theben und der Boiotische Bund im 4. Jahrhundert

Mittelgriechenland von den Aitolern und Akarnanen im Westen über die Lokrer und Phoker bis zu den Thessalern und Boiotern im Osten war von strategischer Bedeutung für jede Macht, die eine Hegemonie über das festländische Hellas errichten wollte. Diese Erfahrung hatten im Laufe des 5. und frühen 4. Jahrhunderts schon die Athener und Spartaner machen müssen, denen es weder mit diplomatischen Mitteln noch durch militärische Machtdemonstrationen gelungen war, ihre Hegemonie in diesem Raum für längere Zeit zu behaupten. Zwischen 371 und 362 versuchte dann Theben, seine Hegemonie in der griechischen Poliswelt auf die unmittelbare Kontrolle des Boiotischen Bundes und die politisch-militärische Vorherrschaft in Mittelgriechenland zu stützen. Der Aufstieg Makedoniens unter Philipp II. zur Führungsmacht in ganz Griechenland gelang schließlich erst, nachdem der König zuvor in der mittelgriechischen Region seine Vorherrschaft befestigt hatte. Ohne die enge Anbindung Thessaliens an Makedonien und Philipps Erfolge im Dritten Heiligen Krieg von 356 bis 346 gegen die Phoker, die ihm panhellenisches Prestige und die Hegemonie über die Delphische Amphiktyonie einbrachten, wäre der Sieg bei Chaironeia 338 schwerer zu erringen gewesen.

Die bedeutenden Veränderungen im Militärwesen des 4. Jahrhunderts haben für den Verlauf der kriegerischen Auseinandersetzungen in Mittelgriechenland augenfällige Konsequenzen gehabt. Noch einmal sind hier die Professionalisierung der Kriegführung, das zunehmende Gewicht leichtbewaffneter Fußsoldaten im gebirgigen Hellas, die Nachteile von Bürgermilizen im Kampf gegen gut geführte Söldnerarmeen zu erwähnen, welche zum Beispiel die thessalischen Dynasten Iason und Alexander von Pherai oder die phokischen Strategen aufstellten. Mittelgriechenland hatte besonders schwer unter den verheerenden Folgen langjähriger Kriege ohne kriegsentscheidende Schlachten zu leiden. Bürgerkriege, soziale und ökonomische Krisen und Verschuldungsprobleme belasteten viele mittelgriechische Poleis stärker als diejenigen anderer Regionen von Hellas. In den Friedensordnungen nach dem Königsfrieden 386 und vor dem Korinthischen Bund von 338/37 erlangte die mittelgriechische Staatenwelt keine dauerhafte Stabilität.

Bedauerlicherweise hören wir über wichtige Entwicklungen und Ereignisse in dieser Region zwischen den Schlachten von Mantineia 362 und von Chaironeia 338 und dem Aufstand und der Zerstörung Thebens 335 meist nur bruchstückhafte Nachrichten. Denn die reiche boiotische Historiographie des 4. Jahrhunderts und fast alle lokalhistorischen Werke sind bis auf wenige Fragmente verloren. Die uns noch besser zugängliche literarische Überlieferung (vor allem athenischer Autoren) konzentriert sich stark auf die Auseinandersetzung zwischen Philipp II. und Athen. Sofern sich dieser übergeordnete Konflikt mit Orten und Entwicklungen des mittelgriechischen Raumes verband, wird auch unsere Quellenlage besser, so für bestimmte Phasen des Dritten Heiligen Krieges (356–346) und die Friedensregelungen mit den Phokern an dessen Ende oder zu den Reformen des Thessalischen Koinon unter Philipp II. (344–342), seiner Intervention gegen Amphissa 339 im Auftrag der Delphischen Amphiktyonie und der Kampagne von Chaironeia 338.

Das Scheitern Thebens als Hegemonialmacht in Hellas

Der kurzzeitige Aufstieg Thebens und seines Boiotischen Bundes zur Hegemonialmacht in Hellas zwischen 371 und 362 und der fortschreitende Verfall der thebanischen Macht zwischen 362 und 346 hatten auf die meisten Staaten der Region destabilisierende Auswirkungen, vor allem auf Euboia, Phokis, Lokris und Thessalien. Für eine Hegemonie über ganz Hellas war die demographische, wirtschaftliche und militärische Basis der Thebaner in Boiotien viel zu schwach, wie sich schon nach der Schlacht von Mantineia 362 erwies. Die Thebaner selbst stellten gute Hoplitentruppen, aber zu wenig Reiterei. Ferner verfügten die Thebaner zunächst über keine eigene Flotte. Ihre maritime Schwäche nach den Niederlagen zur See bei Knidos und Naxos hatte zuvor auch bereits den Spartanern als einer früheren Führungsmacht schwer geschadet. Als dann schließlich eine thebanische Flotte mit persischen Subsidien 364 aus dem Boden gestampft wurde, erreichte sie bei ihrer ersten und einzigen Fahrtdemonstration durch die Ägäis zwar einige Erfolge, trat aber in den folgenden Jahren gar nicht mehr in Erscheinung. Schließlich fehlte den Thebanern ähnlich wie den Spartanern nach 404 ein panhellenisches Konzept, mit dem man die übrigen Griechenstaaten hätte überzeugen können, sich freiwillig Theben unterzuordnen. Vieles hing bei Thebens schnellem Aufstieg von dem persönlichen Geschick der beiden Feldherren Epameinondas und Pelopidas ab, nach deren Tod keine gleichrangigen militärischen und politischen Führer mehr zur Verfügung standen.

Q

Ein Lob des Epameinondas als Bürger und Strategen
(Diod. 15,88, Übers. J. Engels)

„Für uns aber, die wir die gute Gewohnheit haben, anlässlich des Todes guter Männer ein angemessenes Lob auf sie auszusprechen, wäre es keineswegs passend, ohne eine Bemerkung den Tod eines solchen hervorragenden Mannes (sc. des Epameinondas) zu übergehen. Denn meiner Meinung nach übertraf er alle seine Zeitgenossen in seinen strategischen Fähigkeiten und seiner Erfahrung im Kriegswesen, zudem aber auch in seiner zivilisierten Wesensart und seiner Großherzigkeit ... (es folgt eine lange Reihe zeitgenössischer und älterer hervorragender Feldherren) ... Falls man deren Qualitäten mit der Feldherrenkunst und dem Ansehen des Epameinondas vergleichen wollte, würde man finden, dass die Vorzüge des Epameinondas jene übertrafen. Denn bei jedem der anderen Feldherren könnte man eine herausragende Begabung finden, durch die er auf Ruhm Anspruch hatte, nur bei Epameinondas aber waren alle diese Qualitäten in einer Person vereint. Denn in seiner Körperkraft und Beredsamkeit, dann in seiner hochherzigen Geisteshaltung, der Verachtung für Reichtum und Gewinn, seiner zivilisierten Wesenart und vor allem in seinem Mut und seiner strategischen Intelligenz übertraf er alle anderen bei weitem. Daher kam es, dass in seiner Lebenszeit sein Vaterland die Hegemonie über Hellas erlangte, sie jedoch verlor, als er starb, und danach immer größere Verschlechterungen seiner Lage erlebte und schließlich, infolge der Unvernunft seiner Anführer, sogar die Versklavung der Bürger und die Zerstörung der Polis erdulden musste."

Die Schlacht von Mantineia und ihre Folgen

Im Sommer 362 trafen in der Ebene von Mantineia auf der Peloponnes die beiden bisher größten Landarmeen verbündeter griechischer Staaten des 4. Jahrhunderts aufeinander. Zeitgenössische Beobachter wie Xenophon erwarteten, dass der Ausgang der großen Hoplitenschlacht sofort über die Hegemonie in Hellas entscheiden werde. Der thebanische Anführer Epameinondas hatte eine eindrucksvolle Koalitionsarmee zentralgriechischer Staaten in die Peloponnes geführt, darunter außer Boiotern Hilftruppen des Thessalischen Koinon und Alexanders von Pherai, aber auch Arkader, Messenier und andere Peloponnesier. Ihnen gegenüber standen vor allem die Spartaner, ferner Mantineer und Athener. Der Tod des Epameinondas in der Schlacht entwertete den Sieg der thebanischen Koalition. Die Schlacht mit ihren zahlreichen Opfern hatte keines der offenen politischen Probleme entschieden. Doch nach Mantineia brach die thebanische Hegemonialstellung ähnlich schnell zusammen, wie sie nach 371 errichtet worden war. Der Niedergang der Machtstellung Thebens zeigt sich in den folgenden Jahren in seinem sinkenden Einfluss auf der Peloponnes, im Verlust der Vormachtstellung in Thessalien an den Makedonenkönig Philipp II. und darin, dass Theben und seine lokalen Verbündeten nicht in der Lage waren, im Dritten Heiligen Krieg dem Treiben der phokischen Söldner Einhalt zu gebieten und die Kontrolle über die Delphische Amphiktyonie und das Heiligtum des Apollon zu erringen.

Auch eine neue *koine eirene* von 362 konnte die gravierenden Konflikte auf der Peloponnes nicht schlichten, da Sparta ihr fernblieb, weil Messenien in die Friedensordnung eingeschlossen war. Daraufhin versuchte Theben, durch diplomatische Mittel und militärische Interventionen, die Gegner Spartas auf der Peloponnes zu unterstützen und das spartanische Potential einzudämmen, doch konnten diese Interventionen in den 350er Jahren keine stabile, thebanisch bestimmte Ordnung der Peloponnes mehr erzwingen.

Der reformierte und demokratische Boiotische Bund

Das Aufblühen von Föderalstaaten als polisübergreifende Strukturen neben Stammstaaten und Einzelpoleis lässt sich gut an den mittelgriechischen Koina der Boioter, der Thessaler, der Akarnanen und der Aitoler zeigen. Nach der Vertreibung der spartanischen Besatzung aus der Kadmeia, der Burg von Theben, 379 hatten die Thebaner sich eine demokratische Verfassungsordnung gegeben. Unmittelbar danach wurde gegen den Widerstand Spartas das nun ebenfalls demokratische Boiotische Koinon unter thebanischer Führung erneut begründet. In diesem reformierten Föderalstaat des 4. Jahrhunderts behielten die einzelnen Mitgliedspoleis ihre lokale Autonomie. Daher wurde formal der Königsfrieden von 386 nicht verletzt. Sie gaben aber bestimmte staatliche Aufgaben und Rechte an den Bundesstaat und seine Organe ab. Alle Bürger konnten in ihren lokalen Primärversammlungen (den Volksversammlungen der Mitgliedspoleis) und in einer gemeinsamen Bundesversammlung abstimmen, die regelmäßig in Theben tagte. Sieben Boiotarchen bildeten die oberste Bundesmagistratur. Indem Theben bereits vier von diesen Obermagistraten bestimmte, wurde seine Dominanz in dem neuen Bund als Hegemonialmacht deutlich. Im alten Bundesstaat des späten 5. und frühen 4. Jahrhunderts hatten elf Kreise jeweils eine Abteilung des Bundesheeres, einen Strategen und je sechzig Ratsmitglieder zu einem Bundesrat von 660 Mitgliedern gestellt. Doch bei der verminderten Anzahl von sieben Boiotarchen gegenüber elf früheren Bundesstrategen ist zu erwarten, dass nach 379 die einzelnen boiotischen Bezirke, welche das Bundesgebiet gliederten und nach denen auch das Heer geordnet wurde, jeweils größer zugeschnitten waren. Eine Entsendung von Delegierten in einen Bundesrat ist nicht mehr ausdrücklich bezeugt, doch scheint ein solches Gremium aus der föderalstaatlichen Tradition der Boioter zumindest möglich, sofern nicht das Kollegium der Boiotarchen die Aufgaben des alten Bundesrates als ein sehr kleines, aber hocheffizientes föderales Regierungsgremium übernahm. Die Boiotarchen hatten in Krieg und Frieden die höchste exekutive Gewalt inne. Sie präsidierten der neuen Bundesversammlung und übernahmen das Kommando über die Bundesarmee. Die neue Bundesversammlung tagte in Theben. Dies erleichterte den Bürgern der Hegemonialmacht, fast immer eine Abstimmungsmehrheit zu stellen, und erschwerte Bürgern aus Grenzgebieten Boiotiens wie zum Beispiel Oropos die Partizipation in föderalen Angelegenheiten. Diese Primärversammlung war der formale Souverän des Bundes. Sie entschied nach Anträgen der

Boiotarchen über Krieg und Frieden, Gesandtschaften und andere Punkte. Das Gemeinschaftsbewusstsein manifestierte sich auch in einer Bundesmünzprägung und Bundesgerichten. Wenn auch offensichtlich der neue Boiotische Bund nach 379 noch eindeutiger als sein Vorgänger von der Hegemonialmacht Theben dominiert wurde, hat er doch über Jahrzehnte bis zu seiner Auflösung durch Philipp II. nach Chaironeia im Rahmen des Siegfriedens gegen Theben oder spätestens durch Alexander nach dem Scheitern des thebanischen Aufstandes 335 für die meisten Boioter zufriedenstellend funktioniert.

Von der Niederlage bei Chaironeia bis zur Zerstörung Thebens

Anders als Athen, das eine demonstrativ milde Behandlung erfuhr, wurde Theben von König Philipp 338/37 durch harte Friedensbedingungen weiter geschwächt, mit denen er für die Zukunft eine Hegemonie Thebens über Boiotien verhindern und einen Keil zwischen die ehemaligen Verbündeten Athen und Theben treiben wollte (vgl. Kapitel III). Die demokratische Mehrheit der Bürgerschaft sah sich sogar mit einer makedonischen Besatzung auf der Burg von Theben und einer promakedonisch-oligarchischen ‚Quislingregierung' konfrontiert. Es erstaunt daher wenig, dass die Thebaner mit der neuen makedonischen Hegemonie über Hellas und Thebens Rolle in der Friedensordnung des Korinthischen Bundes besonders unzufrieden waren. Als Theben 335 jedoch einen offenen Aufstand gegen Alexander wagte, führte dieser für die Thebaner in die Katastrophe, zur völligen militärischen Niederlage und zur Vernichtung Thebens als städtischem Zentralort. Erst 316 ließ Kassander unter den radikal veränderten Rahmenbedingungen der Epoche der Diadochenkriege Theben als Poliszentrum wieder aufbauen.

2. Weitere Föderalstaaten in Mittelgriechenland und der Dritte Heilige Krieg

Die Akarnanen

Außer den Koina der Thessaler und Boioter erlangten in Mittelgriechenland auch die Föderalstaaten der Akarnanen und Aitoler im 4. Jahrhundert größeren Einfluss. Die leidvolle Geschichte der akarnanischen Region im Verlauf des Peloponnesischen Krieges wirkte als ein Katalysator, der das Zusammenwachsen der Akarnanen zu einem Föderalstaat beschleunigte, welcher erstmals sicher 389 bezeugt ist. Die größte Stadt Akarnaniens, Stratos, bildete auch das Zentrum des Föderalstaates, der Strategen als militärische Obermagistrate und einen Bundesrat kannte. Das Koinon blieb aber zunächst noch so schwach, dass die Spartaner Anfang des 4. Jahrhunderts den Eintritt der Akarnanen als Wehrkreis in den Peloponnesischen Bund erzwingen konnten. Doch nach dem eindrucksvollen Sieg der Athener unter Timotheos bei Alyzia wechselten die Akarnanen 375 in den Zweiten Attischen Seebund. 342 verband sich das Koinon mit dem neuen Hellenenbund des Demosthenes, bevor dann nach 338 Makedonien unter Philipp und Alexander die Athener als Schutzmacht der Akarnanen ablöste. Die Akarnanen fühlten sich durch die Aitoler als östliche, größere Nachbarn bedroht. Diese Bedrohung beschleunigte die Urbanisierung und den Ausbau föderaler Organe der Akarnanen im Laufe des 4. und frühen 3. Jahrhunderts. Damals hören wir von einem Bundesrat (*Synhedrion*), sieben Strategen aus sieben Bundeskreisen, einem Bundesheer, dessen Soldaten zugleich die Mitglieder der Primärversammlung stellten (die Tausend/*Chilioi*), einem *Tamias* (Schatzmeister) und einen *Hipparchos* (Reiterführer).

Die Aitoler

Die langjährigen Gegner der Akarnanen, die Aitoler, stellten nach der Größe ihres Siedlungsraumes und der Volkszahl die bedeutendste Stammesgruppe in Mittelgriechenland. Aitolien bietet auch ein gutes Beispiel für die dynamische Entwicklung von im 5. Jahrhundert noch relativ zurückgebliebenen, stammstaatlich geprägten Regionen durch eine zunehmende Urbanisierung und die Ausbildung föderalstaatlicher Organe. Am Ende der Alexanderzeit stellten die Aitoler eine politisch und militärisch ernst zu nehmende Macht dar. Das religiöse, politische und wirtschaftliche Zentrum der Aitoler befand sich in Thermos. Die alte stammstaatliche, lockere Ordnung Aitoliens, wie sie uns im Peloponnesischen Krieg bezeugt ist, wurde im 4. Jahrhundert durch eine modernere, föderalstaatliche Ordnung ersetzt. Das Koinon der Aitoler, zuerst derart 367 in unseren Quellen genannt, formierte sich aus Gauen und Poleis. Die Aitoler dehnten ihr Gebiet zunächst deutlich durch Vertreibung der achaischen Einwohner Kalydons aus. Der wichtige Hafen von Naupaktos kam aber erst 338 zu Aitolien, als Philipp II. die Stadt dem Koinon übergab. Mit der Eroberung von Oiniadai 330, die den Statuten des Korinthischen Bundes widersprach und später für die Aitoler 324 im Zusammenhang mit dem Verbanntendekret Alexanders große Probleme schuf, schlossen die Aitoler ihre Expansion an die Küste ab. Im Lamischen oder Hellenischen Krieg (323–322) standen sie als wichtigster Verbündeter zu Lande an der Seite der Athener gegen Makedonien. In der frühhellenistischen Epoche verfügte das Koinon über eine ausgebildete Magistratur (Strategos, Hipparchos, Sekretär), eine Bundesversammlung, die in Thermos tagte, und einen großen Bundesrat (*Synhedrion, Bule*) von etwa 1500 Mitgliedern. Ein kleinerer Ausschuss daraus, die so genannten Apokleten unter Vorsitz des Strategen, führte im Regelfall die Geschäfte des großen Rates.

Die Arkader

Der Zweite Arkadische Bund bildete sich infolge der Niederlage der Spartaner bei Leuktra um die 368/67 neu durch einen *Synoikismos* (Zusammenschluss mehrerer älterer Siedlungszentren zu einem neuen Zentralort) gegründete Hauptstadt der Arkader, Megalopolis, und unter dem Schutz der thebanischen Hegemonie. Doch als diese nach 362 ihren Niedergang erlebte, zerfiel dieser Arkadische Bund als Machtfaktor auf der Peloponnes ebenfalls schnell wieder durch heftigen Streit zwischen den wichtigsten Poleis Megalopolis und Tegea.

Die Thessaler

Der Niedergang der thebanischen Vorherrschaft in Thessalien hatte für die politische Entwicklung Griechenlands und den Aufstieg Makedoniens noch gravierendere Konsequenzen als diese Entwicklungen auf der Peloponnes. In Thessalien bedrängte in der Nachfolge des Iason von Pherai nun der Dynast Alexander von Pherai zwischen 361 und seinem Tode 358 mit einer kampfkräftigen, großteils aus Söldnern bestehenden Armee andere thessalische Poleis und kämpfte um die Hegemonie in dieser Region. Die bedrohten Thessaler schätzten die militärische und politische Situation richtig ein. Sie wandten sich gar nicht mehr um Hilfe an Theben als Schutz- und Ordnungsmacht, sondern zunächst an Athen, danach mit weitreichenden Folgen an Makedonien. Alexander von Pherai wurde 358 ermordet, aber die innerthessalischen Streitigkeiten hielten an. Führende Aristokraten um die Aleuadensippe von Larissa riefen in dieser Lage den Makedonenkönig Philipp II. als neuen Schutzherren ins Land, knüpften mit ihm diplomatische Kontakte und 357 sogar eine Heiratsallianz, als Philipp die Thessalerin Phila heiratete.

Thessalien war seit alter Zeit in vier Bezirke (*Tetraden*) aufgeteilt. Diese waren traditionell mit bestimmten Landlosen (Gütern/*Kleroi*) verknüpft, die wiederum eine festgelegte Anzahl von Reitern und Fußsoldaten für das Heer stellten, im erblichen Besitz aristokratischer Clans waren sowie von einer halbfreien bäuerlichen Bevölkerung, den *Penesten*, bewirtschaftet wurden. Autonome Poleis spielten im 4. Jahrhundert in Thessalien dagegen noch eine geringere Rolle. Der Thessalische Bund blieb im frühen 4. Jahrhundert ein schwaches föderalstaatliches Gebilde, das mit den mächtigen Adelsfamilien und Dynasten der thessalischen Zentren dauerhaft im Konflikt lag, vor allem mit den Dynasten von Pherai. Diese werden in ihnen gegenüber feindlichen antiken Quellen auch „Tyrannen" genannt. Unter diesen hatte sich zuerst Iason durch seine Machtstellung ausgezeichnet, der 375/74 zum *Tagos* (Oberfeldherren) der Thessaler gewählt, aber bereits 370 ermordet wurde. Ein Versuch der Stärkung des Bundes durch die Einführung des jährlichen Archontates als oberster Bundesmagistratur half wenig. Unter Iasons Nachfolgern war Alexander von Pherai der energischste. Aber auch nach seiner Ermordung hörte die Krise in Thessalien nicht auf, bis Philipp II. zum Oberbefehlshaber und Archon der Thessaler auf Lebenszeit gewählt wurde. Er stärkte das traditionelle Tetradenwesen, verband sich familiär mit den Aristokraten aus Larissa und förderte die Herrschaft von *Dekarchien* (Zehnerherrschaften) in einigen thessalischen Poleis. Thessalien blieb von Philipp II. bis zur Regierung des Königs Perseus im 2. Jahrhundert v. Chr. eng mit Makedonien verbunden. Aufgrund seiner Lage vor Makedoniens Südgrenze, wegen der guten thessalischen Reiterei und durch den Getreidereichtum des Landes blieb das Land für jeden Makedonenkönig wichtig.

Beginn und Verlauf des Dritten Heiligen Krieges

Noch folgenreicher als die instabile Lage in Thessalien wurden für ganz Hellas die Feindseligkeiten zwischen den Mitgliedern der Amphiktyonie von Delphi, der altehrwürdigen sakralen und politischen Organisation der Umwohner des wichtigsten zentralgriechischen Heiligtums des Apollon. Bei den Kriegshandlungen, die sich von 356 bis 346 hinzogen, spricht man vom Dritten Heiligen Krieg, da die Kontrolle des delphischen Heiligtums und der Delphischen Amphiktyonie umkämpft war.

Phoker und benachbarte Lokrer waren beide Mitglieder der Amphiktyonie und lagen nicht selten im Streit. 356 gelang es den Lokrern, mit Hilfe ihrer Verbündeten, den Boiotern und Thessalern, eine Mehrheit in der Delphischen Amphiktyonie für eine Verurteilung der Phoker zustande zu bringen. Angeblich hatten die Phoker heiliges Land widerrechtlich bestellt, das dem Gott von Delphi gehörte. Die Strafbeschlüsse gegen Phokis sollten auch das angeschlagene außenpolitische Prestige Thebens wiederherstellen und seine Führungsrolle in der Amphiktyonie demonstrieren. Gestützt auf ihre Freundschaft zu den Spartanern und Athenern widersetzten sich aber die Phoker dem Beschluss und lösten den Dritten Heiligen Krieg aus. Indem die Phoker auf Anraten ihres führenden Staatsmannes Philomelos den Mehrheitsbeschluss der Amphiktyonie missachteten, wurde deren politische Autorität als Organ zur Streitschlichtung in provokanter Weise in Frage gestellt. Lokrer, Boioter und Thessaler standen im folgenden Krieg als Verbündete gegen die Phoker, die durch Spartaner und Athener unterstützt wurden. Im Frühjahr 356 rissen die Phoker in einem Handstreich die Kontrolle des panhellenischen delphischen Heiligtums und der großen dort angehäuften Schätze an sich. Die meisten Zeitgenossen sahen in diesem Vorgehen der Phoker ein ruchloses Sakrileg. Aber es war leider nicht das erste Mal, dass im 4. Jahrhundert ein bedeutendes panhellenisches Heiligtum durch kriegerische Handlungen entweiht worden war. So hatten sich zum Beispiel bereits die Arkader und die Eleier im heiligen Bezirk von Olympia während der Olympischen Spiele einmal Kämpfe geliefert. Mit ihrer geringen Bevölkerungszahl, auf die knappen Ressourcen des armen Phokis gestützt, und angesichts der Stärke der Koalition ihrer Gegner hätten die phokischen Bürgeraufgebote den Krieg kaum lange führen können. Aber mit den konfiszierten Schätzen des delphischen Heiligtums warb man nun zahlreiche kampferprobte Söldner an.

Diese Söldner kämpften etwa zehn Jahre lang im Dritten Heiligen Krieg von 356 bis 346 in Phokis, Lokris, Boiotien und Thessalien. Eindrucksvoller als jemals zuvor in einer innergriechischen Auseinandersetzung des 5. und 4. Jahrhunderts erwies sich im Dritten Heiligen Krieg, dass die konventionellen Bürgermilizen der meisten griechischen Poleis einer professionell geführten Söldnerarmee kaum mehr gewachsen waren. Erst nach langen und wechselvollen Kämpfen konnten die Söldnertruppen der Phoker durch die ebenfalls neuartig ausgerüstete und organisierte, in fast jährlichen Kriegen trainierte Armee Philipps II. geschlagen werden. Die unübersichtliche Lage, die aus dem Niedergang der thebanischen Hegemonialmacht nach 362 und durch die Niederlage Athens im Bundesgenossenkrieg (357–355) entstanden war, erleichterte Philipp seine Interventionen in Zentralgriechenland.

Die erste bedeutende strategische Wende nahm der Kriegsverlauf durch den Sieg Philipps und seiner thessalischen Verbündeten über die phokischen Söldner unter dem Kommando des Onomarchos in einer Ebene am Golf von Pagasai 352. Der Sieg vertrieb die Phoker auf Dauer aus Thessalien, verschaffte Philipp die sichere Kontrolle über diese Schlüsselregion und hätte schnell zum Ende des gesamten Krieges führen können, wenn sich nicht die Athener den vorrückenden Makedonen am Thermopylenpass entgegengestellt hätten. Wenn auch die Polis Athen in diesen Jahren unter der politischen Führung des Eubulos von Probalinthos kostspielige militärische Expeditionen weitgehend vermied, so galt doch der Thermopylenpass als eine der strategischen Linien, jenseits derer man Philipps Einfluss im südlichen Griechenland zu verhindern suchte. So schleppte sich der Dritte Heilige Krieg noch jahrelang bis zur Kapitulation der Phoker 346 hin. Weite Gebiete Zentralgriechenlands wurden dabei so stark in Mitleidenschaft gezogen, dass sie bis zum Ende des 4. Jahrhunderts verarmt blieben. Es hängt auch mit der substantiellen Schwächung wichtiger Staaten dieser Region zusammen, dass sich in der antimakedonischen Koalition des Hellenenbundes des Demosthenes vor 338 außer Theben kaum kampfstarke Verbündete aus Zentralgriechenland fanden.

Die Niederlage der Phoker, der Philokratesfrieden und die neue Organisation der Delphischen Amphiktyonie

Das Jahr 346 markiert eine Zäsur der griechischen Geschichte in der Zeit Philipps II. und Alexanders des Großen. Denn in diesem Jahre wurde außer dem Dritten Heiligen Krieg ebenfalls der langjährige Krieg zwischen Philipp II. und Athen im Frieden des Philokrates beigelegt. Athenische und spartanische Pläne, erneut den Thermopylenpass zu sperren, scheiterten an der Eskalation der Lage in Phokis. Dort suchten verantwortliche Politiker nun Sündenböcke, denen man die Schuld für die frevelhafte Kriegführung der vergangenen zehn Jahre auflasten konnte. Für diese Rolle scheint man Phalaikos ausersehen gehabt zu haben, einen der Söldnerführer, der das Kontingent am Thermopylenpass befehligte. Phalaikos und ein Teil der Söldner aber konnten ihre eigene Haut in letzter Minute retten, indem sie gegen die Zusicherung persönlicher Straffreiheit dem Makedonenkönig den Durchmarsch durch den Thermopylenpass eröffneten. Danach wurde Phokis von Philipps Armee ohne Mühe erobert. Die phokischen Städte und alle für die bisherige Politik und Kriegführung in besonderem Maße Verantwortlichen traf 346 ein hartes Strafgericht. Immerhin kam es nicht zu Massenhinrichtungen, wie sie Philipp wenige Jahre zuvor nach seinem Sieg über die Söldner des Onomarchos zur Abschreckung hatte vollziehen lassen. Die Landschaft Phokis wurde entmilitarisiert. Damit waren die Phoker weiteren Strafaktionen schutzlos ausgeliefert. Alle befestigten phokischen Städte mussten als Zentralorte aufgegeben werden. Einige Zeit lang siedelten die Phoker nun wieder zwangsweise verstreut in Dorfsiedlungen statt in Poleis. Wir sehen hier ein weiteres Beispiel für einen *Dioikismos* als Strafmaßnahme, der nun aber 346 mit Phokis eine ganze Landschaft traf, während die Spartaner sich bei der erzwungenen Zersiedelung Mantineias noch auf eine Polis beschränkt hatten. Bedenkt man die Bedeutung, die Polisvororte für die soziale, wirtschaftliche und kulturelle Entwicklung einer Region im 4. Jahrhundert spielten, kann man die Härte dieser Bestimmung ermessen. Alle von Phokern eroberten boiotischen Poleis wurden erneut selbständig und bildeten aus Dankbarkeit gegenüber Philipp fortan ein Gegengewicht gegen thebanische Hegemonialansprüche im Boiotischen Bund. Schließlich wurden die Phoker verpflichtet, durch in Raten zu zahlende Entschädigungen dem Heiligtum von Delphi den finanziellen Schaden zu ersetzen. Für eine arme Region wie Phokis und angesichts der Kriegsschäden nach einem zehnjährigen Krieg erwies sich diese Reparationsklausel als schwere Bürde. Die bisherigen phokischen Stimmen im Rat der Amphiktyonie wurden Philipp II. übertragen, dem sie fortan zusammen mit den thessalischen Stimmen zu einer Mehrheit im Rat verhalfen. Phokis und Lokris, an deren Konflikt sich der Dritte Heilige Krieg entzündet hatte, schieden nach 346 als eigenständige Machtfaktoren in der griechischen Staatenwelt im Zeitalter Philipps und Alexanders aus.

Philipps hegemoniale Stellung in Mittelgriechenland

Als König der Makedonen, Archon der Thessaler und neuer Hegemon der nach der Bestrafung der Phoker reorganisierten Delphischen Amphiktyonie stand Philipp auf einem ersten Höhepunkt seiner Macht. Erst ein Makedone, an dessen vollgültigem Griechentum traditionsbewusste Griechen wie Demosthenes laute Zweifel erhoben, hatte den skandalösen Krieg in Mittelgriechenland siegreich beendet und nun die Rolle des Schutzherren Delphis, eines der wichtigsten panhellenischen Heiligtümer, übernommen. Thebens hegemoniale Ambitionen in Thessalien, Zentralgriechenland und auf der Peloponnes gehörten endgültig der Vergangenheit an. Selbst im Boiotischen Koinon zeichnete sich eine Krise der Vorherrschaft der Thebaner ab. Athen und Sparta erlitten einen deutlichen Verlust ihres Ansehens, weil sie die tempelräuberischen Phoker lange unterstützt hatten. Indem Philipp nach 346 auch selbstbewusst in die Rolle des Schutzherren der spartafeindlichen peloponnesischen Mächte eintrat, reichte seine Einflusszone schon vor dem Sieg von Chaironeia bis auf diese Halbinsel und verhinderte spartanische Revisionsversuche. Die Athener betrachteten mit Sorge den wachsenden Einfluss des Makedonenkönigs auf der Insel Euboia.

Zwischen 344 und 342 verstärkte Philipp seinen Einfluss auf das Thessalische Koinon weiter, indem er strukturelle Reformen der vier Tetraden durchsetzte. Er stärkte dabei auf Kosten des Einflusses der thessalischen Poleis das Gewicht führender Adelshäuser. Als Archon des Thessalischen Koinon konnte Philipp nicht nur im Kriegsfall auf die wertvolle thessalische Reiterei zurückgreifen, sondern auch das thessalische mit dem ehemals phokischen Stimmenpotential im Amphiktyonenrat verbinden. Nicht zufällig löste ein weiterer Beschluss der Amphiktyonie gegen Amphissa 339 die welthistorisch bedeutsame nächste Intervention Philipps in Zentralgriechenland aus (Vierter Heiliger Krieg). Denn diese führte zum Sieg im Krieg gegen die antimakedonische Koalition des Hellenenbundes unter Führung von Athen und Theben 338 bei Chaironeia.

VIII. Die kleinasiatischen Griechen im Zeitalter Philipps II. und Alexanders des Großen

386–338	Epoche des Königsfriedens
377–338	Zweiter Attischer Seebund
360er Jahre	Satrapenaufstände in Kleinasien
357–355	Bundesgenossenkrieg
343–342	kleinasiatisch-griechische Truppen an der Wiedereroberung Ägyptens durch Artaxerxes beteiligt
340	Perinth und Byzanz belagert
338–337	Gründung des Korinthischen Bundes und Kriegsbeschluss gegen das Achaimenidenreich
338–336	innere Wirren im Achaimenidenreich bis zur Festigung der Macht des Dareios III.
336	Vorauskommandos der Makedonen in Kleinasien; nach der Ermordung Philipps stürzen in Chios, Mytilene, Eresos und Ephesos die demokratischen, promakedonischen Regimes
334–332	Landung Alexanders in Kleinasien, Krieg an der Küste und im Ägäisraum, Belagerung von Milet und Halikarnassos, Aufnahme einiger Städte in den Korinthischen Bund, Unruhen an der Küste und auf der vorgelagerten Inselwelt
334	Sieg Alexanders am Granikos
333	Tod Memnons von Rhodos
333	Sieg Alexanders bei Issos
323–322	kleinasiatische Küstenstädte und Inselwelt vom Hellenischen Krieg betroffen, Seeschlachten bei Abydos und Amorgos

Die Ära des Königsfriedens

Die griechischen Polisstaaten der kleinasiatischen Küste und der ihr vorgelagerten Inselwelt erlebten im Zeitalter Philipps II. und Alexanders des Großen vor allem zwischen 336 und 331 radikale Umschwünge ihrer Verfassungsordnung und ihrer Situation, während zuvor die Koine-Eirene-Ordnung des Königsfriedens für Jahrzehnte die politische Raumordnung in dieser Region bestimmt hatte. Man kann von einer fast 50-jährigen Ära des Königsfriedens zwischen 386 und dem Angriffsbeschluss des Korinthischen Bundes gegen das Achaimenidenreich 337 und dem Beginn der Feindseligkeiten 336 sprechen. Der Königsfrieden entfaltete erstaunlicherweise für zahlreiche unter persischer Oberhoheit stehende Poleis seine längste Wirkung, während im griechischen Mutterland bereits in den 370er Jahren zentrale Elemente dieser Friedensordnung revidiert wurden. Nach 386 blieb die Unterscheidung zwischen kleinasiatischen Griechen der Küstengebiete, die unter der Gewalt des Großkönigs und seiner Satrapen standen, und den autonomen Griechenpoleis in der östlichen insularen Ägäiswelt grundlegend. Die kleinasiatischen Griechen beteiligten sich als loyale Untertanen an mehreren Kriegszügen des persischen Reichs mit substantiellen Flottenkontingenten und Landtruppen. Sie kämpften mit gegen Euagoras von

Zypern und bei der Rückeroberung des abtrünnigen Ägypten. Bei der entscheidenden Invasion Ägyptens 343 unter Artaxerxes III. Ochos stellten die kleinasiatischen Griechen circa 6000 Soldaten. Die zentrale Reichsregierung und die kleinasiatischen Satrapen intervenierten nur äußerst selten in die lokalen Angelegenheiten der Griechenpoleis. Man kooperierte gleichermaßen mit propersischen Stadtherrschern, oligarchischen und sogar (selten) demokratischen Regimes. Die Griechenpoleis genossen als Untertanen des Perserkönigs eine großzügige lokale Autonomie. Sie entrichteten einen mäßig hohen Tribut an den Großkönig und stellten auf Anforderung Truppen. Von den Griechenpoleis selbst gingen deshalb keine systematischen Aufstandsversuche gegen die persische Oberherrschaft aus. Die Parole vom Befreiungskrieg wurde vielmehr zuerst von athenischen Intellektuellen wie Isokrates und den makedonischen Königen Philipp und Alexander aufgebracht.

Die östlichen Griechen wurden im 4. Jahrhundert in die Sezessions- und Aufstandsversuche kleinasiatischer Satrapen und Dynasten hineingezogen, die die persische Oberhoheit fast eine Generation lang abzuschütteln versuchten und damit die kleinasiatischen Reichsgebiete schwächten. Doch der Zusammenbruch des großen Satrapenaufstandes in den 360er Jahren führte für die kleinasiatischen Poleis nicht zu einer spürbaren Verhärtung der persischen Herrschaft. Die Schwierigkeiten, welche die Reichsregierung mit seiner Niederschlagung hatte, ermutigten vermutlich Philipp II. und Alexander zu ihrem Angriffskrieg. Erst nach der Wiedereroberung Ägyptens 343/42 konnte sich der Großkönig Artaxerxes mit ganzer Energie dem Ziel widmen, seine volle Autorität über die kleinasiatischen Reichsteile wieder herzustellen. Hierbei erwies sich ihm außer seinen loyal gebliebenen Satrapen der rhodische Söldnerführer Mentor als hilfreich. Seine Position übernahm später Memnon von Rhodos. Die allgemeine Krise im Perserreich nach der Ermordung Artaxerxes III. 338 führte auch an der kleinasiatischen Küste zu einer Phase der Unsicherheit, bis sich Dareios III. durchgesetzt hatte.

Der Zweite Attische Seebund, Satrapenaufstände und der Bundesgenossenkrieg

Die im Königsfrieden feierlich bekräftigte *autonomia* und *eleutheria* der ägäischen Griechenpoleis außerhalb Kleinasiens wurde in den folgenden Jahrzehnten nicht durch Persien, sondern zunächst durch die Hegemonial- und Reichspolitik der Spartaner, darauf in den 360er Jahren kurzfristig durch die Flottendemonstration der Thebaner bedroht. Nachdem die Athener bereits seit 384 mit Chios und weiteren Poleis bilaterale Bündnisse verabredet hatten, schlossen sich viele östliche griechische Polisstaaten dem neugegründeten Zweiten Attischen Seebund an. Die östlichen Griechen stellten etwa ein Viertel aller Mitglieder dieser hegemonialen Symmachie in ihrer frühen Phase. Jedoch begann Athen schon in den 360er Jahren erneut, sich neben dem neuen Seebund einen direkten Herrschaftsraum, ein neues Seereich aufzubauen. Die Athener besetzten mit einer Kleruchie 366/365 Samos, später 353 Sestos und Krithote. Dieser Rückgriff auf ein verhasstes Instrument athenischer Reichspolitik des 5. Jahrhunderts versetzte viele Inselpoleis der Ägäis und der kleinasiatischen Küste in Unruhe. Weil sie in einer Mitgliedschaft im Seebund keine überzeugenden Vorteile mehr sahen, traten wichtige Gründungsmitglieder, vor allem Byzanz, Chios und Rhodos

357 aus dem Bündnis aus. Sie befürchteten nun einen athenischen Angriff, um die abgefallenen Mitglieder wieder in das Bündnis zu zwingen. In dieser Lage bot sich der karische Dynast Maussollos von Halikarnassos Byzanz, Chios, Rhodos und Kos als Schutzmacht und Verbündeter an. Die Athener fühlten sich zu dieser Zeit bereits durch die aggressive Außenpolitik Philipps II. in ihren Interessen an der thrakisch-makedonischen Küste bedroht. Ihr Selbstverständnis als eine Vormacht der griechischen Welt war insbesondere durch den Verlust von Amphipolis verletzt. Sie wollten daher durch hartes Vorgehen gegen die abtrünnigen Seebundsmitglieder Stärke zeigen und ihre hegemoniale Symmachie zugleich als Machtmittel in der Auseinandersetzung mit König Philipp festigen. Aus diesem Konflikt entstand der „Bundesgenossenkrieg" von 357–355, in dem sich die Athener gegen die gegnerische Allianz nicht durchsetzen konnten. Als schließlich auch noch eine Intervention des Perserkönigs zugunsten der Gegner Athens drohte, mussten die Athener einen wenig ehrenvollen Status-quo-Frieden abschließen, der in den Jahren 355 bis 338 von ihrem Seebund nur noch einen Torso übrig ließ. In der griechischen Inselwelt und an der kleinasiatischen Küste konnten die Athener fortan nicht mehr als führende Ordnungsmacht auftreten.

Perinth, Byzanz und Spannungen an den Meerengen

Die thrakische Chersonnes, das Hellespontgebiet und die vom Zweiten Attischen Seebund abgefallenen Poleis Byzanz und Perinth wurden in den 340er Jahren immer mehr zu einem Spannungsgebiet. Denn hier überkreuzten sich die Interessen der dortigen griechischen Poleis, thrakischer Fürsten, des Makedonenkönigs Philipp, der Athener und kleinasiatischer Satrapen auf gefährliche Weise. Während die Friedensordnung des Königsfriedens in diesem geostrategisch sensiblen Raum durch die Aufstände kleinasiatischer Satrapen und Dynasten und den Bundesgenossenkrieg zwar erschüttert, aber noch nicht völlig zerstört worden war, führten die Expansion Philipps in Thrakien bis vor Byzanz und seine Planungen für einen großen Angriffskrieg gegen das Achaimenidenreich in Kleinasien zu einer fundamentalen Neuordnung der bisherigen Machtgewichte.

Die Griechen der Inselwelt und der kleinasiatischen Küste nach Chaironeia

Der Sieg bei Chaironeia 338 verschaffte König Philipp eine Position, von der aus er die griechische Staatenwelt durch bilaterale Friedens- und Bündnisverträge und den Korinthischen Bund neu ordnen konnte. Diese Änderungen hatten auch Auswirkungen auf die Insel- und Küstenpoleis in der östlichen Ägäis. Der Korinthische Bund ernannte auf seiner konstituierenden Sitzung seinen Hegemon Philipp II. zum Oberfeldherren für die Führung eines möglichst bald zu eröffnenden ‚Rache- und Befreiungskriegs' gegen das Perserreich. Die Befreiung der kleinasiatischen Griechenpoleis stellte eines der beiden offiziell propagierten Kriegsziele dar, das zweite war die Rache für den persischen Angriff unter Dareios und Xerxes etwa 150 Jahre zuvor. Die ägäischen Insel- und kleinasiatischen Küstenpoleis wurden in die kommende große Auseinandersetzung zwischen der Allianz Philipps und dem Achaimenidenreich direkt hereingezogen. Neutralität oder passives Zuwarten waren diesmal für sie keine strategischen Optionen. Erst die bei Kriegsbeginn noch gar nicht absehbaren Entscheidungen des Siegers mussten zeigen, ob im Spannungsfeld zwischen königlichem Machtanspruch und städtischer Freiheit die nun beginnende neue Epoche gegenüber der vergangenen Ära des Königsfriedens Verbesserungen bringen würde.

Die Lage 336–335

Anfang 336 wurden bereits erste makedonische Truppen an die Nordwestküste Kleinasiens geschickt, um dort Brückenköpfe zu sichern, Verbündete unter den Griechenpoleis zu gewinnen und die Landung der Hauptarmee unter König Philipp vorzubereiten. Noch vor der Ermordung Philipps 336 konnte insbesondere Parmenion hier große Erfolge erzielen und fast die gesamte Nordwestküste Kleinasiens von Abydos bis nach Ephesos kontrollieren. Dareios III., keineswegs ein feiger, politisch und militärisch unfähiger Herrscher, wie ihn die alexanderfreundlichen griechischen Quellen schildern, konnte sich erst in diesem Jahr mit voller Energie der Lage an der Peripherie des Weltreiches in Kleinasien widmen, nachdem seine Nachfolge auf dem Achaimenidenthron und die Kontrolle über die zentralen Satrapien gesichert waren. Der Großkönig entsandte Memnon von Rhodos als Militärberater und Flottenführer und gab Anweisung an die zuständigen Satrapen, sich mit ihren lokalen Aufgeboten in Kleinasien um die Abwehr des bevorstehenden Angriffs zu kümmern. Von Memnons Aktionen zur See und an der Küste bedrängt, hielt es Parmenion nach der Ermordung Philipps II. für ratsam, sich mit seinem Vorauskommando wieder nach Europa zurückzuziehen. Daraufhin kam es in mehreren kleinasiatischen Küstenpoleis zum Sturz der soeben erst von Parmenion an die Macht gebrachten neuen Regierungen. In Chios, Mytilene, Eresos und Ephesos stürzten die demokratischen, promakedonischen Regimes. Perserfreundliche Oligarchien oder Stadtherrschaften kamen erneut Ende 336 und 335 ans Ruder. Bereits die erste Phase des panhellenischen Befreiungskrieges noch vor dem Übergang Alexanders nach Asien verursachte daher in einigen Poleis Bürgerkriege und Vertreibungen von Bürgergruppen.

Der Beginn des Alexanderzuges

Als Alexander dann selbst Anfang 334 nach Kleinasien übersetzte und seinen Eroberungskrieg begann, traf er auf härteren Widerstand als Parmenion 336. Nach der Schlacht gegen ein Aufgebot der Satrapen am Granikosfluss 334 zog Alexander zuerst ins Binnenland zur Satrapiehauptstadt Sardeis und dann erst wieder an die Küste nach Ephesos. Dort sicherte er sich die Kontrolle über diesen wichtigen Hafen und installierte ein promakedonisches demokratisches Regime. Indem aber den zurückgekehrten Demokraten Ausschreitungen gegenüber der Oligarchenpartei untersagt wurden, begann sich eine wohlüberlegte Strategie des Makedonenkönigs abzuzeichnen, mit der er die ‚Befreiung' der Griechenstädte mit einer inneren Befriedung dieser durch Verfassungswechsel, Vertreibungen und Kriegsereignisse mitgenommenen Gemeinden zu verbinden suchte.

Wie sich nach einem Sieg Philipps II. im bereits beschlossenen Krieg gegen das Achaimenidenreich der Status der Küstenpoleis und der vorgelagerten Inselwelt entwickelt hätte, darüber kann nur spekuliert werden. Man darf keineswegs einfach unterstellen, dass Alexander sich in seiner Behandlung der Griechenpoleis in der Ägäis und in Kleinasien streng an ältere Pläne seines Vaters Philipp hielt oder von dessen altgedienten Generälen leiten ließ. Alexander folgte in Kleinasien von Anfang an keinem starren Schema in der Behandlung einzelner Poleis. Entscheidend war das jeweilige Verhalten der Polis gegenüber Alexander oder seinen Beauftragten während des

Vormarsches (334–333) und des Seekrieges (334–332). Milet und Halikarnassos sind die einzigen bedeutenden Küstenstädte, gegen deren Besatzungen verlustreiche und zeitraubende Belagerungen geführt werden mussten.

Die Poleis Kleinasiens im Alexanderreich

In den meisten Poleis, die Alexander ihre Tore kampflos öffneten, richtete Alexander ihm loyale Demokratien ein. Der zuvor an Persien zu zahlende Tribut wurde abgeschafft. Dies schloß aber keineswegs Beiträge für die Kriegskasse Alexanders bis zur Eroberung der riesigen Reichsschätze des Perserreiches aus. Künftig garantierte nur König Alexander als oberster Schiedsrichter die Verfassungs- und Sozialordnung der Staatenwelt Kleinasiens, die Bürgerfreiheit und Selbstregierung der Städte. Befreit von der Oberherrschaft des Perserkönigs, wurden die Griechenpoleis faktisch also Untertanen des Königs Alexander. Nur von einigen östlichen Griechenpoleis ist mit Sicherheit bekannt, dass sie sofort ab 334 Mitglieder des Korinthischen Bundes wurden, zum Beispiel von Mytilene, Tenedos oder Chios. Ob aber die große Mehrheit aller ‚befreiten' Poleis Mitglieder geworden sind, wird zu Recht bezweifelt. Garantien der Selbstregierung und der Bürgerfreiheit für die Bundesmitglieder hinderten König Alexander keineswegs daran, in die inneren Verhältnisse der neuen Bundesmitglieder einzugreifen. Beispiele bieten Mytilene, Chios, Priene und Eresos. Alexander richtete auch in mehreren kleinasiatischen Poleis makedonische Münzstätten ein. In den großen Serien der Prägungen Alexanders kündigte sich die neuartige Universalmonarchie an, die den Poleis nur mehr eine beschränkte Münzprägung für ihr lokales Umfeld einräumte.

Q

Alexander interveniert in Chios
(Tod 192 = Heisserer 79–83, 334/333 oder 332 v. Chr., Übers. J. Engels)

„Von König Alexander an den Demos der Chier. Alle, die aus Chios verbannt worden sind, sollen in ihre Heimat zurückkehren können. Die Verfassung, die zukünftig in Chios bestehen soll, soll eine demokratische sein. Gesetzesschreiber sollen gewählt werden, um die Gesetze aufzuzeichnen und zu berichtigen, damit sich in den Gesetzen nichts finde, was gegen die Demokratie als Verfassungsform oder gegen die Rückkehr der Verbannten spricht. Alles, was berichtigt oder aufgezeichnet worden ist, soll König Alexander vorgelegt werden. Die Chier sollen zwanzig Schiffe auf ihre Kosten bemannen, und diese sollen so lange wie der Rest der Bundesflotte der Hellenen unseren Kriegszug zur See begleiten. Von denen, die die Polis an die Barbaren verraten haben, sollen alle, die entfliehen konnten, dem Bann verfallen in allen Städten, die an dem allgemeinen Frieden (dem Korinthischen Bund) teilhaben, und man soll sie ergreifen dürfen in Übereinstimmung mit dem Beschluss der Hellenen. … Falls es einen Streit gibt zwischen denen, die in die Stadt zurückgekehrt sind und denen, die dort verblieben waren, sollen die Streitparteien ihr Urteil in dieser Streitsache vor unserem Gericht finden. Bis die Chier wieder miteinander versöhnt sind, soll es dort eine Garnison von angemessener Größe geben, die von König Alexander gestellt wird. Der Unterhalt für diese Garnison soll von den Chiern beschafft werden."

Nach dem unerwarteten Tod Memnons von Rhodos im Sommer 333 konnten die Makedonen 332 schnell alle noch verbliebenen persischen

Stützpunkte in der Ägäis übernehmen. Damit trat eine Stabilisierung der Lage für die kleinasiatischen Griechenpoleis und die vorgelagerte Inselwelt ein. Sie teilten aber mit dem Fortgang des Alexanderzuges bis 324 das Schicksal der festlandgriechischen Welt und Makedoniens. Denn alle diese Gebiete spielten in den Überlegungen des Königs Alexander in diesen Jahren nur noch eine geringe Rolle. Das Synhedrion des Korinthischen Bundes wurde nach 331 und dem Ende des Agisaufstandes mit keiner wichtigen Angelegenheit mehr befasst, bevor Alexander diese erfolgreiche Landfriedensordnung schließlich mit seinen letzten Erlassen 324 sprengte.

Die großen Inseln und Küstenpoleis nach Alexanders Tod

Der überraschend frühe Tod König Alexanders im Juni 323 in Babylon führte im Oikumenereich nur in Griechenland und Baktrien zu bewaffneten Erhebungen. Mit Ausnahme der zu Athen gehörenden Kleruchie auf Samos trat keine der in der Zeit des Zweiten Seebundes politisch und militärisch wichtigen Bündnerpoleis Athens in der Inselwelt oder an den Küsten Kleinasiens jedoch auf der Seite des Hellenenbundes des Leosthenes, Hypereides und Demosthenes in den Lamischen oder Hellenischen Krieg ein. Die Niederlage dieser Allianz 322 brachte daher auch noch keine negativen Konsequenzen. Umso härter wurden viele Küstenstädte und die Inselwelt dann aber in den langjährigen und wechselvollen Kriegen der Diadochen zwischen der Reichsordnung von Babylon 323 und der Schlacht von Ipsos 301 um das Erbe des Alexanderreiches in Mitleidenschaft gezogen.

IX. Aspekte der Wirtschafts- und Sozialgeschichte Griechenlands im Zeitalter Philipps II. und Alexanders des Großen

Die Versorgung der Bürgerschaft mit Getreide

In diesem abschließenden Kapitel sollen einige epochentypische Entwicklungen und Aspekte der Sozial- und Wirtschaftsgeschichte der griechischen Poliswelt im 4. Jahrhundert angesprochen werden. Für viele Poleis, selbst große Hafen- und Handelsstädte wie Athen, bildete bereits die Versorgung ihrer Bürgerschaft mit Getreide als Grundnahrungsmittel in vielen Jahren ein gravierendes Problem. Eine Versorgung der gesamten Bevölkerung wurde von keiner Polis in der griechischen Antike als eine staatlich-öffentliche Aufgabe angesehen. Die geringe Größe der agrarisch nutzbaren Flächen des durchschnittlichen Staatsgebietes der griechischen Polisstaaten, häufige Missernten und eine hohe Volatilität der Getreidepreise führten häufig zu unvorhersehbaren Verknappungen des Angebotes am Markt und zu Versorgungsproblemen.

Die agrarisch nutzbaren Flächen ihres Polisgebietes durch eine direkte Eroberung angrenzenden Staatsgebietes zu erweitern, schied als eine praktikable Strategie für fast alle griechischen Staaten des 4. Jahrhunderts aufgrund ihrer demographischen und militärischen Schwäche als vernünftige Option eigentlich aus. Eine militärische Expansionspolitik konnten sich selbst die neuartigen Föderalstaaten und die Monarchien nur unter hohem Risiko erlauben. Doch hörten die für die Polisstaatenwelt typischen vielen Grenzkriege zwischen benachbarten Poleis um kleine und wenig ertragreiche Grenzgebiete keineswegs auf. In älteren Epochen der griechischen Geschichte war der wirtschaftlich-soziale Druck infolge von Überbevölkerung, Missernten, sozialen Spannungen zwischen Armen und Reichen und Bürgerkriegen nicht selten durch die Entsendung von Kolonien (als Apoikien oder Kleruchien) gemildert worden. Dieser Weg wurde zwar weiterhin in Schriften zeitgenössischer Publizisten, Philosophen und Politiker angeregt, aber in der Praxis war auch er den meisten Polisstaaten unter den Rahmenbedingungen des 4. Jahrhunderts verwehrt. Die neuen Außenposten, die Athen im Laufe des 4. Jahrhunderts in Samos, Sestos und an der Adriaküste gründete, waren Ausnahmen. Die Athener zogen sich zudem mit diesen Gründungen den Vorwurf zu, erneut ihre imperialistische Politik des 5. Jahrhunderts aufzugreifen. Philipps und Alexanders Städtegründungen entfalteten ihre volle Wirkung als Zentren für Einwanderer aus dem Mutterland erst in der hellenistischen Epoche.

Durch Zusammenschlüsse mehrerer Polisstaaten zu einer hegemonialen Symmachie, einem Föderalstaat oder einer multilateralen Friedens- und Sicherheitsordnung versuchte man im 4. Jahrhundert, die militärische Sicherheit und territoriale Integrität der teilnehmenden Poleis besser zu garantieren, als dies eine Einzelpolis vermochte. Aber erst in der erfolgreichsten dieser Friedensordnungen, dem Korinthischen Bund, nahm man auch die Sicherung der sozialen Stabilität und des inneren Status quo in den

Teilnehmerpoleis in den Blick. Die Garantie des territorialen und des sozialen Status quo, welche der Korinthische Bund aussprach, war für die städtischen Eliten vielleicht das wichtigste Argument, sich mit der neuen makedonischen Hegemonie über Hellas abzufinden oder sogar anzufreunden. Zu einem weitgehend einheitlichen Wirtschafts- oder Rechtsraum wurde aber auch der Korinthische Bund unter König Philipp oder König Alexander nicht ausgebaut.

Wirtschaftliche Autarkie galt in der griechischen Antike als ein hohes Ideal. Notwendige regelmäßige Nahrungsmittelimporte gefährdeten die soziale Stabilität und die politische Autonomie einer Bürgerschaft. Neuere lokalgeschichtliche Studien und Surveys zum ländlichen Umfeld wichtiger Poleis lassen die Intensität der Anstrengungen deutlicher als früher erkennen, das eigene Gebiet bestmöglich auszunutzen. Oft wurden nun Randlagen der Fruchtkammern als neue Anbaugebiete mit einem erheblichen Arbeitsaufwand durch Terrassierungen oder neue Bewässerunganlagen erschlossen. Aber die geringe Bonität der Böden begrenzte vielerorts den Ertrag solcher arbeitsintensiver Maßnahmen. Ertragssteigerungen durch den Einsatz neuer Maschinen, neuartige Methoden des Anbaus landwirtschaftlicher Produkte oder der Viehhaltung wurden in der spätklassischen griechischen Landwirtschaft nicht gefunden. Sieht man von wenigen Regionen (zum Beispiel Thessalien) ab, wurden daher immer mehr Poleis Griechenlands trotz des Autarkieideals strategisch abhängig von Getreideimporten aus Sizilien und Italien, dem Schwarzmeergebiet oder Ägypten.

Vermutlich haben damals auch andere Poleis außer Athen neuartige politische Ämter geschaffen und Verfahrensweisen und Institutionen aufgebaut, die die Grundversorgung der Bürger mit Getreide sichern sollten. Man kann aufgrund der außergewöhnlich guten Quellenlage in Athen ein ganzes Bündel von gesetzlichen Regelungen, Ämtern und Institutionen beschreiben. Die Getreideversorgung war regelmäßiger Tagesordnungspunkt der Volksversammlung, die Sicherung der Konvois der Getreideschiffe nach Athen rechnete zu den wichtigen Aufgaben der Strategen, des Rates und der Archonten. Wir hören über Getreidekommissare als Magistrate, die Bereitstellung von kostenlosem oder doch verbilligtem Getreide, Ein- oder Ausfuhrbestimmungen für Getreide, Getreidezölle und neuartige Getreidesteuern.

Die Wahrnehmung zentraler Probleme und zeitgenössische Ratschläge zur Abhilfe

Ein kurzer Blick auf die Wahrnehmung wirtschaftlicher und sozialer Probleme in der historisch-politischen und philosophischen Literatur des 4. Jahrhunderts und auf zeitgenössische Reformvorschläge und Ratschläge zur Abhilfe ist lehrreich. Diese betreffen unter den wirtschaftlichen und sozialen Problemen vor allem die Unsicherheit der Versorgungslage, eine vielerorts zunehmende Verschuldung breiter Bevölkerungsschichten, Spannungen zwischen Reichen und Armen, die chronisch unzureichende Ausstattung der öffentlichen Finanzen vieler Poleis oder auch die mangelnde Integration nichtbürgerlicher Bevölkerungsgruppen in das Polisleben. Fundierte Analysen dieser sozialen und wirtschaftlichen Strukturprobleme sind erstaunlich selten, wenn man das hohe Niveau der Diskussion über allgemeine politische oder ethische Themen im 4. Jahrhundert bedenkt. Falls überhaupt konkrete, in die Praxis umsetzbare Lösungsansätze vorgeschlagen werden, sind diese meist schlicht. Einige interessante Überlegungen finden sich aber in den Schriften Xenophons (*Oikonomikos*) oder des Aristoteles (*Politik, pseudo-aristotelische Oikonomika, Nikomachische Ethik*). Der Verfasser der *pseudo-xenophontischen Poroi* aus den 350er Jahren plädiert eher konventionell denkend für stärkere Anreize zur Ansiedlung von Metoiken in Attika, eine Erhöhung der Anzahl der Sklaven im Besitz der Polis, die dann als Leiharbeiter vermietet werden könnten, für eine bessere Ausnutzung des öffentlichen Immobilienbesitzes durch Vermietung und Verpachtung oder die Intensivierung des Bergbaus in Südattika und die Erhöhung der Einnahmen aus der Verpachtung von Bergwerkskonzessionen. Kurze Zeit nach dem Bundesgenossenkrieg liegt sein Rat auf der Linie des Eubulos, auch aus Kostengründen auf alle weiteren imperialen Experimente Athens in der Ägäiswelt vorerst zu verzichten. In der detaillierten Beschreibung des Institutionengefüges der athenischen Demokratie, die in der *Athenaion politeia* aus der Schule des Aristoteles vorliegt, spielen Probleme der Sozial- und Wirtschaftsverfassung der Polis zwischen 403 und 322 nur eine Nebenrolle. In den *pseudo-aristotelischen Oikonomika* findet man im ersten Buch zwar bereits Ansätze zu einer konzeptionellen Differenzierung zwischen den Wirtschaftsformen des Oikos, der Polis und eines Königreiches. Doch im auf die Praxis zielenden zweiten Buch dieser Schrift gibt der Autor fast ausschließlich Ratschläge zu einer kurzfristigen Beschaffung von Geldmitteln für Strategen und Rhetoren. Dabei empfiehlt er ohne Bedenken auch moralisch, juristisch und sogar rein wirtschaftlich gesehen zweifelhafte Methoden.

Die effizientere Verwaltung der öffentlichen Finanzen

Erst im Laufe des 4. Jahrhunderts erkannte man offenbar in vielen Poleis die Notwendigkeit und die Bedeutung eines regulären Haushaltsplanes der gesamten Polis unter Leitung eines einzelnen verantwortlichen Magistraten oder eines Kollegiums. Bildeten doch die Gelder der Polis (*chremata poleos*) eine Grundvoraussetzung ihrer außen- und militärpolitischen Handlungsfähigkeit. Dieser Einsicht wurde zum Beispiel in Athen Rechnung getragen durch die neue Machtstellung der Verwalter der Theorikonkasse und des Dioiketen (Finanzverwalter) der Polis. Die hohe wirtschafts- und finanzpolitische Kompetenz reformfreudiger Staatsmänner wie der Athener Eubulos und Lykurg zwischen 355 und 322 bildet allerdings vermutlich weiterhin eine auffällige Ausnahme.

Belastungen für reiche Mitbürger und deren Sonderstellung als Euergeten und Honoratioren

Privater Reichtum kontrastierte in nicht wenigen Poleis des 4. Jahrhunderts mit öffentlicher Armut. Vielerorts stiegen daher die sozialen Spannungen, und die Vermögensunterschiede zwischen Reichen und Armen innerhalb einer Polis wurden krasser. Diese Entwicklungen störten das Ideal der *homonoia* innerhalb der Bürgerschaft. Umgekehrt häuften sich nicht nur während der zahlreichen Kriegsjahre, sondern auch in Friedenszeiten erhebliche Belastungen für reiche Mitbürger. Sie wurden im 4. Jahrhundert zu vielfältigen Leiturgien herangezogen, die man als von Privatleuten bezahlte kommunale (militärische, religiöse oder kulturelle) Ausgaben und Dienste des Bürgers für seine Gemeinde verstehen kann. Die bekanntesten Leiturgien sind die Trierarchie, der Mauerbau, die Choregie und die Gymnasiarchie. Reiche Mitbürger wurden zudem unter erheblichen Druck gesetzt, sich als Honoratioren und Euergeten (Wohltäter) ihrer Mitbürger mit Stiftungen großzügig zu erweisen. Auch die Zahlung von Spenden (*epidoseis*) oder Zeichnung öffentlicher Anleihen (*misthoseis*) erfolgte nicht immer völlig freiwillig. Größere öffentliche Bauvorhaben der meisten Poleis, zum Beispiel die Renovierung und der Neubau von Tempeln, der Ausbau von Stadtmauern und Hafenanlagen, der Wasserversorgung, von Regierungsgebäuden, Gymnasien und Stadienanlagen, also der typischen urbanistischen Infrastruktur, konnten in fast allen Poleis nur noch durch großzügige Beteiligung reicher Einzelbürger und Familien vollendet werden. Deren Prominenz und hervorragender Status wurde im Gegenzug im Stadtbild durch die dankbaren Mitbürger auf Inschriften und auf den Nekropolen durch monumentalisierte Grabanlagen jetzt sichtbarer als im 5. Jahrhundert. In vielen Poleis setzte sich eine Schicht von reichen Honoratiorenfamilien und Euergeten von der Masse ihrer Mitbürger in der zweiten Hälfte des 4. Jahrhunderts in ihrer öffentlichen Selbstdarstellung und Lebensführung deutlich erkennbar ab. Sozial entstammte diese Elite meistens den liturgiepflichtigen Klassen der Bürgerschaft. Mit der reichen Bürgerelite konnten in Hafen- und Handelsstädten wie Byzanz, Korinth oder Athen nur noch die ähnlich reichen, politisch aber weiterhin einflusslosen Ausländer mithalten. Auch auswärtige Dynasten und Könige begannen, die Euergetenrolle als diplomatisches Instrument in ihren Beziehungen zu griechischen Poleis systematischer als zuvor einzusetzen. All dies belastete das politische und soziale Klima innerhalb der Bürgerschaft. Denn die Statuskonkurrenz der bürgerlichen Elite untereinander und mit vermögenden Ausländern untergrub mittelfristig die demokratischen Prinzipien der bürgerlichen Gleichheit und idealiter gleichen Partizipationsrechte an der Polis. Für das politische System der Demokratie wurden diese Entwicklungen jedoch in den meisten Städten erst in der hellenistischen Epoche bedrohlich.

Die Teilhabe nichtbürgerlicher Einwohnergruppen am Leben der Polis

Auch zwischen der privilegierten Minderheit der vollberechtigten Bürger und den übrigen Einwohnern einer Polis gab es neuartige Konflikte um die Grenzen der Teilhabe nichtbürgerlicher Gruppen am Leben der Polis, die inzwischen als Thema in die Diskussion geriet. Unter der gesamten Einwohnerschaft stellte nämlich die Elite vollberechtigter Bürger, *politai*, gegenüber allen anderen Einwohnergruppen in vielen demokratischen (und ohnehin in den oligarchisch-aristokratisch verfassten) Poleis nur eine Minderheit. Die Mehrheit der Einwohner gehörte oft den persönlich freien Metoiken, Perioiken, Paroiken und Xenoi an oder waren sogar Sklaven (*douloi*). Mancherorts gab es auch halbfreie Einwohner (zum Beispiel die Penesten Thessaliens), die zwischen Sklaven und Freien standen.

Freie und dauerhaft ansässige Ausländer (*Metoiken* oder *Paroiken*) bilden auch im 4. Jahrhundert eine interessante soziale Gruppe. Sie hatten der Polis gegenüber regelmäßige finanzielle und militärische Verpflichtungen zu erfüllen, genossen andererseits aber auch eine geschützte rechtliche Stellung. Metoiken konnten oft ein erhebliches Vermögen anhäufen. Im privaten Leben verkehrten viele von ihnen mit der Elite der Bürgerschaft eng. So weit wir wissen, blieben selbst reiche Metoiken mit guten persönlichen Verbindungen aber von der politischen Partizipation in den Verfassungsorganen der Poleis weiterhin ausgeschlossen. Ihre rechtliche Stellung verbesserte sich nur in wenigen Poleis und auf einigen Gebieten geringfügig, so zum Beispiel in Athen im Handels- und Prozessrecht. Zwischen circa 355 und

322 scheint immerhin in manchen Poleis die kulturelle und religionspolitische Toleranz gegenüber Metoiken und Xenoi gestiegen zu sein. Zeichen dafür sind ursprünglich fremdländische Kulte, die vor allem von Metoiken und Xenoi gepflegt wurden, nun aber auch in einigen Poleis stärkere Verbreitung fanden und sogar eigene Heiligtümer erhielten.

Die Sklaverei: kein Krisenfaktor der Poliswelt des 4. Jahrhunderts

Am unteren Ende des sozialen Spektrums der Bevölkerungsgruppen einer spätklassischen Polis standen die Sklaven. Sklaverei war in der griechischen Staatenwelt ein alltägliches, als selbstverständliche Erscheinung anerkanntes Phänomen. Die Anzahl der Sklaven könnte sogar im Laufe des 4. Jahrhunderts gegenüber dem 5. Jahrhundert noch in vielen Städten zugenommen haben. Doch sieht man von Sparta und seiner für die lakonische Verfassungsordnung und Lebensweise geradezu konstitutiven Furcht vor Helotenaufständen ab, hören wir auffällig wenig über eine Furcht vor Sklavenaufständen oder von tatsächlichen Aufstandsversuchen, auch nicht in Städten wie Athen oder Korinth mit einem hohen Anteil von Sklaven an der gesamten Bevölkerung oder nach drastischen militärischen Niederlagen einer Bürgerschaft. Die Sklaverei zählte nicht zu den für die Ordnung der Polis gefährlichen Krisenfaktoren der griechischen Welt des 4. Jahrhunderts.

Die überwiegende Anzahl von Sklaven gelangte aus barbarischen, also mehrheitlich von Nichtgriechen bewohnten umliegenden Völkern und Stämmen infolge von Kriegsgefangenschaft, durch Piraterie oder kommerziellen Sklavenhandel nach Griechenland in die Sklaverei. Es kam aber auch im 4. Jahrhundert immer wieder vor, dass infolge der endemischen Kriege innerhalb der griechischen Poliswelt, als Opfer von Räubern und Piraten oder sogar aus ökonomischen Gründen frei geborene Griechen in die Sklaverei gerieten. Die Zeit Philipps II. und Alexanders des Großen kennt ferner auch hässliche Beispiele für Massenversklavungen von Überlebenden eroberter und zerstörter Poleis, zum Beispiel der Einwohner von Olynth 348 durch Philipp oder Thebens 335 durch Alexander.

In allen griechischen Poleis des 4. Jahrhunderts war Sklaverei ein alltägliches und grundlegendes Phänomen der Arbeitswelt, der Wirtschafts- und Sozialordnung. Da Sklaven personenrechtlich gar keinen Rechtsstatus hatten, galten sie (mit den Worten des Philosophen Aristoteles) als sprechende Werkzeuge und Besitztümer ihrer Herren. Zwar unterschieden sich die persönlichen Lebensverhältnisse von Sklaven in der spätklassischen Polisstaatenwelt erheblich voneinander. Allen gemeinsam war jedoch ihre prekäre Existenz. Denn ihre Lebensverhältnisse waren täglich und willkürlich veränderbar. Einigermaßen erträglich dürfte die Situation nur gewesen sein für Staatssklaven mit administrativen Hilfsfunktionen, für alle Sklaven mit geschätzten Spezialkenntnissen (in Musik, Literatur, Fremdsprachen, technisch-handwerklichen Kunstfertigkeiten) sowie für die Gruppe der getrennt von ihren Herren lebenden und auf eigene Rechnung geschäftlich tätigen Sklaven. Das Los der vielen Haussklaven unterschied sich erheblich von Haus zu Haus und von Herr zu Herr. Sklaven, die ausschließlich im Ackerbau und in der Viehzucht als Hirten eingesetzt wurden, hatten ein mühevolleres Leben. Die Bergwerks- und Mühlensklaven erduldeten das härteste Los.

Exklusivität oder großzügige Ausweitung des Bürgerrechtes

Die zeitgenössische Diskussion im 4. Jahrhundert über eine Ausweitung des Bürgerrechtes oder die strikte Bewahrung seiner Exklusivität berührte den Kern der tradierten Polisordnung. Die Exklusivität der privilegierten Bürgergemeinschaft wurde in fast allen griechischen Poleis durch strikte Gesetze und wachsame Magistrate und Gerichtshöfe garantiert. Keine Polis ist systematisch den Weg einer radikalen Vergrößerung der Bürgerschaft durch eine massenhafte, kollektive Verleihung des Bürgerrechtes an alle ansässigen freien Ausländer oder durch eine großzügige Verbindung der Freilassung von Sklaven mit einem leichten Zugang zum Bürgerrecht gegangen. Anders als in Rom erfolgten Freilassungen in griechischen Poleis des 4. Jahrhunderts nur in relativ geringer Zahl. Der Freigelassene (*apeleutheros*) erlangte im Regelfall lediglich den minderen Status eines Metoiken oder Xenos. In der spätklassischen und frühhellenistischen Polis wird der Bürgerstatus jedoch zunehmend stärker auch als ein individuelles Ehrenrecht aufgefasst. Es mehren sich daher auch schon im späten 4. Jahrhundert die Verleihungen des Bürgerrechtes und anderer beliebter Privilegien (wie der *enktesis ges*, dem Recht auf Land- und Immobilienerwerb) an um die Polis verdiente Ausländer.

Die rechtliche Stellung der Frauen und ihre Partizipationsmöglichkeiten in der Polis

Die rechtliche Stellung von freien bürgerlichen Frauen und ihre Partizipationsmöglichkeiten am Leben der Polis außerhalb ihres Hauses und Familienkreises blieben bekanntlich in der klassischen griechischen Welt stark eingeschränkt. Dies hat aus moderner Perspektive zu ähnlich scharfer Kritik am Modell der griechischen Poleis geführt wie die Existenz der Sklaverei. Die breitesten Partizipations- und Entfaltungsmöglichkeiten außerhalb des eigenen Oikos boten sich wohl griechischen Frauen im religiösen und kulturellen Leben. Frauen aus Familien der Oberschicht übernahmen angesehene Funktionen in der Öffentlichkeit als Priesterinnen in zentralen Kulten der Polis und bei Festen, Opfern und Prozessionen. Eine Schlüsselrolle spielten Frauen aller Gesellschaftsschichten in der Öffentlichkeit ferner bei den teils aufwendigen Begräbniszeremonien und im Totenkult.

Die Einstellung zu verschiedenen Arbeiten und Tätigkeiten

Es fehlt hier der Raum, ausführlich die vorherrschenden Einstellungen zu verschiedenen Arbeiten und Tätigkeiten von Männern und Frauen im 4. Jahrhundert zu diskutieren. Zahlreich sind jedoch Zeugnisse über die im Ideal des Wehrbauern und im Autarkiegedanken begründete Hochschätzung der Arbeit in der Landwirtschaft als der ehrbarsten Erwerbsform. Das städtische Siedlungszentrum, die Polis, und sein ländliches Umland, die *chora*, mit ihren Dörfern und Einzelgehöften waren in der griechischen Antike auf eine noch vielfältigere und engere Weise zu einer wirtschaftlichen und sozialen Einheit verflochten als eine mittelalterliche oder frühneuzeitliche europäische Stadt mit ihrem Umland. In einer durchschnittlichen Polis des 4. Jahrhunderts lebte nämlich ein Großteil der Bürger der Polis noch von der landwirtschaftlichen Tätigkeit auf den Feldern im Umland. Arbeit als angestellter Lohnarbeiter in einem Handwerks- oder Gewerbebetrieb oder auf gepachtetem Land galt für freie Bürger als weniger angesehen. Oligarchische und aristokratisch organisierte Verfassungsordnungen des 5. und 4. Jahrhunderts lehnten berufliche Erwerbstätigkeit generell meist schärfer ab als demokratische. Es blieb aber auch in demokratischen Poleis eine gesellschaftliche Forderung, dass jede Art von beruflicher oder sonstiger wirtschaftlicher Tätigkeit den guten Bürger nicht an der politischen, kulturellen und religiösen Partizipation und an der Erfüllung seiner übergeordneten Pflichten gegenüber der Polis hindern dürfe. Handwerk, Handel und Gewerbe galten in den tendenziösen Äußerungen führender Philosophen der Zeit als wenig angesehene Tätigkeiten. Einige diffamierten sie offen als ‚banausisch', das heißt den Körper und die Seele des Bürgers verformend, der sie ausübte. In einigen Poleis zum Beispiel Mittelgriechenlands oder Thessaliens wurden handwerkliche oder kaufmännische Berufstätigkeiten sogar mit einem partiellen Ausschluss von politischen Ämtern und Rechten sanktioniert. Andererseits wird auch ein stolzes Selbstbewusstsein der Kaufmannselite und erfolgreicher Handwerker (Techniten) in ihrer öffentlichen Selbstdarstellung in Weihungen für Heiligtümer und in Denkmälern auf Nekropolen in einigen Poleis sichtbar. Das große Selbstbewusstsein der Techniten dieser Poleis wird jedoch nur äußerst selten in literarischen Quellen gefeiert. Auch bei den Frauen gilt es hinsichtlich regelmäßig in der Öffentlichkeit ausgeübter beruflicher Tätigkeiten und ihres sozialen Status zu differenzieren. Es macht zum Beispiel einen großen Unterschied, ob dieselben Berufstätigkeiten von Frauen aus der bürgerlichen Ober- und Mittelschicht oder aus den bürgerlichen und nichtbürgerlichen Unterschichten ausgeübt wurden.

Die Geißel der *stásis* und das Ideal der *homónoia*

Zahlreiche griechische Poleis des 4. Jahrhunderts litten unter Spannungen zwischen politisch verfeindeten Gruppen und Parteiungen der Bürgerschaft. Nicht wenige Poleis wurden von der Geißel der *stásis* im Laufe des 4. Jahrhunderts sogar mehrfach heimgesucht. Besonders drastische Beispiele finden sich auf der Peloponnes oder auf der Insel Lesbos. Vermutlich hatten die Gewaltexzesse des Peloponnesischen Krieges (431–404) zu einer schlimmen Gewöhnung an ein hohes Maß an physischer Gewalt gegen die eigenen Mitbürger geführt. Der Kampf um die Macht in der Polis wurde im Laufe des 4. Jahrhunderts oft noch radikaler und blutiger als früher. Die Parteiungen stützten sich nun noch häufiger auf auswärtige Hegemonialmächte. Waren dies im 5. Jahrhundert und dem ersten Drittel des 4. Jahrhunderts die Spartaner oder Athener, dann die Thebaner gewesen, so appellierte man in der zweiten Jahrhunderthälfte häufiger an Makedonien unter Philipp und Alexander. Manche *stásis* eskalierte sogar erst durch den Druck interessierter auswärtiger Kreise, die einen Regimewechsel und eine außen- und militärpolitische Neuorientierung einer abhängigen Polis erreichen wollten. Dieser Mechanismus lässt sich an mehreren Beispielen aus Euboia, in der ägäischen Inselwelt oder auf der Peloponnes unter Philipp und Alexander zeigen. Die häufigen Bürgerkriege führten zu einem fortschreitenden Verfall des feierlich beschworenen Ideals der Eintracht der Politen, der *homónoia*. Bei jeder *stásis* kam es zu Zerstörungen und Enteignungen, erzwungenen Bevölkerungs- und Vermögenstransfers. Stetig stieg die Zahl der aus ihren ursprünglichen Heimatpoleis vertriebenen oder zur Auswanderung gezwungenen Menschen. Solche ‚displaced persons' des 4. Jahrhunderts mussten sich ohne ein soziales Netz irgendwo eine neue Zukunft schaffen. Aus diesem Reservoir speiste sich auch das große in Hellas verfügbare Söldnerpotential, das militärisch, politisch und sozial in der Geschichte des 4. Jahrhunderts immer bedeutender wurde. Andererseits wuchs in Poleis, die für eine Niederlassung Fremder attraktiv waren, kontinuierlich der Anteil der Fremden und Metoiken an der Gesamtbevölkerung, die in das politische, soziale und religiöse Leben nur schlecht integriert werden konnten, ohne an der bisherigen Polisverfassung radikale Reformen vorzunehmen. Viele dieser heimatvertriebenen Fremden hatten zuvor in ihren Poleis zur politischen und sozialen Elite gehört. Umso unzufriedener dürften viele von ihnen mit ihrem eingeschränkten rechtlichen und politischen Status in einer anderen Polis gewesen sein.

Individuelle und soziale Mobilität wurde durch die vorherrschenden, seit Generationen entwickelten Strukturen der klassischen Polisstaatenwelt eher behindert als befördert. Für die meisten Individuen, ganze Familien und soziale Gruppen bot der Wegzug aus ihren Heimatpoleis schon alleine aufgrund der Exklusivität des Bürgerrechtes erheblich mehr Risiken als Chancen. Die unerhörten politisch-militärischen Veränderungen, die sich durch den Alexanderzug und später in den Diadochenreichen ergaben, verschoben aber für bestimmte risikofreudige Individuen und ausgesuchte soziale Gruppen (zum Beispiel Söldner, berufliche Spezialisten, Intellektuelle, Künstler, Händler) dieses Kalkül. Die neue hellenistische Epoche eröffnete ihnen auch im Vergleich zur vorhergehenden klassischen Epoche viel größere Chancen auf wirtschaftlichen und sozialen Erfolg und staunenswerte individuelle Karrieren.

Auswahlbibliographie

Literatur zu den einzelnen Kapiteln

I. Einleitung

Brulé, P., Descat, R. (Hgg.), Le monde grec aux temps classiques, Vol. 2: Le IVe siècle, Paris 2004

Buckler, J., Aegean Greece in the Fourth Century BC, Leiden u. a. 2003

Hornblower, S., The Greek World 479–323 B.C., London-New York [3]2002

Lewis, D. M., Boardman, J., Hornblower, S., Ostwald, M. (Hgg.), The Cambridge Ancient History, vol. VI: The Fourth Century B.C., Cambridge [2]1994

Sealey, R., A History of the Greek City-States, circa 700–338 B.C., Berkeley-Los Angeles-London [2]1985

Seibert, J., Die Eroberung des Perserreiches durch Alexander den Großen auf kartographischer Grundlage, 2 Bde. (Beihefte zum TAVO, Reihe B, Nr. 68) Wiesbaden 1985

Talbert, R. J. A., Barrington Atlas of the Greek and Roman World, Princeton-Oxford 2000

Tritle, L. A. (Hg.), The Greek World in the Fourth Century. From the Fall of the Athenian Empire to the Successors of Alexander, London-New York 1997

„Tübinger Atlas des Vorderen Orients" (TAVO), Karte TAVO B V 1: Das Alexanderreich (336–323 v. Chr.), Wiesbaden 1985

II. Quellenkunde zur makedonisch-griechischen Geschichte in der Zeit Philipps II. und Alexanders des Großen

Auberger, J., Historiens d'Alexandre. Textes traduits et annotés, Paris 2001

Bengtson, H., Die Staatsverträge des Altertums, Band II: Die Verträge der griechisch-römischen Welt von 700–338 v. Chr., München [2]1975 (= SV II)

Bosworth, A. B., From Arrian to Alexander, Studies in Historical Interpretation, Oxford 1988

Bosworth, A. B., A Commentary on Arrian's History of Alexander, Oxford 1980–1995

Briant, P., Bulletin d'histoire Achéménide, vol. I, Topoi Suppl. 1, 1997, 5–127 und Bulletin d'histoire Achéménide, vol. II, Paris 2001

Brodersen, K., Günther, W., Schmitt, H. H., Historische griechische Inschriften in Übersetzung, Band 2: Spätklassik und früher Hellenismus (400–250 v. Chr.), Darmstadt 1996 (= HGIÜ II)

Clarysse W., Schepens, G., A Ptolemaic Fragment of an Alexander History, Chronique d'Égypte 60, 1985, 30–47

Harding, P., Translated Documents of Greece and Rome: II. From the End of the Peloponnesian War to the Battle of Ipsus, Cambridge 1985 (= Harding)

Hatzopoulos, M., Macedonian Institutions under the Kings, 2 Bde., Paris-Athen 1996

Heckel, W., Yardley, J. C., Alexander the Great: Historical Sources in Translation, (Blackwell Sourcebooks in Ancient History) Oxford 2003

Heisserer, A. J., Alexander the Great and the Greeks: The Epigraphic Evidence, Norman, Okl. 1980

Jacoby, F., Die Fragmente der griechischen Historiker, Leiden 1923–1958 (= FGrHist)

Koenen, L., Die Apologie des Töpfers an König Amenophis oder das Töpferorakel, in: Blasius, A., Schipper, B. U. (Hgg.), Apokalyptik und Ägypten, (OLA 107) Leuven-Paris-Stirling, VA 2002, 139–187

Kuhrt, A., The Persian Empire. A Corpus of Sources from the Achaemenid Period, 2 Bde., London-New York 2007

Le Rider, G., Le monnayage d'argent et d'or de Philippe II frappé en Macédoine de 359 à 294, Paris 1977

Le Rider, G., Alexandre le Grand. Monnaie, finances et politique, Paris 2003

Mørkholm, O., Early Hellenistic Coinage from the Accession of Alexander to the Peace of Apamea (336–188 B.C.), Cambridge u. a. 1991

Price, M. J., The Coinage in the Name of Alexander the Great and Philip Arrhidaeus, 2 Bde., Zürich-London 1991

Rhodes, P. J., Osborne, R., Greek Historical Inscriptions, 404–323 B.C., Oxford 2003

Sachs, A. J., Hunger, H., Astronomical Diaries and Related Texts from Babylonia, vol. I, Wien 1988

Sancisi-Weerdenburg, H., Kuhrt, A. (Hgg.), Achaemenid History II: The Greek Sources, Leiden 1987

Schmitt, H. H., Die Staatsverträge des Altertums, Band III: Die Verträge der griechisch-römischen Welt von 338–200 v. Chr., München 1969 (= SV III)

Schwenk, C. J., Athens in the Age of Alexander, Chicago 1985

Spek, R. J. van der, Darius III, Alexander the Great and Babylonian Scholarship, in: Henkelmann, W., Kuhrt, A. (Hgg.), A Persian Perspective. Essays in Memory of Heleen Sancisi-Weerdenburg, (Achaemenid History 13) Leiden 2003, 289–346

III. Makedonien und die griechische Polisstaatenwelt in der Regierungszeit Philipps II. (359–336 v. Chr.)

Borza, E. N., In the Shadow of Olympus: The Emergence of Macedon, Princeton 1990

Buckler, J., Philip II and the Sacred War, (Mnemosyne Suppl. 109) Leiden 1989

Carney, E., Olympias: Mother of Alexander the Great, New York-London 2006

Cawkwell, G., Philip of Macedon, London 1978

Ellis, J. R., Macedon and North-West Greece, in: Lewis, D. M., Boardman, J., Hornblower, S., Ostwald, M. (Hgg.), The Cambridge Ancient History, vol. VI: The Fourth Century B.C., Cambridge ²1994, 723–759

Ellis, J. R., Macedonian Hegemony Created, in: Lewis, D. M., Boardman, J., Hornblower, S., Ostwald, M. (Hgg.), The Cambridge Ancient History, vol. VI: The Fourth Century B.C., Cambridge ²1994, 760–790

Engels, J., Macedonians and Greeks, in: Roisman, J., Worthington, I. (Hgg.), A Companion to Ancient Macedonia, Oxford-Malden, MA. 2010, 81–98

Errington, M., Geschichte Makedoniens von den Anfängen bis zum Untergang des Königreiches, München 1986

Hammond, N. G. L., A History of Macedonia, Vol. I: Historical Geography and Prehistory, Oxford 1972

Hammond, N. G. L., Griffith, G. T., A History of Macedonia, Vol. II: 550–336 B. C. Oxford 1979

Hammond, N. G. L., The Macedonian State. Origins, Institutions, and History, Oxford 1989

Hatzopoulos, M. B., Loukopoulou, L. D. (Hgg.), Philip of Macedon, Athen 1980

Jehne, M., Koine Eirene. Untersuchungen zu den Befriedungs- und Stabilisierungsbemühungen in der griechischen Poliswelt des 4. Jahrhunderts v. Chr., (Hermes Einzelschriften 63) Stuttgart 1994

Larsen, J. A. O., Greek Federal States. Their Institutions and History, Oxford 1968

Lefèvre, F., L'Amphictionie pyléo-delphique: histoire et institutions, BEFAR 298, Paris 1998

Roisman, J., Worthington, I. (Hgg.), A Companion to Ancient Macedonia, Oxford-Malden, MA. 2010

Sánchez, P., L'Amphictionie des Pyles et de Delphes. Recherches sur son rôle historique, des origines au IIe siècle de notre ère, (Historia Einzelschriften 148) Stuttgart 2001

Schaefer, A., Demosthenes und seine Zeit, 3 Bde., Leipzig ²1885–1887

Squillace, G., Βασιλεῖς ἢ τύραννοι: Filippo II e Alessandro magno tra opposizione e consenso, Soveria Mandelli 2004

Wirth, G., Philipp II. Geschichte Makedoniens 1, Stuttgart 1985

Zahrnt, M., Hellas unter Persischem Druck? Die griechisch-persischen Beziehungen in der Zeit vom Abschluss des Königsfriedens bis zur Gründung des Korinthischen Bundes, AKG 65, 1983, 249–306

IV. Alexander III. der Große, Makedonien, Griechenland und der Verlauf des Alexanderzuges (336–323 v. Chr.)

Alexeev, A., Trofimova, A. A. u. a. (Hgg.), The Immortal Alexander the Great: the Myth, the Reality, his Journey, his Legacy. Amsterdam 2010

Badian, E., Darius III, HStClPh 100, 2000, 241–268

Badian, E., Collected Papers on Alexander the Great, London-New York 2008

Berve, H., Das Alexanderreich auf prosopographischer Grundlage, 2 Bde., München 1926

Bosworth, A. B., Alexander the Great and the Decline of Macedon, JHS 106, 1986, 1–12

Bosworth, A. B., Conquest and Empire. The Reign of Alexander the Great, Cambridge 1988

Bosworth, A. B., Alexander and the East. The Tragedy of Triumph, Oxford 1996

Bosworth, A. B., Baynham, E. (Hgg.), Alexander the Great in Fact and Fiction, Oxford 2000

Briant, P., Alexandre le Grand, Paris ⁴1994

Briant, P., Histoire de l'empire perse, de Cyrus à Alexandre, Paris 1996

Briant, P., New Trends in Achaemenid History, AHB 17,1–2, 2003, 33–47

Briant, P., Darius dans l'ombre d'Alexandre, Paris 2003

Carlsen, J. u. a. (Hgg.), Alexander the Great. Reality and Myth, (Proceedings of the Conference at the Danish Academy at Rome, 27–29 Jan. 1992) Rom ²1997

Carney, E., Macedonians and Mutiny: Discipline and indiscipline in the army of Philip and Alexander, CPh 91, 1996, 19–44

Demandt, A., Alexander der Große. Leben und Legende, München 2009

Devine, A. M., Alexander's propaganda machine: Callisthenes as the ultimate source for Arrian, Anabasis 1–3, in: Worthington, I. (Hg.), Ventures into Greek history, Oxford 1994, 89–102

Fox, R. L., Alexander der Große, Stuttgart 2004

Fraser, P. M., Cities of Alexander the Great, Oxford 1996

Fredricksmeyer, E., Alexander the Great and the Kingdom of Asia, in: Bosworth, A. B., Baynham, E. (Hgg.), Alexander the Great in Fact and Fiction, Oxford 2000, 136–166

Gehrke, H.-J., Alexander der Große, München [5]2009

Gershevitch, I. (Hg.), The Cambridge History of Iran, vol. II: The Median and Achaemenid Periods, Cambridge 1985

Hahn, J. (Hg.), Alexander in Indien 327–325 v. Chr. Antike Zeugnisse eingeleitet, übersetzt und erläutert, Stuttgart 2000

Hammond, N. G. L., Alexander the Great. King, Commander, and Statesman, London 1981

Hansen, S., Wieczorek, A., Tellenbach, M. (Hgg.), Alexander der Grosse und die Öffnung der Welt – Asiens Kulturen im Wandel, Mannheim-Regensburg 2009

Heckel, W., The Marshalls of Alexander's Empire, London-New York 1992

Heckel, W., Alexander the Great and the ‚Limits of the Civilised World', in: Heckel, W., Tritle, L. A. (Hgg.), Crossroads of History: The Age of Alexander, Claremont, CA 2003, 147–174

Heckel, W., Who's Who in the Age of Alexander the Great, Oxford 2006

Heckel, W., Tritle, L. A., Wheatley, P. (Hgg.), Alexander's Empire: Formulation to Decay, Claremont, CA 2007

Heckel, W., Tritle, L. A. (Hgg.), Alexander the Great, A New History, Malden, MA-Oxford 2009

Holt, F. L., Alexander the Great Today: In the Interests of Historical Accuracy?, AHB 13.3, 1999, 111–117

Klinkott, H., Die Satrapienregister der Alexander- und Diadochenzeit, (Historia Einzelschriften 145) Stuttgart 2000

Lendering, J., Alexander de Grote. De ondergang van het Perzische rijk, Amsterdam 2004

Müller, S., Maßnahmen der Herrschaftssicherung gegenüber der makedonischen Opposition bei Alexander dem Großen, (Europ. Hochschulschr. III, 974) Frankfurt a. M. 2003

Nylander, C., Darius III – the coward king. Point and counterpoint, in: Carlsen, J. u. a. (Hgg.), Alexander the Great. Reality and Myth, Rom [2]1997, 145–159

O'Brien, J. M., Alexander the Great. The Invisible Enemy, London-New York 1992 (ND 1994)

Roisman, J. (Hg.), Brill's companion to Alexander the Great, Leiden u. a. 2003

Seibert, J., Alexander der Große, (EdF 10) Darmstadt [4]1994

Shahbazi, A. S., Iranians and Alexander, AJAH n.s. 2, 2003, 5–38

Walbank, F. W., A History of Macedonia, vol. 3 (336–167 B.C.), Oxford 1988

Wiemer, H.-U., Alexander der Große, München 2005

Wiesehöfer, J., Das antike Persien von 550 v. Chr. bis 650 n. Chr., Zürich-München 1994

Will, W., Alexander der Große, Stuttgart u. a. 1986

Wirth, G., Alexander der Große, Reinbek bei Hamburg [11]2000

Worthington, I., How „Great" was Alexander?, AHB 13. 2., 1999, 39–55

V. Athen von der Gründung des Zweiten Attischen Seebundes bis zur Niederlage im Lamischen oder Hellenischen Krieg (377–322 v. Chr.)

Cargill, J., The Second Athenian League. Empire or Free Alliance?, Berkeley-Los Angeles-London 1981

Cawkwell, G. L., Eubulus, JHS 83, 1963, 47–63

Dreher, M., Hegemon und Symmachoi. Untersuchungen zum Zweiten Athenischen Seebund, (UaLG 46) Berlin-New York 1995

Eder, W. (Hg.), Die athenische Demokratie im 4. Jahrhundert v. Chr.: Vollendung oder Verfall einer Verfassungsform?, Stuttgart 1995

Engels, J., Studien zur politischen Biographie des Hypereides. Athen in der Epoche der lykurgischen Reformen und des makedonischen Universalreiches, (Quellen und Forschungen zur antiken Welt 2) München [2]1993

Faraguna, M., Atene nell'età di Alessandro. Problemi politici, economici, finanziari, Rom 1992

Hansen, M. H., Die Athenische Demokratie im Zeitalter des Demosthenes. Struktur, Prinzipien und Selbstverständnis, Berlin 1995

Lehmann, G. A., Demosthenes von Athen. Ein Leben für die Freiheit, München 2004

Mitchel, F. W., Lycourgan Athens 338–322 B.C., (Lectures in Memory of Louise Taft Semple, 2nd. Ser.) Cincinnati 1973, 163–214

Schaefer, A., Demosthenes und seine Zeit, Bde. I–III, Leipzig [2]1885–1987; Bd. III,2 Beilagen Leipzig 1858

Schwenk, C., Athens, in: Tritle, L. A. (Hg.), The Greek World in the Fourth Century. From the Fall of the Athenian Empire to the Successors of Alexander, London-New York 1997, 8–40

Seager, R., The King's Peace and the Second Athenian Confederacy, in: Lewis, D. M., Boardman, J., Hornblower, S., Ostwald, M. (Hgg.), The Cambridge Ancient History, vol. VI: The Fourth Century B.C., Cambridge ²1994, 156–186

Sealey, R., Demosthenes and his time: a study in defeat, New York-Oxford 1993.

Will, W., Athen und Alexander. Untersuchungen zur Geschichte der Stadt von 338 bis 322 v. Chr., (Münchener Beiträge zur Papyrusforschung and antiken Rechtsgeschichte 77) München 1983

VI. Sparta und die Peloponnes vom Königsfrieden bis zur Niederwerfung des Aufstandes unter Agis III. (386–331 v. Chr.)

Andrewes, A., The Government of Classical Sparta, in: Ancient Society and Institutions. Studies presented to Victor Ehrenberg on his 75th birthday, Oxford 1966, 1–20

Badian, E., Agis III, Hermes 95, 1967, 170–192

Baltrusch, E., Sparta. Geschichte, Gesellschaft, Kultur, München 1998

Baltrusch, E., Die spartanische Helotie und der Peloponnesische Bund, HZ 272, 2001, 1–24

Birgalis, N., The Peloponnesian League as a Political Organisation, in: Buraselis, K., Zoumboulakis, K. (Hgg.), The Idea of European Community in History, Conference Proceedings, vol. II, Athen 2003, 19–26

Cartledge, P., Spawforth, A., Hellenistic and Roman Sparta: A Tale of Two Cities, London 1989

Cartledge, P., Agesilaos and the Crisis of Sparta, Baltimore 1987

Cawkwell, G. L., The Decline of Sparta, CQ 33, 1983, 385–400

David, E., Sparta between Empire and Revolution (404–243 B. C.), New York 1981

Ducat, J., Les Hilotes, (BCH Suppl. 20) Paris-Athen 1990

Fisher, N. R. E., Sparta Re(de)valued: some Athenian public attitudes to Sparta between Leuctra and the Lamian War, in: Powell, A., Hodkinson, S. J. (Hgg.), The Shadow of Sparta, London-New York 1994, 347–400

Grandjean, C., Les Mésseniens de 370/69 au Ier siècle de notre ère. Monnayages et histoire, (BCH Suppl. 44) Athen-Paris 2003

Hamilton, C. D., Philip II and Archidamus, in: Adams, W. L., Borza, E. N. (Hgg.), Philip II, Alexander the Great and the Macedonian Heritage, Washington 1982, 61–83

Hamilton, C. D., Sparta, in: Tritle, L. A. (Hg.), The Greek World in the Fourth Century: From the Fall of the Athenian Empire to the Successors of Alexander, London-New York 1997, 41–65

Link, S., Der Kosmos Sparta. Recht und Sitte in klassischer Zeit, Darmstadt 1994

MacDowell, D. M., Spartan Law, Edinburgh 1986

Powell, A. (Hg.), Classical Sparta: techniques behind her success, London 1989

Powell, A., Hodkinson, S. J. (Hgg.), The Shadow of Sparta, London-New York 1994

Powell, A., Hodkinson, S. J. (Hgg.), Sparta. New Perspectives, London 1999

VII. Theben und Mittelgriechenland von Thebens Hegemonie bis zur Zerstörung der Polis (371–335 v. Chr.)

Beck, H., Polis und Koinon. Untersuchungen zur Geschichte und Struktur der griechischen Bundesstaaten im 4. Jh. v. Chr., (Historia Einzelschriften 114) Stuttgart 1997

Buckler, J., The Theban Hegemony 371–362 B. C., Cambridge-London 1980

Grainger, J. D., The League of the Aitolians, Leiden u. a. 1999

Helly, B., L'état thessalien. Aleuas le Roux, les tétrades et les tagoi, Lyon 1995

Jehne, M., Formen der thebanischen Hegemonialpolitik zwischen Leuktra und Chaironeia (371–338 v. Chr.), Klio 81, 1999, 317–358

Mafodda, G., Il koinon beotico in età arcaica e classica, Rom 2000

Munn, M., Thebes and Central Greece, in: Tritle, L. A. (Hg.), The Greek World in the Fourth Century: From the Fall of the Athenian Empire to the Successors of Alexander, London-New York 1997, 66–106

Psoma, S., Olynthe et les Chalcidiens de Thrace, Stuttgart 2001

Roy, J., Thebes in the 360s B. C., in: Lewis, D. M., Boardman, J., Hornblower, S., Ostwald, M. (Hgg.), The Cambridge Ancient History, vol. VI: The Fourth Century B. C., Cambridge ²1994, 187–208

Westlake, H. D., Thessaly in the Fourth Century B. C., London 1935

Zahrnt, M., Olynth und die Chalkidier. Untersuchungen zur Staatenbildung auf der chalkidischen Halbinsel im 5. und 4. Jahrhundert, (Vestigia Bd. 14) München 1971

VIII. Die kleinasiatischen Griechen im Zeitalter Philipps II. und Alexanders des Großen

Buckler, J., Aegean Greece in the Fourth Century B. C., Leiden 2003

Debord, P., L'Asie mineure an IVe siècle (412–323 a. C.). Pouvoirs et jeux politiques, Bordeaux 1999

Hornblower, S., Asia Minor, in: Lewis, D. M., Boardman, J., Hornblower, S., Ostwald, M. (Hgg.), The Cambridge Ancient History, vol. VI: The Fourth Century B. C., Cambridge [2]1994, 209–233

Ruzicka, S., The Eastern Greek World, in: Tritle, L. A. (Hg.), The Greek World in the Fourth Century: From the Fall of the Athenian Empire to the Successors of Alexander, London-New York 1997, 107–136

IX. Aspekte der Wirtschafts- und Sozialgeschichte Griechenlands im Zeitalter Philipps II. und Alexanders des Großen

Austin, M. M., Vidal-Naquet, P., Gesellschaft und Wirtschaft im alten Griechenland, München 1984

Austin, M. M., Society and Economy, in: Lewis, D. M., Boardman, J., Hornblower, S., Ostwald, M. (Hgg.), The Cambridge Ancient History, vol. VI: The Fourth Century B. C., Cambridge [2]1994, 527–564

Christesen, P., Economic Rationalism in Fourth-Century BCE Athens, G&R 50, 2003, 31–56

Cohen, E. E., Athenian Economy and Society. A Banking Perspective, Princeton 1992

Gschnitzer, F., Griechische Sozialgeschichte, Wiesbaden 1981

Hopper, R. J., Handel und Industrie im klassischen Griechenland, München 1982

Loomis, W. T., Wages, Welfare Costs and Inflation in Classical Athens, Ann Arbor 1998

Rostovtzeff, M., Gesellschafts- und Wirtschaftsgeschichte der hellenistischen Welt, 3 Bde., Darmstadt 1955–1956

Register